MUTTERS AGENDA

VII

1966

Titel der französischen Originalausgabe:
L'Agenda de Mère, 1966
© 1980 Institut de Recherches Évolutives, Paris.

Deutsche Erstauflage 1997

ISBN 978-3-910083-57-8

Diese Agenda ...
ist mein Geschenk
an die, die mich lieben

Mutter

Biographische Anmerkung

MUTTER wurde am 21. Februar 1878 in eine Pariser Familie gänzlich materialistischer Überzeugung geboren. Sie studierte Musik, Malerei und höhere Mathematik. Als Schülerin des französischen Malers Gustave Moreau lernte sie die großen Impressionisten der Epoche kennen. Später traf sie Max Théon, eine mysteriöse Persönlichkeit mit außerordentlichen okkulten Fähigkeiten, der ihr als erster eine zusammenhängende Erklärung all der spontanen Erfahrungen gab, die sie seit ihrer Kindheit hatte, und der sie bei zwei langen Besuchen auf seinem Anwesen in Algerien die Geheimnisse des Okkultismus lehrte. 1914 besuchte sie die französische Kolonialstadt Pondicherry in Südindien, wo sie Sri Aurobindo begegnete, der dort als indischer Freiheitskämpfer vor den Briten Zuflucht gefunden hatte. Nach einem Aufenthalt in Japan und einem kurzen Besuch in China kehrte sie 1920 endgültig nach Pondicherry zurück. Als Sri Aurobindo sich 1926 zurückzog, um der Erforschung einer neuen Evolutionsmacht in der Materie nachzugehen, übernahm sie die Leitung seines Ashrams und bemühte sich vergeblich, die Schüler zu einem neuen Bewußtsein zu erwecken. 1958, acht Jahre nach Sri Aurobindos Abschied, zog auch sie sich zurück, um *das* Problem anzugehen: eine Veränderung im Bewußtsein der Körperzellen. Von 1958 bis 1973 deckte sie allmählich den „Großen Übergang" zu einer neuen Spezies und einem neuen Lebensmodus in der Materie auf. Dabei erzählte sie Satprem von ihren außerordentlichen Erfahrungen, und das ist die *Agenda*.
(Siehe Satprems biographische Trilogie: *Mutter: 1. Der Göttliche Materialismus, 2. Die Neue Spezies, 3. Die Mutation des Todes*, Verlag Hinder + Deelmann, Gladenbach 1992-94.)

SATPREM wurde 1923 in Paris geboren. Den Großteil seiner Kindheit verbrachte er auf Segelfahrten vor der bretonischen Küste. Mit zwanzig wurde er wegen Widerstandsaktivitäten von der Gestapo verhaftet und verbrachte anderthalb Jahre in deutschen Konzentrationslagern. Körperlich und seelisch zutiefst erschüttert, reiste er nach seiner Befreiung zunächst nach Indien, um einen Posten in der französischen Kolonialregierung in Pondicherry anzutreten. Dort begegnete er Sri Aurobindo, der verkündet hatte: „Der Mensch ist ein Übergangswesen". Daraufhin verließ er seinen Posten und begab sich auf eine Reihe von Abenteuern, die ihn nach Guayana, Brasilien und Afrika führten, bevor er 1953 nach Indien zurückkehrte. Er wanderte als Sannyasin durchs Land, wurde in den Tantrismus eingeweiht, bis er sich schließlich dem Werk von Mutter und Sri Aurobindo widmete.
Als Mutters Vertrauter zeichnete er siebzehn Jahre lang ihre Erfahrungen auf und dokumentierte ihre Suche nach einer Veränderung im Programm der Zellen, die zu einer anderen Sicht des Todes führte.
1977, vier Jahre nach Mutters Tod, gründete er in Paris das Institut de Recherches Évolutives, um die vollständige Veröffentlichung der *Agenda* sicherzustellen.

CHRONIK DES WELTGESCHEHENS

1966

2. Jan.	Die amerikanischen Truppen werden im Mekongdelta in Kämpfe verwickelt.
4.-10. Jan.	Indo-pakistanische Gespräche in Taschkent zur Beilegung der Feindseligkeiten in Anwesenheit von Kossygin. Die beiden Länder einigen sich darauf, ihre Armeen auf die Stellungen vor August 1965 zurückzuziehen.
8. Jan.	General de Gaulle tritt seine zweite siebenjährige Amtsperiode an.
9. Jan.	Die polnische Regierung verbietet Kardinal Wyszynski seine Reise nach Rom.
11. Jan.	Der indische Premierminister Lal Bahadur Shastri stirbt an einem Herzschlag in Taschkent.
15. Jan.	Staatsstreich der Armee in Nigerien; der Premierminister wird ermordet. Präsident Sukarno gibt zu, daß seit dem 1.10.1965 an die 87000 Menschen in Indonesien ermordet wurden.
17. Jan.	Ein amerikanischer B-52-Bomber mit Wasserstoffbomben an Bord stürzt an der spanischen Küste ab. Eine Bombe geht verloren und wird erst drei Monate später geborgen.
19. Jan.	Indira Gandhi wird zur Premierministerin Indiens ernannt.
24. Jan.	Ein Boeing-Flugzeug der Air India stürzt am Mont Blanc ab; 177 Insassen kommen ums Leben.
31. Jan.	Die USA nehmen ihre Bombardierung von Nordvietnam wieder auf. Die sowjetische Raumsonde *Luna 9* macht eine sanfte Landung auf dem Mond.
21. Feb.	Mutter wird achtundachtzig.
1. März	Das am 16.11.1965 gestartete sowjetische Raumschiff *Venus 3* landet auf der Venus.
10. März	Frankreich tritt aus der NATO aus und verlangt den Abzug der NATO-Einrichtungen aus Frankreich.
11. März	General Suharto reißt die Regierungsgewalt an sich und verbietet die kommunistische Partei.
22. März	In einem Brief an ihre „Bruderparteien" beschuldigt die KPdSU Peking, einen Krieg zwischen den USA und der UdSSR provozieren zu wollen.
23. März	Der Erzbischof von Canterbury, Dr. Ramsey, stattet dem Vatikan den ersten offiziellen Besuch seit der Reformation ab. China weigert sich, eine Delegation zum 23. Kongreß der KPdSU, der am 29. März beginnt, zu entsenden.
18. April	Beginn der „Kulturrevolution" in China.
9. Mai	China zündet seine dritte Atombombe.
11. Mai	Die EWG-Länder beschließen eine gemeinsame Agrarpolitik; vom 1. Juli 1968 an wird der Agrarhandel zollfrei sein.
16. Mai	Die erste einer Reihe von Selbstverbrennungen von Buddhisten in Südvietnam.

26. Mai	Britisch Guyana wird zum unabhängigen Staat Guayana.
2. Juni	Die amerikanische Raumsonde *Surveyor 1* macht eine sanfte Landung auf dem Mond und überträgt mehr als 10000 Fotos zur Erde.
3. Juni	Der Bürgermeister von Peking wird abgesetzt. „Säuberungsaktionen" an der Universität, der Wissenschaftlichen Akademie und der Armee.
20. Juni	Der französische Präsident de Gaulle beginnt einen zwölftägigen Besuch in Moskau. Eine direkte Telefonverbindung wird zwischen dem Kreml und dem Élysée-Palast eingerichtet.
29. Juni	US-Kampfflugzeuge bombardieren nordvietnamesische Öl-installationen bei Hanoi und Haiphong.
2. Juli	Frankreich testet seine erste Atombombe in Polynesien; fünf weitere folgen noch bis Jahresende.
9. Juli	Die UdSSR protestiert gegen Amerikas Bombardierung von Nordvietnam; am 11. Juli kündet die UdSSR weitere Hilfsmaßnahmen für Nordvietnam an.
12. Juli	Schwere Rassenschlachten brechen in Chicago aus; am 18. folgen weitere in Cleveland und am 21. in Brooklyn.
20. Juli	Bundeskanzler Erhard bestätigt erneut seinen Wunsch, weiterhin französische Truppen in Deutschland stationiert zu sehen.
29. Juli	Armeeaufstände in Nigerien; General Ironsi wird abgesetzt, und General Gowon reißt die Macht an sich.
5. Aug.	Erneute Rassenkämpfe in Chicago; Martin Luther King wird verletzt.
18. Aug.	Bei einer Massenveranstaltung in Peking erscheinen zum ersten Mal die Roten Garden in Anwesenheit von Mao Tse-tung und Verteidigungsminister Lin Piao.
29. Aug.	„Antirevisionistische" Demonstrationen vor der sowjetischen Botschaft in Peking.
1. Sept.	Präsident de Gaulle fordert die USA auf, sich auf einen Truppenrückzug aus Vietnam festzulegen, und befürwortet „die Neutralität für alle Völker Indochinas".
6. Sept.	Ermordung des südafrikanischen Premierministers Dr. Verwoerd in Kapstadt.
9. Sept.	Die NATO beschließt, das Oberkommando der Alliierten nach Belgien zu verlegen.
16. Sept.	Amerikanische B-52-Bomber fliegen massive Einsätze über Vietnams entmilitarisierten Gebieten.
23. Sept.	China verweist alle ausländische Studenten des Landes.
27. Sept.	Rassenaufstände in San Francisco.
28. Sept.	Tod von André Breton.
1. Okt.	Speer und von Schirach, zwei der drei letzten in Nürnberg verurteilten Kriegsverbrecher, werden aus Spandau entlassen.
3. Okt.	Die UdSSR beschließt die Ausweisung aller chinesischen Studenten.
14. Okt.	US-Präsident Johnson lädt die sowjetischen Führer zu Gesprächen ein, schließt aber die Einstellung der amerikanischen Bombardierungen aus. Breschnew lehnt ab.
19. Okt.	Der Friedensnobelpreis wird in diesem Jahr nicht verliehen.
27. Okt.	China startet eine ferngelenkte Rakete mit Nuklearsprengkopf.

1. Nov.	Die Vietkong nehmen Saigon unter Granatenbeschuß.
2. Nov.	Der albanische Kommunistenführer Hoxha bestätigt Albaniens Bündnis mit China und fordert alle „echten Marxisten" auf, die Verbindungen mit Moskau abzubrechen.
4. Nov.	Überschwemmungen in Norditalien; viele Kunstschätze werden zerstört.
14. Nov.	Amerikanische Kriegsschiffe bombardieren die nordvietnamesische Küste.
17. Nov.	Pakistans Präsident Ayub Khan unternimmt Staatsbesuche nach England und Frankreich.
22. Nov.	General Franco schlägt eine Verfassungsreform vor, die den Weg für eine autoritäre spanische Monarchie ebnen würde.
	Die Warren-Kommission spricht sich gegen eine neue Untersuchung von Kennedys Ermordung aus.
23. Nov.	Chinas Rote Garden verlangen die Absetzung des Staatsoberhauptes Liu Shao-chi und des Generalsekretärs der kommunistischen Partei Teng Hsiao-ping.
29. Nov.	Die Generalversammlung der UNO lehnt die Aufnahme des kommunistischen China ab.
	Luftschlacht zwischen Israel und Ägypten.
30. Nov.	Rücktritt von Bundeskanzler Erhard; am 1. Dezember tritt Kiesinger seine Nachfolge an.
2. Dez.	U Thant wird für weitere fünf Jahre als UNO-Generalsekretär wiedergewählt.
4. Dez.	Peng Chen, der ehemalige Bürgermeister Pekings, wird von den Roten Garden verhaftet.
9. Dez.	Jack Ruby, der Lee Harvey Oswald, den mutmaßlichen Mörder von John F. Kennedy umbrachte, wird wegen eines Krebsleidens ins Krankenhaus eingeliefert.
13. Dez.	Erste amerikanische Bombardierung von Hanoi.
15. Dez.	Tod von Walt Disney.
16. Dez.	Der UNO-Sicherheitsrat befürwortet britische Wirtschaftssanktionen gegen Rhodesien.
19. Dez.	Die USA bitten den UNO-Generalsekretär, Verhandlungen für einen dauerhaften Waffenstillstand einzuleiten. Die kommunistischen Länder lehnen ab.
22. Dez.	Ian Smith verkündet, daß Rhodesien aus dem Commonwealth austritt und eine Republik wird.
24. Dez.	Die Raumsonde *Luna 13* funkt Bilder vom Mond zurück und analysiert den Mondboden mit einem mechanischen Greifarm.
26. Dez.	Erneute Offensive der Roten Garden gegen Präsident Liu Shao-chi und den Generalsekretär der KP Teng Hsiao-ping.
28. Dez.	China zündet seine fünfte Atombombe.

Januar

8. Januar 1966

(Mutter liest einen Brief von Sri Aurobindo vor, den sie in der Februar-Ausgabe des Bulletins veröffentlichen will.)

Die einzige Schöpfung, die hier Platz hat, ist die supramentale Schöpfung, die Herabkunft der göttlichen Wahrheit auf die Erde, nicht nur in das Mental und das Vital, sondern auch in den Körper und die Materie. Unser Ziel besteht nicht darin, dem Ego eine grenzenlose Ausdehnung zu ermöglichen, ebensowenig darin, der Erfüllung mentaler menschlicher Ideen freien Lauf zu lassen und den Begierden der egozentrischen vitalen Kraft ein unbegrenztes Feld einzuräumen. Keiner von uns ist hier, um „zu handeln, wie es ihm paßt", oder um eine Welt zu erschaffen, in der wir endlich nach Belieben verfahren können. Wir sind hier, um zu tun, was das Göttliche will, und um eine Welt zu erschaffen, in der der göttliche Wille endlich seine Wahrheit manifestieren kann, ohne daß diese von menschlicher Unwissenheit entstellt oder vom vitalen Verlangen pervertiert oder denaturiert wird. Die Arbeit, die der Sadhak [Schüler] des supramentalen Yogas tun muß, ist keine persönliche Arbeit, an die er seine eigenen Bedingungen knüpfen kann, sondern das göttliche Werk, das er tun muß, indem er den Bedingungen folgt, die das Göttliche festgelegt hat. Nicht für uns tun wir den Yoga, sondern für das Göttliche. Nicht unsere persönliche Manifestation müssen wir suchen – die Manifestation eines individuellen Egos, das von aller Beschränkung und Bindung befreit ist – sondern die Manifestation des Göttlichen. Unsere eigene spirituelle Befreiung, Vollkommenheit und Fülle werden ein Resultat dieser Manifestation sein und einen Teil von ihr ausmachen, aber weder in einem egoistischen Sinne noch als egozentrisches Ziel und persönlicher Gewinn. Diese Befreiung, Vollkommenheit und Fülle dürfen auch nicht für uns selbst erstrebt werden sondern aus Liebe zum Göttlichen.

Sri Aurobindo

Das finde ich wunderbar. Man müßte das immerzu wiederholen und es sich selbst und den anderen ständig in Erinnerung rufen.
Es ist genau die richtige Antwort auf den gegenwärtigen Zustand.
Weißt du, das berührt genau den Kern der Schwierigkeit *(Mutter zwickt etwas Winziges und sehr Hartes zwischen den Fingern)*. Man mag

noch so sehr alles hingeben, sich vollständig überantworten – trotzdem bleibt dahinter noch immer etwas anderes *(dieselbe Geste)*.

Ich war richtig glücklich, als ich das gestern abend las. Ich dachte: „Genau das brauchen wir."

Das muß veröffentlicht und allen eingeschärft werden.

*
* *

(Etwas später fällt Satprems Blick auf die Papierberge auf Mutters Tisch. Er schlägt vor, bestimmte Papiere bei sich aufzubewahren, um die Stapel zu verringern.)

Nein, das ist kein Problem für mich. Die eigentliche Schwierigkeit besteht darin, daß zu viele Leute meine Papiere anfassen. Das ist wirklich merkwürdig, ein fast materielles Phänomen: ich ordne etwas, und wenn es keiner berührt, finde ich es wieder. Ich brauche nicht zu suchen, ich finde es sofort. Aber selbst wenn es jemand nimmt, ohne eine Unordnung anzurichten, ist die Atmosphäre weg, und ich weiß nicht mehr, wo ich es eingeordnet habe. Vier, fünf, sechs Leute hier nehmen meine Papiere in die Hände – sieben. Das Resultat siehst du ja *(Mutter zeigt auf die Stapel in allen Ecken)*: Chaos.

14. Januar 1966

(Im Anschluß an eine „Touristenreise", die Satprem aus verschiedenen Gründen unternehmen mußte.)

Hast du keinen Unterschied gespürt?

Was für einen Unterschied?

Zwischen hier und deinem Aufenthalt in Bangalore?

Ach, dort war es infernalisch für mich. Die reinste Hölle.

So – diese Auswirkung hat es auf dich gehabt?

Ja.

Dann ist es gut.

Dieser ganze Tourismus ist die reinste Hölle. Ich habe meine Arbeit getan – nicht sehr gut, aber ich habe sie getan.

Dann ist es gut.

Um ganz offen zu sein: genau das hattest du mir gesagt[1], aber ich wollte wissen, ob du es auch äußerlich gespürt hast. Ich wußte es fast augenblicklich. Und der Kontakt zwischen uns war anders als der, den wir hier haben. Er zeigte ... wie soll ich sagen? *(lachend)* einen Mangel an Anpassungsvermögen.

Ist das eine Schwäche?

Es war sehr ausgeprägt, unverkennbar. In dir war eine Intensität *(Geste der Faust)*, ein Bedürfnis, daß sich die Dinge ändern mögen.

Ja. Es ist die reinste Hölle. Lug und Trug in allem und jedem.

Ja, das stimmt.

Das ist alles so falsch.

Völlig verlogen.

(Schweigen)

Dieser plötzliche Tod von Shastri[2]. Für mich war das sehr einleuchtend. Es ist ziemlich merkwürdig. Man hatte mir gesagt (schon vor langer Zeit), daß sie sich in Rußland treffen sollten, und als man mir das berichtete, antwortete ich spontan: „Wenn er dorthin geht, stirbt er." Ich wußte nie warum, aber es war so. Dann dachte ich nicht mehr daran. Und jetzt wurde mir zwar gesagt, daß die Konferenz stattfinden würde, aber entweder verstand ich nicht oder man sagte mir nicht (ich weiß nicht, welches von beiden), daß die Konferenz in Rußland stattfinden würde, und somit ... Unterdessen hatte sich jemand wegen meiner Botschaft[3] mit Shastri getroffen, und dieser hatte geantwortet, für ihn drücke sie die Wahrheit aus, aber ... *„What can I do for that? I am a small man."* [Was kann ich schon ausrichten? Ich bin nur ein kleiner Mann.] Das war seine Antwort. Danach schwieg ich, und als man mir die Konferenz ankündigte, dachte ich: „Wenigstens muß das „Optimum" dabei herauskommen" – ich „lud" Shastri voll auf. Aber

---

1 Im inneren Bewußtsein.
2 Der Premierminister Indiens, der im Verlauf der Verhandlungen mit Ayub Khan zur Beilegung des indo-pakistanischen Konflikts in Taschkent starb.
3 „Indien muß kämpfen, bis Indien und Pakistan wieder EINS werden."

ich lud ihn auf, als ob er ein mächtiger Mann wäre, und das war gefährlich![1]

Jedenfalls wußte ich um den Augenblick, da sie verhandelten, und mitten in der Nacht fuhr ich plötzlich aus dem Schlaf hoch, weil jemand um Hilfe rief – das war er.

Früh am nächsten Morgen sagte man mir, er sei gestorben. Auf mich wirkte das nicht wie eine „Neuigkeit". Ich sagte: „Ja, natürlich!" Hinterher erfuhr ich alle Einzelheiten – viel später, im Laufe des Tages –, und es scheint, daß die Verhandlungen sehr zäh waren, und als sie mit einem Ergebnis endeten, das Shastri als Erfolg bewertete (offensichtlich war es das „Optimum", was dort passieren konnte), frohlockte er, und er war überaus glücklich[2]. Er ging nach Hause, und ein paar Minuten später öffnete er die Tür, um nach einem Arzt zu rufen. Binnen kürzester Zeit war es vorbei. Das war wahrscheinlich der Moment, als er gerufen hatte. Aber es war schon seit langem beschlossene Sache.

Dabei gab es überhaupt nichts zu „frohlocken". Sie verloren nämlich die wenigen Vorteile, die sie während der Schlacht gewonnen hatten.

Ja. *(Mutter nickt)* Sie scheinen das als „das Optimum" aufgefaßt zu haben.

Ich finde das traurig.

Nein, das ist die Fortsetzung derselben Geschichte[3].

Die Fortsetzung derselben Geschichte, ja ... Weißt du, welchen Eindruck ich hatte, als ich vom Tode Shastris erfuhr?... Ich hatte den Eindruck, dies sei ein Symbol, das für den Tod des Gnoms steht[4]. Den Tod der Zwerge. Als sei die Talsohle und das Ende der Ära der Gnome nun erreicht und als könne es jetzt vielleicht wieder bergauf gehen.

Hoffen wir es ... Derzeit ist alles in der Schwebe.

Aber es war notwendig *(Shastris Tod)*. Falls sich etwas verändern soll, war es notwendig.

---

1 Shastri starb an einem Herzinfarkt.
2 Indien willigte ein, sich von den wenigen strategisch wichtigen Posten zurückzuziehen, die es in Kaschmir während der letzten Auseinandersetzungen besetzt hatte, und Pakistan erklärte, es werde nicht auf Gewalt zurückgreifen, um seine Differenzen mit Indien zu regeln.
3 Mutter will sagen: „Dieselbe Geschichte oder dieselbe Einstellung, wie sie seit Gandhi und Nehru anzutreffen ist."
4 Shastri war auch von sehr kleinem Wuchs.

Sicherlich.

Er war kein übler Mann.

Oh, nein.

Er war sehr engstirnig.

Aber sie sind nicht bösartig, diese Leute, sie sind Nullen.

Ach, einige sind verdorben. Aber sie sind ganz klein.

Ja, Nullen.

Hat diese Sache eure Reise nicht durcheinandergebracht?

Ach, nur Kleinigkeiten. Die Läden waren alle geschlossen ... Aber glaubst du nicht, daß das wirklich ein Zeichen für einen Richtungswechsel ist?

Was soll ich sagen?... Man kann es nur hoffen[1].

Ja, wollen wir es hoffen.

Die Kräfte der Lüge haben den Höhepunkt ihres Widerstands erreicht, sie sind in einem Zustand zugespitzter Gewalt – akuter Gewalt.

Ja, das schreit zum Himmel.

Februar und März sind sehr kritische Monate. Im April *(Mutter macht eine Geste der Wendung)* schwenkt es vielleicht in die wahre Richtung um.
Nun ja. Jedenfalls freue ich mich, daß du dir dessen bewußt warst, was du mir gerade erzählt hast.

Diese Hölle, meinst du. Ich war mir dessen ständig bewußt.

Das ist gut, sehr gut. Du warst viel näher als gewöhnlich. Viel näher – wie jemand, der körperlich nah ist.
Früher war die Nähe immer hier oben *(Geste über dem Kopf)*, allgemein ausgerichtet. Aber jetzt war es eine physische Nähe und der Eindruck ... nun, daß eine Art Widerstand aufhören, in sich zusammenfallen würde. Ich sagte mir: „Das ist sehr gut, sehr wichtig." Wenn der „Tourismus" dich nicht zu sehr ermüdet hat, um so besser. Es war der einzige Nachteil, den ich ... (wie soll ich sagen?) ich kann nicht

---

1 Während dieser ganzen Unterhaltung erschien Mutter recht skeptisch oder zumindest zurückhaltend.

sagen „befürchtete", weil ich nichts befürchte, aber den ich für möglich hielt.

Nein, nein. In ein oder zwei Tagen bin ich wieder auf dem Damm.

Genau das wünschte ich mir.

19. Januar 1966

(Mutter überträgt einige Verse ihrer Übersetzung von Savitri in ihr großes weißes Heft.)

... Dicht bei meiner Schreibfeder schwebt eine kleine Scheibe von Sri Aurobindos Licht, die glänzt und glitzert ... Ich sehe sie deutlicher als meine Handschrift. Nur so groß *(5 cm)*, und das Licht leuchtet und strahlt – blau, dieses Silberblau, das Sri Aurobindos Blau war. Es strahlt und leuchtet, und es folgt meinen Fingern.[1]

Und wenn ich spreche, wenn ich Dinge sage, die „kommen", sind zwei Scheiben da – ich weiß nicht warum. Nicht eine, sondern zwei, und sie sind größer: etwa so *(ungefähr 10 cm)*, eine über der anderen. Wenn ich zum Beispiel eine Erfahrung erzähle oder auf eine Frage antworte, sind zwei etwas größere Scheiben da.

Wenn ich mich auf jemanden konzentriere und den Herrn anrufe, ist im allgemeinen neben der Schulter *(Geste zwischen Kopf und Schulter der Person)* ein großes goldenes Licht da, das die ganze Zeit über leuchtet und sehr stark strahlt. Wenn das Licht weggeht, hört auch die Konzentration auf.

Aber gerade eben war es ganz klein, das ist lustig. Es folgte meiner Schreibfeder. Jetzt ist es vorbei, fort! *(Mutter lacht)*

---

1 Mutter hatte schon im Vorjahr eine ähnliche Bemerkung gemacht. Siehe *Agenda* vom 6. November 1965.

22. Januar 1966

Letzte Nacht habe ich Purani[1] gesehen. Es ist das erste Mal, daß ich ihn sah, seit er seinen Körper verlassen hat. Es waren auch noch andere Leute da. Ich sah ihn in einer subtilphysischen Welt, und er war ganz hellblau und rosa, und um ihn herum war alles rosa und leuchtend *(Mutter macht eine Geste des Tanzens).* Er freute sich und sagte: „Jetzt bin ich glücklich!"

(Schweigen)

Hast du viele Sorgen?

Nein! Ich verbrachte heute morgen zwei Stunden in einer Art glückseligem Zustand, mit einem so klaren Bewußtsein, daß alle Lebensformen in allen Welten und in jedem einzelnen Augenblick der Ausdruck einer Wahl sind: man wählt, so zu sein.

Es ist sehr schwierig, das in Worte zu fassen ... Diese Art Zwang, in dem man zu leben und dem man sich unterworfen glaubt, war VOLLSTÄNDIG verschwunden. Da herrschte vielmehr diese ganz spontane und natürliche Wahrnehmung, daß alle Arten des Lebens auf der Erde und in den anderen Welten einfach eine Frage der Wahl sind: man hat gewählt, so zu sein, und man wählt ständig, dies oder jenes zu sein oder daß dieses oder jenes passiert. Ebenso wählt man den Glauben, einer Schicksalsfügung unterworfen zu sein, oder einer Notwendigkeit oder einem Gesetz, das einen zwingt – alles ist nur eine Frage der Wahl. Es war eine Empfindung von Leichtigkeit, von Freiheit *(dieselbe Geste des Tanzens)* und dann ein Lächeln über alles! Gleichzeitig verleiht einem das eine ungeheure Macht. Jegliche Empfindung von Zwang und Notwendigkeit und vor allem das Gefühl von Verhängnis waren VOLLSTÄNDIG verschwunden. Alle Krankheiten, alle Ereignisse, alle Dramen: all dies war verschwunden. Diese konkrete und so brutale Realität des physischen Lebens: vollständig weg.

Interessanterweise begann diese Erfahrung letzte Nacht anläßlich meiner Begegnung mit Purani. Ich traf Purani in einer bestimmten Welt, und er war in einem bestimmten Zustand – wie ich ihn gerade schilderte. Dann dieser Unterschied zwischen dem Purani, wie er hier war, und dem Purani, wie er jetzt ist ... das war plötzlich wie ein Schlüssel. Ich sprach mit ihm, er sprach mit mir, und er sagte: „Ach, ich bin jetzt so glücklich!" Genau in diesem Zustand verbrachte ich heute

---

1 Ein charmanter älterer Schüler, der am 11. Dezember 1965 gestorben war (siehe *Agenda* vom 28.12.65).

morgen mehr als anderthalb Stunden. Danach mußte ich in einen Zustand zurückkehren, der mir künstlich erschien, der aber wegen der anderen Menschen, durch den Kontakt mit den anderen und den Dingen und wegen unzähliger Sachen, die zu tun sind, zwangsläufig ist. Dennoch bleibt die Erfahrung im Hintergrund bestehen. Es bleibt einem eine Art amüsiertes Lächeln über alle Komplikationen des Lebens – der Zustand, in dem man sich befindet, ist das Ergebnis einer Wahl. Auf individueller Ebene ist die Freiheit der Wahl gegeben, die Menschen haben dies nur VERGESSEN. Das ist überaus interessant!

Zugleich sah ich die ganze Palette menschlichen Wissens. (Wenn diese Zustände auftreten, werden nämlich alle menschlichen Verwirklichungen und alles menschliche Wissen wie in einem Panorama vor dem Hintergrund des neuen Zustands betrachtet, und alles wird wieder an seinen richtigen Platz gerückt – jedesmal wenn eine Erfahrung kommt, wirkt sie retrospektiv.) Ich sah also alle Theorien, alle Glaubensbekenntnisse, alle philosophischen Ideen, wie sie sich wieder mit dem neuen Zustand verbanden ... das war amüsant.

Und dies ermüdet keineswegs. Diese Erfahrungen sind dermaßen konkret und spontan und wirklich – sie sind nicht das Ergebnis eines Willens und noch weniger einer Anstrengung –, so daß ein Ausruhen nicht notwendig wird: ich war gerade bei meiner Morgentoilette. Ich nahm das ganze Frühstück in diesem Zustand ein, das war herrlich. Erst als die Leute kamen (ich habe sogar noch die „Eier-Verteilung" vorgenommen – ich weiß nicht, ob du weißt, daß ich es bin, die jeden Tag ein Ei in deine Schale legt – ich verteilte also auch die Eier und die Blumen noch in diesem Zustand). Erst danach, als die Briefe kamen, die ich anhören und beantworten mußte, mitsamt all den anderen Dingen *(Geste von Kippkarren, die über Mutter ausgeschüttet werden)*, wurde es verwischt und verblaßte. Es läßt mich noch in einem Halbtraum zurück, aber die Erfahrung ist vorbei. Der Zustand ist nicht mehr da.

Jene, die diese Erfahrung aus welchem Grunde auch immer machten und die nicht wie ich diese ganze philosophische und mentale Vorbereitung besaßen (die „Heiligen" oder jedenfalls all die Leute, die ein spirituelles Leben führten), hatten danach immer ein sehr starkes Gefühl der Irrealität und der Illusion des Lebens. Doch das ist bloß eine enge Sichtweise. Es ist nicht so, nein. ALLES ist eine Wahl, absolut alles! Die Wahl des Herrn, aber IN UNS – nicht dort *(Geste nach oben)*: hier. Wir wissen es nur nicht; es ist alles ganz und gar in uns selbst. Wenn wir das wissen, können wir wählen – wir können unsere Wahl treffen. Das ist wunderbar!

Gerade als dieser Zustand da war, sagte ich meinem Körper: „Siehst du, du dummes Ding, warum machst du aus allem ein Drama? Krank zu sein, dies oder das zu sein?..." Und diese Art Fatalität und Gebundenheit und Härte der Existenz: alles war verschwunden. Völlig verschwunden. Es war ein helles Blau, ein helles Rosa, ganz strahlend und klar und ... *(dieselbe Geste des Tanzens)* ... leicht.

Ich bin mir darüber im klaren, daß dies nichts Absolutes ist; es war nur EINE Art zu sein, aber eine ausgezeichnete Art!... Gewöhnlich glauben die Leute, die eine solche Erfahrung ohne ausreichende intellektuelle Vorbereitung machen, sie hätten die „einzige" Wahrheit erhascht. Und dann machen sie ein Dogma daraus. Aber ich sah sehr wohl, daß dem nicht so ist: es ist EINE Seinsart, allerdings eine wirklich wunderbare Seinsart, verstehst du, eine unendlich bessere als jene, die wir hier haben. Und wir KÖNNEN sie hier haben: ich habe sie gehabt, und zwar auf eine ganz konkrete Weise. Immer gibt es irgend etwas, das schiefläuft (an dieser oder jener Stelle krank, dieses oder jenes, Umstände, die nicht klappen, immer gibt es Schwierigkeiten), all das ... wechselt die Farbe. Und es wird leicht, verstehst du, leicht und geschmeidig. Die ganze Härte und Starre: verschwunden.

Auch hatte ich die Empfindung, daß, wenn man wählt, auf diese bestimmte Weise zu sein, man auch weiterhin so sein kann. Das ist wirklich so. Nur all diese schlechten Angewohnheiten stehen einem im Weg – offensichtlich jahrtausendealte Gewohnheiten auf der Erde. Aber es gibt keinen einzigen Grund, warum das nicht zu einem permanenten Zustand werden könnte. Denn das ändert alles! Alles!... Weißt du, ich putzte mir gerade die Zähne, wusch meine Augen, tat die materiellsten Dinge, und sie änderten ihre Natur! Da war eine Schwingung, eine bewußte Schwingung in dem Auge, das ich wusch, in der Zahnbürste, in ... Alles, absolut alles war anders. Wenn man diesen Zustand meistert, kann man offensichtlich alle Umstände um sich herum ändern.

In letzter Zeit (ziemlich lange schon) zeigte sich dieselbe Schwierigkeit im Körper, der nicht mehr begrenzt und in einen Kokon eingeschlossen ist, wie das normalerweise der Fall ist, und der frei empfängt ... nicht einmal mit dem Gefühl des „Empfangens": er HAT die Vibration von allem, was ihn umgibt. Wenn dann alles, was den Körper umgibt, geistig oder moralisch verschlossen ist und kein Verständnis aufbringt, wird es etwas schwierig; das heißt, das sind eben die Dinge, die kommen, und die transformiert werden müssen. Das ist etwas so Komplexes – ein sehr vielschichtiges und instabiles Ganzes, welches das eigene Bewußtseins- und Handlungsfeld darstellt und an dem man ständig arbeiten muß, um die Harmonie wiederherzustellen (ein Minimum an Harmonie). Wenn etwas um einen herum im normalen Sinne „schlecht" läuft, erschwert das die Arbeit. Es ist zugleich subtil, beharrlich und hartnäckig. Ich erinnere mich, daß letzte Nacht, als ich mich auf dem Bett ausstreckte, im Körper eine Aspiration nach Harmonie, nach dem Licht, nach einer Art lächelndem Frieden herrschte. Wegen all dieser Dinge, die knirschen und knarren, sehnte sich der Körper vor allem nach Harmonie. Wahrscheinlich war die Erfahrung das Resultat dieser Aspiration: ich ging dorthin und traf einen Purani, der rosa und blau war, ein so herrliches Hellblau – dieses wunderschöne Hellblau von Sri Aurobindo.

Allerdings habe ich bemerkt, daß im Leben dieses Körpers nie zweimal dieselbe Erfahrung auftrat. Ich kann dieselbe Art von Erfahrung auf einer höheren Ebene oder in einem größeren Ausmaß haben, aber niemals zwei identische Erfahrungen. Ich halte die Erfahrungen nicht fest. Ich bin ununterbrochen *(Geste nach vorn)* und immerzu unterwegs. Weißt du, die Arbeit der Transformation des Bewußtseins ist dermaßen schnell und muß so rasch geschehen, daß man keine Zeit hat, eine Erfahrung zu genießen oder breitzutreten oder über einen langen Zeitraum seine Befriedigung aus ihr zu schöpfen – das ist unmöglich. Die Erfahrung kommt, ist sehr intensiv, verändert alles, und dann kommt etwas anderes. Dasselbe gilt für die Transformation der Zellen: alle möglichen kleinen Störungen treten auf, die aber für das Bewußtsein sichtbar Störungen der Transformation sind. Man beschäftigt sich also mit irgendeinem Punkt, man will die Ordnung wiederherstellen. Gleichzeitig ist irgend etwas da, das sich völlig sicher ist, daß die Störung kam, um den Übergang von der gewöhnlichen automatischen Funktion zur bewußten Funktion unter der direkten Führung und dem direkten Einfluß des Höchsten herzustellen. Und der Körper selbst weiß dies auch – trotzdem ist es nicht angenehm, mal an dieser, mal an jener Stelle Schmerzen zu verspüren oder hier und da etwas zu haben, das zerrüttet ist. Aber der Körper weiss. Und wenn dieser bestimmte Punkt einen gewissen Transformationsgrad erreicht hat, geht man zum nächsten Punkt über, und dann weiter zum nächsten, und wieder zum nächsten. Es ist also nichts erreicht, keine Arbeit ist definitiv getan, bis nicht … alles bereit ist. Man muß also mit derselben Arbeit wieder von vorn anfangen, wenn auch auf einer höheren oder breiteren Stufe oder in einer größeren Intensität oder mehr ins Detail gehend – das hängt vom Einzelfall ab –, bis alles auf einen homogenen Punkt gebracht und auf analoge Weise bereit ist.

Nach dem zu urteilen, was ich sehe, geht es so schnell, wie es nur kann. Aber es nimmt viel Zeit in Anspruch. Und alles ist eine Frage der Veränderung der Gewohnheit. Jede durch Jahrtausende hindurch automatisch gewordene Gewohnheit muß in eine bewußte Handlung umgewandelt werden, die direkt vom höchsten Bewußtsein gesteuert wird.

Man ist geneigt zu sagen, daß dies viel länger dauert und viel schwieriger ist, weil man von Menschen umgeben ist und in der Welt handelt. Doch wenn man nicht unter diesen Bedingungen arbeiten müßte, würden viele Dinge vergessen werden. Viele Dinge würden ungetan bleiben. Es gibt alle möglichen Schwingungen, die nicht in Affinität zu diesem Aggregat stehen *(dem zellularen Aggregat von Mutter)* und die niemals Gelegenheit gehabt hätten, die Transformationskraft zu berühren, wenn ich nicht mit allen Menschen in Verbindung stünde.

Es ist völlig offensichtlich, daß man in die besten Bedingungen gestellt und mit einem Maximum an Möglichkeiten für das Handeln versorgt wird ... wenn man es aufrichtig will.

*
* *

Dann geht Mutter zur Übersetzung von Savitri über:

> Each in its hour eternal claimed went by:
> Ideals, systems, sciences, poems, crafts
> Tireless there perished and again recurred,
> Sought restlessly by some creative Power.
> But all were dreams crossing an empty vast. (X.IV.642)[1]

Das ist genau dasselbe. Das ist lustig.

Gewiß hatte er ähnliche Erfahrungen *(wie Mutter)*, als er diese Zeilen schrieb.

---

1 Alles, was sich zu seiner Zeit für ewig erklärt hatte, ging vorüber,
die Ideale, die Systeme, Wissenschaften, Dichtung, Künste
gingen dort unermüdlich unter und kehrten zurück,
weil ohne Rast von irgendeiner schöpferischen Macht gesucht.
Doch alles waren nur Träume, die eine leere Weite überquerten.
(Savitri, dt. Ausgabe, Verlag Hinder + Deelmann, Gladenbach 1985, S. 656)

26. Januar 1966

*(Zum Thema des letzten Gesprächs:
der hellblaue und rosafarbene Purani)*

(Scherzend) Schade, daß man keine Bilder von diesen Dingen machen kann. Purani hatte nämlich viele Bewunderer und Schüler, vor allem in Amerika, und wenn ich ihnen jetzt sein Bild schicken könnte, wie ich ihn sah, hellblau und rosafarben *(lachend)* – das wäre doch herrlich!

(langes Schweigen)

Zur Zeit vollzieht sich eine systematische Vernichtung aller vorgefaßten Ideen, Vorurteile, Gewohnheiten, aller Gesichtspunkte sozialer, moralischer, hygienischer und gesundheitlicher Art; „das" nimmt alles, eine Sache nach der anderen, und zerstört sie voller Ironie.

Letzte Nacht betraf es die „hygienischen" Maßnahmen im Hinblick auf das Essen. Eine urkomische Demonstration der menschlichen Unwissenheit hinsichtlich der Vorsichtsmaßnahmen, die man trifft, und aller möglichen Vorurteile, die man hat ... mit Szenen und Bildern, die unbezahlbare Theaterkomödien abgeben würden.

Es ging um Krabben zum Essen (!), und das ließ mich an Europa denken. Dort ist man überhaupt nicht wie hier besessen von der Idee einer möglichen Ansteckung durch die Nahrung, die man zu sich nimmt: in Europa siehst du eine Frucht, nimmst sie und ißt sie. Ich erinnere mich, Krabben vom Stand vor einem Lebensmittelgeschäft gekauft zu haben, also auf dem Bürgersteig, draußen ... trotzdem verschwendete man keinen Gedanken daran. Und es ist einem nichts passiert!... Das kam sehr früh heute morgen, und von einer Komik wie die unterhaltsamste Posse! Wer hat doch gleich solche Schwänke geschrieben? *(Mutter sucht vergeblich nach dem Namen)* Es fällt mir nicht mehr ein ... Weißt du, die Namen entgleiten mir irgendwie, und von der anderen Seite kommen lauter ähnlich lautende Klänge. Ich suchte den Namen, etwas zog vorbei, und von der anderen Seite kam wie ein Scherz „*cartilage*" [Knorpel]! *(Mutter lacht)* Wie heißt er also, dieser „Moderne", der Schwänke schrieb, aber sehr gute?

Courteline.

(Mutter lacht) Cartilage!
Es waren diese großen Krabben, die man hier „Krebse" nennt: sie sind so groß wie Krebse. Irgend jemand (ein Schüler hier), der schon lange tot ist, kam und brachte mir diese Krabben, das heißt,

ich traf ihn in den Zimmern unten ... Es gibt Zimmer, die irgendwo in einer Art Unterbewußtsein nachgebildet werden, und zwar genau dieses Unterbewußte, das transformiert und bearbeitet werden muß. Dort existiert eine Art Reproduktion von Zimmern, die hier unten liegen *(unter Mutters Zimmer)*, aber nicht gleich sind (wenn auch in derselben Anordnung), und dort geht eine bestimmte Kategorie von Tätigkeiten vor sich. Dort trafen wir uns einmal, wie ich dir schon sagte: du wolltest die Ideen der Leute klären! Es war derselbe Ort, aber nicht physisch hier sondern im Unterbewußtsein. Und da war dieser große gutmütige Mann, der über lange Zeit hinweg am Samadhi gewacht hat, Haradhan, und als er mich kommen sah, sagte er: „Ich habe Ihnen etwas mitgebracht." In eine Art dunkelblaues Tuch hatte er zwei große Krebse eingewickelt, und die gab er mir. Sie waren gekocht und fertig zum Essen. Das Tuch gefiel mir nicht sonderlich, und ich dachte: „Wie kann man das wohl vor dem Essen etwas hygienischer herrichten?" *(Lachend)* Weißt du, es ist eine Farce – die Farce, damit man ... die eigene Dummheit verstehen lernt. Ich fing an zu schälen ... wie nennt man das? Nicht die „Haut"... Siehst du, auch hier ist das Wort nicht gekommen, dafür stellte sich *„cuirasse"* [Harnisch, Panzer] ein! *(Lachend) Cuirasse* und *cartilage* [Harnisch und Knorpel]!... Nun ... ich entfernte das also, aber sogleich sagte ich mir: „So ein Blödsinn! Jetzt ist es noch exponierter als vorher!" Ich überlegte, was ich jetzt machen sollte, und lief in eine Ecke (an die Stelle von Pavitras Labor), fand einen Wasserhahn und legte meinen Krebs darunter. Sofort hörte ich jemanden sagen – nicht irgend jemanden, sondern die innere Stimme *(lachend)*: „Das Wasser ist noch schmutziger als das Tuch!" Das Bewußtsein kam mit dem Licht, und in einer ganz klaren Vision zeigte man mir die Relativität der Maßnahmen, die man ergreift, die alle nur auf vorgefaßten Ideen beruhen und auf keinerlei wirklichem Wissen gründen. Schließlich wurde mir gesagt *(lachend)*: „Nun iß schon, es ist das Beste, was du tun kannst!" Ich aß also meinen Krebs, und er schmeckte sehr gut!

Weißt du, daraus könnte man eine Farce machen. Und die Bilder! Eine solche Posse!...

Vieles ist so. Und alles mit ... *(lachend)* einer „erzieherischen" Absicht, um einem die Kinderei zu zeigen, in der man lebt.

*
* *

Dann geht Mutter zur Übersetzung von Savitri über:

> Ascetic voices called of lonely seers
> On mountain summits or on river banks
> Or from the desolate heart of forest glades
> Seeking heaven's rest or the spirit's worldless peace,
> Or in bodies motionless like statues, fixed
> In tranced cessations of their sleepless thought
> Sat sleeping souls, and this too was a dream. (X.IV.642)[1]

(Lachend) Er ist schrecklich! Er hat die Gabe, alles zunichte zu machen.

Aber das ist außerordentlich wahr. Es versetzt einen sofort in die Atmosphäre der Relativität all dieser menschlichen Auffassungen.

Das Schlimme daran ist, daß das äußere Wesen Mühe hat, seine Gewohnheit zu vergessen, alle materiellen Dinge als wahr, wirklich und konkret zu betrachten: „Das ist doch konkret. Man berührt es, man sieht es, man fühlt es ..."

Das kommt allmählich.

Ich sage dir, so geht das jede Nacht; etwas, das der Komik und der Lächerlichkeit preisgegeben und zerpflückt wird. Sehr interessant. Dabei gibt es herrliche Dinge vom Standpunkt der Moral aus, wirklich herrlich! Aber ... *(Mutter legt einen Finger auf den Mund)* das ist für später.

---

1 Die asketischen Stimmen einsamer Erleuchteter
riefen auf Bergesgipfeln oder an der Flüsse Ufer
oder aus verlassenem Herzen von den Lichtungen des Waldes,
die nach des Himmels Ruhe oder nach des Geists weltlosem Frieden suchten.
Oder in Körpern, die bewegungslos wie Statuen waren, erstarrt
in abebbender Trance ihres schlaflosen Denkens,
saßen schlafende Seelen, – doch auch dieses war ein Traum. (dt. S. 656f)

31. Januar 1966

(Da Satprems Briefe an Mutter verschwunden sind, wissen
wir nicht mehr, um welchen „Kummer" es sich hier handelte.
Wahrscheinlich um gewisse Seinsarten des Lebens, die er Mühe
hatte zu akzeptieren, oder vielleicht um seine eigene Unfähigkeit,
das Leben in der Welt, so wie es ist, zu tolerieren. Vielleicht ging
es auch um Satprems Neigung, sich in den Höhen zu verlieren
(oder in den Abgründen). Jedenfalls fragte er Mutter, ob er nicht
ein neues Buch schreiben solle, den „Sannyasin", in dem er
versuchen wollte, eine gewisse Ablehnung des Lebens zu bannen.)

Sag mir, was bekümmert dich?

Denn ... wenn du gemerkt hast, daß du einen Fortschritt machen
mußt, brauchst du keinen Kummer mehr zu haben. Nur wenn man
einen Fortschritt machen sollte und sich dessen nicht bewußt ist, sollte
man Kummer haben!

Ich habe die Frage gründlich untersucht, und es ist wohl möglich,
daß du dich durch das Schreiben dieses Buchs tatsächlich einer Sache
entledigen kannst, die sich hinschleppt. Das ist gut möglich. Aber ich
hatte gehofft, daß das einfach durch die innere Bewegung weggehen
würde. Als ich gestern jedoch deine Nachricht erhielt, schaute ich
genau hin und sagte mir: „Ja, wahrscheinlich ist dies nötig."

Das hat einen Nachteil, aber es wird auch einen Vorteil haben ... Ich
meine nicht äußere Nachteile, die muß man einfach in Kauf nehmen[1].
Ich spreche vielmehr von dir: das zieht deine Aufmerksamkeit in einer
fast hypnotischen Weise auf einen Teil deines Wesens, der ... beinahe
in der Form gefangen ist – in der Form des Ausdrucks, das heißt im
„Autor", im „Schriftsteller". Dennoch weiß ich sehr wohl, daß dein
äußeres Wesen zum großen Teil dazu angelegt ist, aber von einem
höheren Standpunkt aus: mehr als Mittel denn als Zweck.

Dein Buch über Sri Aurobindo ist in jeder Hinsicht außerordentlich
und war sozusagen ein Gipfelpunkt des Ausdrucks. Außerdem war Sri
Aurobindo die ganze Zeit über anwesend, während du es schriebst. Als
das kam, hatte ich den Eindruck von einem Gipfel, über den man nicht
hinausgehen kann ... Darum dachte ich nicht mehr an weitere Bücher:
mein Bewußtsein ging von diesem Buch über Sri Aurobindo zu etwas
anderem, umfassenderem, über. Als ich jedoch gestern deinen Brief
las, dachte ich: „Vielleicht gibt es doch noch etwas, das ausgedrückt

---

1 Das Problem des Zeitaufwands, um ein Buch zu schreiben.

werden muß. Vielleicht ist es ein gutes Mittel, eine Vergangenheit aufzulösen, die sich hinschleppt."

Das wollte ich dir dazu sagen.

Wenn du das also tun mußt, dann tu es, und zwar mit dieser Idee,
mit dieser Aspiration, einen gesamten Bewußtseinszustand auszudrükken, damit er in die Vergangenheit geht und nicht mehr an deinem
gegenwärtigen Bewußtsein klebenbleibt.

> *Kann dies nicht auch ein Mittel sein, die Wahrheit herabkom-
> men zu lassen, eine Kraft der Wahrheit wie im Buch über Sri
> Aurobindo, wenn auch von anderer Art?*

Das ist schon möglich. *(Lachend)* Das sage ich dir hinterher!

Vor zwei Tagen erst habe ich an jemanden geschrieben (jemand, der
ein bißchen von asketischen Ideen eingenommen ist). Ich sagte dieser
Person: „Diese Gedanken und diese Art zu handeln gehören in spiritueller Hinsicht der asketischen Überzeugung an, aber DIE IST NICHT MEHR
WAHR." Ich sagte das mit schrecklicher Kraft: SIE IST NICHT MEHR WAHR.
Ich sah, daß sie in einer bestimmten Phase der irdischen Geschichte
notwendig war, um ein bestimmtes Ergebnis zu erzielen, aber heute IST
SIE NICHT MEHR WAHR. Sie hat einer höheren und umfassenderen Wahrheit Platz gemacht ... So gesehen kann dein Buch natürlich Ausdruck
dieser neuen Kraft sein.

Das kann sein und ist durchaus nicht ausgeschlossen.

> *Es ist eine ganze Welt von spirituellem Denken und Sein, der ich
> gern einen möglichst vollkommenen Ausdruck verleihen würde,
> und gleichzeitig würde ich sie am liebsten zerstören. Nicht „zer-
> stören", sondern aufzeigen, daß dies nur eine Seite, nur ein Teil
> ist.*

Ja.

> *(Schweigen)*

> *Ich habe auch gefühlt, daß es noch anderes zu schreiben gäbe.
> Ich könnte mir deine ganze Agenda wieder vornehmen, so
> wie ich das bei Sri Aurobindo gemacht habe (diese Idee ist
> mir mehrmals und sehr deutlich gekommen): mir deine ganze
> Agenda wieder vorzunehmen, von Anfang an, und dann ...
> Weißt du, bevor ich dieses Buch über Sri Aurobindo schrieb,
> habe ich all seine Werke noch einmal gelesen. Und während ich
> sie las, war es, als würde mir gesagt: „Diese Passage ... diese
> Passage ... diese Passage ..." Ich notierte mir alle diese Passagen.
> Und als ich später das Buch schrieb, kamen automatisch all*

*diese ausgewählten Passagen und verbanden sich mit dem, was
mir einfiel. Denselben Eindruck hatte ich hinsichtlich deiner
Agenda: ich müßte sie eines Tages noch einmal vollständig und
in diesem selben Bewußtsein lesen und eine gewisse Anzahl von
Passagen heraussuchen, die sich dann zu einem Buch heraus-
kristallisieren würden.*

Ja, aber jetzt noch nicht. Noch nicht.[1]

*Nein, noch nicht. Mir ist klar, daß die Zeit noch nicht gekom-
men ist.*

Es ist noch nicht an der Zeit. Noch nicht. Das ist für später.

Nein. Wenn du dieses Buch schreibst ... Nun, wir werden sehen,
denn das hängt davon ab, ob ... Wenn diese Wahrheit herabkommt,
dann kommt sie eben, und dann wirst du sie automatisch zum Ausdruck bringen. Das kann man anstreben. Aber man kann nicht im
voraus sagen, ob es so sein wird.

Auf jeden Fall ist ganz klar, daß dieses Buch dir als Stufenleiter
dienen kann, um dich über eine Vergangenheit hinauszuheben und
bestimmte Schwierigkeiten in deiner Natur zu überwinden. So gesehen bin ich natürlich sofort ganz deiner Meinung.

Es gibt also überhaupt kein Problem mehr. Du mußt es nur noch
machen.

In deinem Bewußtsein scheint noch ein Zweifel zu bestehen.

Selbst mit diesem Zweifel gab es kein Zögern; ich sage dir: „Tue es!"

*Die Frage ist eher von subtiler Qualität: Zu wissen, ob diese
„Sache" in den inneren oder höheren Welten tatsächlich schon
da ist und ich sie ausführen soll, oder ob es nur eine Entscheidung meines „Schriftsteller-Egos" ist, das gern schreiben
möchte.*

Die Sache ist da ... (wie soll ich das erklären?)

Die Sache ist da in ihrer alten Form.[2] Es kann nicht der Schatten
eines Zweifels daran bestehen, daß du etwas zu sagen hast, und daß
du dies auch sagen wirst, steht außer Zweifel. Aber es ist noch in dieser
Form geblieben wegen ... eben jener Schwierigkeit, über die du in deinem Brief klagst und die sich hinzieht. Es gilt also gleichzeitig einen
bestimmten Bewußtseinszustand und eine bestimmte Schwierigkeit

---

1 Erst acht Jahre später schrieb Satprem die „Trilogie" über Mutter.
2 Die erste Fassung des *Sannyasins*, die als eine Art griechischer Tragödie mit Chören
   konzipiert war.

aufzulösen. Dein wahres Bewußtsein, weißt du, das Bewußtsein deines wirklichen Wesens, folgt einem sehr schnellen Aufstieg. Etwas in dir nimmt das nicht wahr und hinkt hinterher, und das ist es, was dir Unbehagen bereitet. Ganz offensichtlich ist das Schreiben ein gutes Mittel (wahrscheinlich das beste), um das aufzulösen: man wirft das hinaus, indem man es ausdrückt, und damit ist die Sache erledigt, aufgelöst. Es geht nur um die FORM, verstehst du, die Form. Es ist immer dasselbe: einerseits die Essenz und der Geist und andererseits die Form. Du bist im Begriff, blitzartig aufzusteigen, und du weißt es nicht, weil etwas in dir so hart und angespannt bleibt. Das ist nur eine Form. Es wäre besser, sich dessen zu entledigen. Für dich ist es das natürlichste Mittel, die Form, den Bewußtseinszustand und die Schwierigkeit nach außen zu verlagern, alles zusammen, indem du das Buch schreibst.

Ich bin mir dessen sicher, weil ich einen Großteil der Nacht damit verbracht habe, mir das anzuschauen.

Ja, es ist gut, tue es nur! Es wird bestimmt ein interessantes, ausgezeichnetes Buch, das vielen Menschen nützlich sein wird, aber letzten Endes ist es nicht … Von unserem Standpunkt aus ist das zweitrangig.

Jetzt trägst du jedenfalls in Frankreich, Deutschland, den Vereinigten Staaten und hier das Etikett des „Autors, der das Buch über Sri Aurobindo geschrieben hat". Es wird also ein neues Buch vom „Autor des Buches über Sri Aurobindo" geben. Folglich wirst du eine Leserschaft haben. Für mich sind all diese Dinge zweitrangig. Aber deswegen sind sie nicht weniger wahr. '

> *Weißt du, was mich vor allem interessiert … Das einzige, was ich zur Verteidigung des Schriftstellers sagen kann, ist, daß für mich Schreiben wie ein Mantra ist: es bedeutet, eine Schwingung der Wahrheit zu verkörpern.*

Ja.

Das ist die eigentliche Funktion.

Ja.

Wenn „das" nicht da ist, interessiert es mich nicht.

Es ist ganz gewiß da.

Aber da ist noch eines … Selbst als Schriftsteller (in deiner jetzigen Form und als Schriftsteller) kannst du das, was du auf die Erde herabziehen und ausdrücken willst, auf viele verschiedene Arten ausdrücken, IN DEINER EIGENSCHAFT ALS SCHRIFTSTELLER: in vielen verschiedenen Formen. Wir sind derzeit mit einer bestimmten Form beschäftigt, die du dir ausgedacht hast. Was diese Form nützlich macht, ist in meinen Augen (vielleicht etwas gewöhnlich ausgedrückt), daß sie als Axt dienen kann, mit der du das aus deinem Bewußtsein völlig beseitigst, was du zurückweisen willst: eine bestimmte Wesensart in deinem Bewußtsein, die in die Vergangenheit zurückweicht. Und danach kannst du dich zu Ausdrucksformen höheren Ranges erheben.

Beachte dabei noch folgendes: Wenn man das Problem vom irdischen oder menschlichen Standpunkt aus betrachtet, gehört es zu den Dingen, die für die Menschheit sehr nützlich sein können. Wenn du „humanitär" veranlagt wärest, würde ich sagen: es besteht nicht der Schatten eines Zweifels, es kann von großem Nutzen sein.

Ich sagte dir bereits, daß ich mir das in der vergangenen Nacht sehr sorgfältig angeschaut habe und zu diesem Schluß kam: du mußt es tun. Mehr gibt es dazu nicht zu sagen.

Aber ohne Traurigkeit.

Hindernisse aufzudecken, Schwächen und Widerstände in seinem eigenen Wesen, in seinem eigenen Bewußtsein zu erkennen, ist keine Niederlage sondern ein großer Sieg. Darüber darf man sich nicht beklagen; man muß sich freuen.

Aber es ist voller Schwächen!

Ja! *(Mutter lacht)* Ja, das weiß ich wohl, wir sind alle voller Schwächen.

Ich verstehe nicht einmal zu leben!

Ja, das stimmt! *(Mutter lacht)* Aus diesem Grunde hält deine Schwierigkeit ja so hartnäckig an. Andernfalls hätte sie schon längst verschwinden müssen. Sie wird verschwinden, aber … sie hat eine gewisse Daseinsberechtigung aufgrund … ja, einer bestimmten Einstellung deines Bewußtseins gegenüber dem Leben. Das war in der Tat etwas von dem, was ich gesehen habe.

Würde doch nur eine ganze Vergangenheit aufgelöst und hinausgeworfen: ausgedrückt und zurückgewiesen: „Schluß jetzt, ich habe nichts mehr mit dir zu schaffen! Ich habe dich ins Leben gerufen."

Schau, das ist sehr gut und nützlich für viele Menschen, denen dieses gewisse Bewußtsein abgeht.[1] Es gibt nichts in der Welt, was unnütz wäre, aber die Dinge müssen an ihrem Platz sein. Wenn man an einem Bewußtsein klebenbleibt, das überwunden werden müßte, wird das zu einer Schwäche – man darf nur nicht daran klebenbleiben! Man muß das hinauswerfen und es dann wie ein Sprungbrett benutzen, um

---

1 Die Ablehnung der Welt, so wie sie ist, und die Flucht in die Höhen.

höher zu springen. So sehe ich das. So sehe ich alle Unfähigkeiten, alle Schwächen und *failures* [Fehlschläge]: „Gut, es ist ein Sprungbrett – springen wir also, und lassen wir das hinter uns."

Wenn man die Arbeit macht, die ich mache, und mit all den kleinen Reaktionen des physischen Körpers und des materiellsten Bewußtseins in Verbindung steht ... für jeden anderen Menschen mit einem Ideal wäre es absolut entmutigend und widerlich. Aber es ist nun mal so, und es muß sich ändern – und wir sind da, damit das anders wird. Und solange wir nicht bewußt sind, wird sich das nie verändern. Folglich muß man sich freuen, wenn man sich dessen bewußt wird.

Alle Entdeckungen sind immer Gnaden – wunderbare Gnaden. Wenn man entdeckt, daß man nichts kann, daß man ein Schwachkopf ist und keinerlei Fähigkeiten hat, daß man so klein und armselig und dumm ist ... „Ach Herr, wie ich Dir danke! Wie gut Du bist, daß Du mir das alles zeigst." Und damit hat sich's. Denn von der Minute an, wo man es entdeckt, sagt man: „Das ist jetzt Deine Sache. Du wirst das Notwendige tun, damit sich das alles ändert." Und das Schönste daran ist: Es ändert sich tatsächlich! Es wird anders. Wenn man aufrichtig so macht (*darbringende Geste nach oben*): „Bitte nimm Du das, übernimm Du das, befreie mich davon und laß mich ... nur noch Du sein" – dann ist das wunderschön.

Februar

11. Februar 1966

(Mutter fährt mit ihrer Übersetzung von Savitri fort: die Vision der Ebene, auf der alle Formationen des menschlichen Mentals liegen.)

All things the past has made and slain were there ...

Es gab dort alle Dinge, die die Vergangenheit geschaffen und vernichtet hatte ...[1]

Das ist sehr interessant. Ich folge all diesen Erfahrungen von *Savitri*. In den letzten Tagen hatte ich diese Erfahrungen der verschiedenen Freuden. Ich war erstaunt und dachte mir: „Das ist merkwürdig. Warum zeigt man mir die Freude in all den Dingen: die Freude zu zerstören, die Freude zu erschaffen, die Freude, sich abzumühen und etwas zu meistern und so weiter?" Ich war sehr erstaunt, und dann ...

Gerade in der letzten Nacht muß ich eine gewisse Zeitlang damit beschäftigt gewesen sein, in allen menschlichen Konstrukten spazierenzugehen. Sie waren jedoch von höherer Qualität, nicht die gewöhnlichen Konstruktionen (von denen Sri Aurobindo dort spricht: die philosophischen, religiösen, spirituellen Konstrukte). Sie waren durch riesige Gebäude symbolisiert, die derart hoch waren ... als wären die Menschen nur so groß wie der Rand dieses Schemels, winzig im Vergleich zu diesen enormen Dingen: einfach riesig. Ich ging darin spazieren, und jeder kam auf mich zu – bald sah ich den einen, bald den anderen kommen, und jeder kam zu mir und sagte: „Ich besitze den wahren Weg." Dann ging ich mit ihm zu einem offenen Tor, durch das man eine weite Landschaft sah. Und genau in dem Augenblick, als man das Tor erreichte, schloß es sich jedesmal!

Wirklich sehr interessant, mit allen möglichen verschiedenen Einzelheiten, jeder mit seinen Gewohnheiten ... Ich habe die Details jetzt

---

1 *As if lost remnants of forgotten light,*
Before her mind there fled with trailing wings
Dimmed revelations and delivering words,
Emptied of their vision and their strength to save,
The messages of the evangelist gods,
Voices of prophets, scripts of vanishing creeds ... (X.IV.642)
Als seien sie verlorene Reste von vergessenem Licht,
flohen sie mit hängenden Flügeln vor Savitris Mental dahin,
getrübte Offenbarungen und Worte, die befreien sollten,
entleert ihrer Sendung und ihrer Kraft zu retten,
die Botschaft der Götter, die das Evangelium brachten,
die Stimmen von Propheten, Schriften untergehender Bekenntnisse...
(*Savitri*, dt. S. 656)

vergessen, aber als ich letzte Nacht von dort zurückkehrte, mitten in der Nacht, fand ich das wirklich amüsant. Verstehst du, als sie redeten, sah man durch ein Tor ungeheure Weiten vor sich, das volle Licht, faszinierend. Und wenn ich dann mit der Person auf das Tor zuging ... schloß es sich. Wirklich interessant.

Alles war so hoch und riesengroß – man selbst war ganz klein.

Viele Leute waren da, immer wieder neue Leute: bald Männer, bald Frauen, mal Junge, mal Alte, von allen möglichen Ländern. Es dauerte sehr lange.

Ich erinnere mich, daß ich zu einem von ihnen sagte: „Ja, das ist alles sehr schön, aber es ist nicht die wahre Nahrung, es läßt einen hungrig zurück." Dann war da einer ... ich weiß nicht aus welchem Land. Er hatte ein dunkles Gewand an, schwarze Haare, ein etwas rundliches Gesicht. Vielleicht war es ein Chinese, ich weiß es nicht, ich erinnere mich nicht mehr. Er sagte mir: „Oh, nicht mit mir. Koste das hier!" und er gab mir etwas zu essen – einfach großartig! Ausgezeichnet war das! Ich sah ihn an und sagte: „Du bist geschickt ... Zeig mir deinen Weg." Er antwortete: „Ich habe keinen Weg."

Lauter Einzelheiten ... Wenn ich das gleich in der Nacht notiert hätte, wäre das sehr amüsant, wirklich. Und es entspricht dem, was wir gerade in *Savitri* gelesen haben.

Ja, dieser Mann saß da gemütlich vor einem Pfeiler (dessen Ende man nicht sehen konnte, so hoch war er) und sagte mir: „Nein, ich habe keinen Weg." *(Mutter lacht)* Und was er mir zu essen gab, war köstlich! Ich erinnere mich, es geknabbert und geknuspert zu haben; es schmeckte ganz ausgezeichnet.

Wer kann das sein?... Ich weiß nicht. Es müssen alles bekannte Leute gewesen sein.

Merkwürdigerweise war ich immer etwas größer als die anderen, und wenn ich mich bewegte, war ich viel schneller als sie. Ich erreichte die Tore und wollte gerade hindurchgehen ... aber sobald sie ankamen, schloß sich das Tor.

Sehr lustig. Ich könnte ganze Bücher darüber schreiben.

Zuerst verstand ich diese Nacht nicht. Ich fragte mich: „Warum gehe ich an solchen Orten spazieren?" Jetzt verstehe ich es.

16. Februar 1966

Über Satprems Mutter

... Es ist kein Wunder, daß du der Sohn deiner Mutter bist: es ist ganz natürlich. Das besagt vieles ... Es bedeutet einen guten Atavismus. Es bedeutet, daß dein Übergang ins Leben die Schwierigkeiten nicht vervielfacht hat, im Gegenteil.

Ich selbst habe meine Eltern gewählt (*lachend:* wiederhole nicht, was ich dir sage!), ich wählte sie, um eine solide physische Basis zu haben, weil ich wußte, daß die Arbeit, die ich zu tun habe, äußerst „schwierig" sein würde und ich eine solide Basis benötigte. In dieser Hinsicht hatte ich Erfolg. Aber dann gab es Schwierigkeiten ... Das macht nichts, denn vom physischen Aspekt her war es gut. Aber bei dir ist es nicht nur das: bei dir ist es psychisch, verstehst du – sie ist auch psychisch deine Mutter. Und das ist gut so.

19. Februar 1966

(Als Folge eines Entretiens vom 9. April 1951, in dem Mutter zunächst von der Entartung des Geschmacks, dann vom Krieg gesprochen hatte, sowie davon, was ein neuer Krieg bedeuten würde:)

„Um euch die Wahrheit zu sagen: Wir sind wieder auf dem aufsteigenden Ast. Ich glaube, daß wir nun wirklich den Grund aller Zusammenhanglosigkeit, aller Absurdität, alles Bösen – des Geschmacks am Bösen und Häßlichen, am Schmutzigen und Beleidigenden – erreicht haben. Wenn man das richtig auffaßt (und ich denke, es gibt Leute, die es richtig auffassen), dann kann einen das direkt und geradewegs zum Yoga führen. Das heißt, man spürt eine Art tiefer Gleichgültigkeit für alle Dinge dieser Welt, ein großes Bedürfnis danach, etwas anderes zu finden, ein dringendes Bedürfnis, etwas zu finden, das wirklich schön und frisch und gut ist ... und das führt einen auf ganz natürliche Weise zu einer spirituellen Aspiration. Diese

Scheußlichkeiten haben die Menschen irgendwie in zwei Gruppen aufgespalten: in eine Minderheit, die bereit war und sehr hoch aufgestiegen ist – und in eine Mehrheit, die nicht bereit war und sehr tief gesunken ist. Letztere suhlt sich derzeit im Sumpf, und deshalb kommt man da vorläufig nicht heraus. Wenn das so weitergeht, gehen wir auf einen neuen Krieg zu, und dieses Mal wird es wirklich das Ende dieser Zivilisation bedeuten – ich sage nicht, das Ende der Welt, denn nichts kann das Ende der Welt sein, aber das Ende dieser Zivilisation. Das heißt, es muß danach eine neue aufgebaut werden. Ihr werdet mir vielleicht sagen, das sei doch gut und recht, weil diese Zivilisation am Ende ist und dabei ist zu verkommen. Aber es gab auch sehr schöne Dinge an ihr, die es verdienten, erhalten zu werden, und es wäre sehr schade, wenn all das verschwinden würde. Wenn es jedoch einen neuen Krieg gibt, so kann ich euch versichern, daß all das untergehen wird. Denn die Menschen sind sehr intelligente Wesen, und sie haben das Mittel dafür gefunden, alles zu zerstören. Und sie werden sich dessen auch bedienen, denn wozu sollte man Milliarden ausgeben, um gewisse Bomben zu erfinden, wenn man sich ihrer nicht bedienen will? Was nützt es herauszufinden, daß man eine Stadt in ein paar Minuten zerstören kann, wenn man sie nicht tatsächlich zerstört! Man will die Früchte seiner Anstrengungen sehen. Wenn es einen Krieg gibt, so wird genau das passieren."

Das ist sehr passend. Das werden wir im nächsten *Bulletin* veröffentlichen.

*
* *

(Dann geht Mutter zu Savitri über,
zum Anfang des nächsten Gesprächs mit dem Tod:)

Once more arose the great destroying Voice:
Across the fruitless labour of the worlds
His huge denial's all-defeating might
Pursued the ignorant march of dolorous Time. (X.IV.643)[1]

---

1 Noch einmal erhob sich die mächtige zerstörerische Stimme;
Durch all das unfruchtbare Mühen dieser Welten folgte
ihre gewaltige allesbezwingende Macht der Verneinung
dem unwissenden Marsch der schmerzensreichen Zeit. (*Savitri*, dt. S. 657)

Der unwissende Gang der schmerzlichen Zeit ... Genau das ist es, wir sind arme Teufel.

Das ist genau mein Geisteszustand seit einigen Tagen, ganz besonders heute morgen ... Als Erfahrung ist das sehr interessant.

Die spontane Aktivität der Materie ist mutlos (*„the all-defeating might"*). Sie muß ihr *surrender* [ihre Unterwerfung] machen, sie muß sich auflösen, damit eine kreative Macht, eine wirklich kreative und siegreiche Macht sich manifestieren kann. Das ist überaus interessant.

Théon sagte, dieser mutlose Zustand (dessen Ergebnis der Tod ist), diese zerstörerische Macht, sei mit dem Einfließen des Vitals in die Materie entstanden. Felsen, Steine, das heißt alles, was rein und ausschließlich materiell ist, ist nicht defätistisch. Der Beginn der Zerstörung kam mit dem Eintritt der vitalen Kraft: mit dem Wasser – dem Wasser, der Luft, mit allem, was sich bewegt. Alles, was in Bewegung gerät, bringt die Kraft der Zerstörung mit sich.

In der menschlichen Materie ist diese zerstörerische Macht mit der Bewegung verbunden.

(Schweigen)

Das heißt, auf der Erde (um sich auf die Erde zu beschränken) ist der Tod erst mit dem Leben aufgetreten.

(Schweigen)

Und die ersten Manifestationen des Lebens waren doch das Wasser und die Luft, der Wind, nicht wahr?

Das Feuer ... Aber das Feuer – es gibt kein Feuer ohne Luft – das Feuer ist das Symbol der Höchsten Kraft.

(langes Schweigen,
Mutter kritzelt ein paar Worte auf ein Papier)

Hier ist die Antwort darauf:

> *Truth does not depend*
> *on any external form*
> *and shall manifest in spite*
> *of all bad will or opposition.*[1]

Das habe ich diesem Kerl *(dem Tod)* als Entgegnung geschrieben. Es kam mit Macht: „Du wirst schon sehen!"

Aber ich würde gern wissen, was Savitri sagt. Was sagt Savitri?...

---

1 „Die Wahrheit hängt nicht von irgendeiner äußeren Form ab, und sie wird sich trotz jeglichen schlechten Willens und aller Widerstände manifestieren."

Wir haben nicht mehr viel Zeit, wir werden es das nächste Mal erfahren.

Was sagt sie ihm? – Sie sagt ihm immer dasselbe, glaube ich: die Allmacht der Liebe.

Da spürt man die Kraft. Andernfalls würde es sich nicht lohnen zu leben – es lohnte sich wirklich nicht zu leben, es würde keinen Spaß machen.

23. Februar 1966

(In bezug auf das Entretien vom 14. April 1951, in dem Mutter die Geschichte von zwei verunglückten jungen Leuten erzählt, die sich des vitalen Vehikels einer Katze bedienten, um Mutter Nachricht von ihrem Tod zu geben.)

Charles de F! Genau, ich erinnere mich, das war der Sohn eines französischen Botschafters (in Österreich, glaube ich), ein Unterleutnant. Er stürmte mit seiner Kompanie aus einem Schützengraben zum Angriff vor, und sie kamen alle um. Es war ein Massaker.

Aber es gibt eine Fortsetzung der Geschichte ... Hinterher ist er gekommen. Als er sich wieder geformt hatte, kam er. Er blieb in meiner Nähe und sagte: „Ich komme, weil es mein Wunsch und meine Absicht war, mit Ihnen nach Indien zu gehen, und ich möchte das in die Tat umsetzen." Als ich nach Indien aufbrach (das zweite Mal), kam er mit. Lange nach meiner Rückkehr – viel später, als Pavitra hierherkam – sehe ich plötzlich eines Nachts F und Pavitra, die sich umarmen! Einfach so. Dann trat F in ihn ein. Das Interessante daran ist, daß Pavitra Lyrik überhaupt nicht mochte und sich sehr wenig für Kunst interessierte, und nachdem dieser Junge sich mit ihm vereinigt hatte, begann er, eine ganz spezielle Wertschätzung für die Lyrik zu empfinden und sich für Kunst zu interessieren! Er spürte eine wirkliche Veränderung in sich. (Ich hatte ihm nichts erzählt.)

Ich habe mehrere solcher Fälle erlebt, aber dieser war so klar! So klar und präzise. Und ohne Beeinflussung durch das aktive Denken – ich hatte überhaupt nicht daran gedacht: in einer Nacht sah ich sie, Pavitra, der aus seinem Körper ausgetreten war, und der andere, der meine Aura verließ (er ruhte immer noch in meiner Aura). Sie umarmten sich, und dann trat der eine in den anderen ein.[1]

Er war ganz jung, einundzwanzig Jahre alt. Es war der erste Krieg, der Krieg der Schützengräben.

Auch der andere[2] war ein Dichter, aber er war der Sohn sehr braver Leute (ich glaube, es waren Kleinbürger oder sogar Bauern, Leute vom Land), wackere Leute, die beträchtliche Opfer auf sich genommen hatten, damit sie ihren Sohn zum Studium nach Paris schicken konnten. Er war ein sehr guter Student. Ein Junge im selben Alter, ungefähr zwanzig, einundzwanzig Jahre alt. Ein recht guter Dichter, intelligent, und er interessierte sich vor allem für den Okkultismus. Doch innerlich war er nicht geformt. Es war nur sein vitales Bewußtsein, das sich der Katze bemächtigte.

Aber merkwürdig, die Augen dieser Katze veränderten ganz und gar ihr Aussehen.

26. Februar 1966

Nach der Übersetzung von Savitris Dialog mit dem Tod.

> Behold the figures of this symbol realm …
> Here thou canst trace the outcome Nature gives
> To the sin of being and the error of things
> And the desire that compels to live
> And man's incurable malady of hope. (X.IV.643)[3]

---

1 Eine äußerst interessante Tatsache ist, daß Mutter etwas später dasselbe Phänomen (diesen „Toten", der sich mit Pavitra vereinigte) noch einmal mit dem Bewußtsein der Zellen sehen wird. Diese neue Sicht *des Körpers* wird Genauigkeiten mit sich bringen, die Mutters okkulter Vision entgangen waren, als könne allein der Körper genau sehen, was „auf der anderen Seite" ist.

2 Dieser starb nicht im Krieg, sondern wurde in Paris ermordet. Er nahm an den Treffen der kleinen Okkultismusgruppe teil, die Mutter in Paris organisierte.

3 Betrachte die Formen dieses Symbol-Reiches …
Hier kannst du in des Menschenlebens gleichnishaftem Ablauf
das Ergebnis finden, das Natur ihm jeweils gibt
für seine Sünde, daß er existiert, und für den Irrtum in den Dingen
und das Begehren, das ihn zwingt zu leben,
und für des Menschen unheilbare Krankheit, daß er immer hofft. (dt. S. 657)

Sie wird dir schon antworten!... Ich wüßte gerne, was sie ihm darauf sagen wird.

(Schweigen)

Wenn man die Idee, mit der Sri Aurobindo das geschrieben hat, bis zum Ende verfolgt, wäre der Tod das Prinzip, das die Lüge in die Welt gesetzt hat ... Offensichtlich ist es entweder die Lüge, die den Tod erschuf, oder der Tod, der die Lüge erschuf.

Es ist wohl eher die Lüge, die den Tod erschuf!

Logischerweise ja.

Nach der Geschichte (wenn man das eine Geschichte nennen kann), die Théon erzählte, war es die Lüge, die den Tod erschuf. Aber nach dem, was wir gerade gelesen haben, wäre es der Tod, der die Lüge erschuf ... Natürlich ist es vermutlich weder das eine noch das andere! Es muß etwas anderes sein, das noch gefunden werden muß.

(Schweigen)

Théons Idee (die auch der Lehre hier in Indien entspricht, derzufolge die Trennung zu all der Unordnung führte – dem Tod, der Lüge usw.) bestand darin, daß die ersten vier Emanationen, d.h. das Bewußtsein, die Liebe, das Leben und die Wahrheit (die Liebe ist die letzte, glaube ich, aber ich erinnere nicht mehr genau, was er sagte), sich im vollen Wissen um ihre Macht und Existenz von ihrem Ursprung abschnitten. Das heißt, sie wollten von nichts anderem abhängen als von sich selbst, sie empfanden nicht einmal mehr die Notwendigkeit, die Verbindung mit ihrem Ursprung zu bewahren (ich meine das auf eine ganz materielle Weise). Diese Abtrennung führte dann unverzüglich dazu, daß aus dem Bewußtsein Unbewußtheit wurde, aus Liebe Schmerz (eigentlich war es nicht Liebe, sondern das Ananda, das zu Schmerz wurde), aus Leben wurde Tod und aus Wahrheit Lüge. Und so stürzten sie sich in die Schöpfung. Dann gab es eine zweite Schöpfung, die Schöpfung der Götter, um die Schäden der ersten vier zu reparieren. (Die Geschichte wird auf eine fast kindliche Weise erzählt, damit das nicht abstrakt, sondern ganz konkret wird.) Die Götter sind die zweite Emanation, und sie kamen, um die Schäden zu beheben. In Indien wie überall sonst hat man ihnen diverse Namen und Funktionen zugeschrieben, und sie befinden sich in dieser Region des Übermentals, d.h. oberhalb der physischen, materiellen Bereiche. Die Funktion dieser Götter bestand darin, den Schaden zu beheben, den die anderen angerichtet hatten. Die Domäne, in der sich die anderen (die ersten Emanierten) ansiedelten, ist der vitale Bereich.

All das kann man auch philosophisch, intellektuell usw. zum Ausdruck bringen. Es wird wie eine Geschichte erzählt, damit auch die physischste Mentalität das verstehen kann. Aber im Prinzip entstand diese ganze Unordnung wegen der Trennung vom Ursprung. Ich glaube, auch in Indien wird dasselbe sogar in den Upanischaden gesagt. Auf jeden Fall sagt Sri Aurobindo, die Unordnung sei mit dem Gefühl der Trennung gekommen. Es sind also verschiedene Weisen, dieselbe Sache zu erzählen. Im einen Fall, von einer bestimmten Warte aus gesehen, ist es eine willentliche Trennung. Im anderen Fall ist es eine unvermeidliche Folge – eine unvermeidliche Folge ... von was? Ich weiß es nicht.

Gemäß der Lehre der Herkunft der Götter blieben diese in Verbindung mit ihrem Ursprung und empfanden sich als Repräsentation des Ursprungs – wie in der indischen Theogonie, in der es heißt, daß Shiva der Repräsentant des Höchsten sei: Brahma der Schöpfer, Vishnu der Bewahrer, Shiva der Verwandler, und alle drei sind bewußte Repräsentanten des Höchsten, aber nur teilweise.

Es ist klar, daß das nur Parabeln sind. Es gibt wohl Wesenheiten, und sie existieren, aber ... das ist einfach eine Weise, es zu erzählen. So oder so, das spielt keine Rolle. Die Metaphysik ist auch eine Erzählweise. Und die eine ist nicht wahrer als die andere.

(Schweigen)

Für mich geht es jedoch darum ... Verstehst du, man sucht den Weg, um die Macht zu haben, das aufzulösen, was geschehen ist.

Wenn man Théon fragen würde: „Wie ist es dazu gekommen?" (er meinte, daß die erste Emanation und die drei folgenden sich abtrennten), dann antwortete er ganz einfach *(lachend)*: „Warum ist die Welt so, wie sie ist, in diesem Zustand der Unordnung? Warum ist sie so?... Das ist doch gar nicht interessant. Interessant ist, aus ihr das zu machen, was sie sein soll." Für mich gibt es jedoch nach all diesen Jahren etwas, das gern die Macht oder den Schlüssel besitzen möchte: die Methode. Und muß man nicht spüren oder erleben oder sehen (aber aktiv „sehen"), wie es so geschah *(Mutter dreht ihr Handgelenk in die eine Richtung)*, um so machen zu können *(Drehung in die andere Richtung)*. Darum geht es doch.

(Schweigen)

Interessant ist, daß jetzt, wo das Mental der Zellen sich organisiert hat, es mit schwindelerregender Geschwindigkeit den ganzen Entwicklungsablauf des menschlichen Mentals noch einmal durchläuft, um ... eben den Schlüssel zu erlangen. Es gibt zwar das Gefühl, daß der gegenwärtige Zustand eine lügnerische Unwirklichkeit ist, aber es besteht eine Art Bedürfnis oder Bestreben – kein mentales oder moralisches „Warum", nichts von dieser Art, sondern ein WIE zu finden – wie wurde das so verdreht *(Drehung in eine Richtung)*, damit es wieder berichtigt werden kann *(Geste in die umgekehrte Richtung)*.

Die reine Empfindung hat die Erfahrung der zwei Schwingungen *(die lügnerische und die wahre, die verdrehte und die direkte)*, aber der Übergang von der einen zur anderen ist noch ein Geheimnis. Es ist noch ein Geheimnis, weil es sich nicht erklären läßt: weder so *(Drehung zur Seite der Lüge)* noch so *(Drehung zur Seite der Wahrheit)*.

Es gibt also etwas, das wie Théon sagt: „Lerne, so zu SEIN *(auf der wahren Seite)*, und bleibe so!" Aber man hat den Eindruck, daß das „Bleibe so" von dem Wissen abhängen muß, warum man so oder so ist.

Ich weiß nicht, ob ich mich verständlich ausdrücke.

März

2. März 1966

Es wird immer gedrängter. Ich arbeite bis abends halb zehn daran, Geburtstagskarten für den nächsten Tag zu schreiben.

Letzte Nacht erlebte ich eine „amüsante" kleine Episode. Ich wollte dich besuchen (oder ich versuchte es), und du warst gleich im angrenzenden Zimmer – es herrschte ein infernalischer Lärm! Lärm von Leuten, die alle unentwegt redeten. Leute vom Ashram. Seltsam, es ist das erste Mal, daß mich im Traum der Lärm stört – so ein Heidenlärm! Am liebsten hätte ich gesagt: „Jetzt seid endlich still!"

Ja, genau, so ist es.
Aber ich habe dich letzte Nacht gesehen, du warst also wirklich da.

(Dann hält Mutter abrupt inne und wendet sich zum Fenster)

Warte, ich sehe nicht mehr klar ... *(Mutter nimmt ihr Gesicht zwischen die Hände und bleibt eine Weile reglos)* ... Weißt du, ich bin dabei, auf eine ganz präzise, materielle und detaillierte Weise die Macht zu heilen zu entwickeln. Ich mache das nicht absichtlich, es ist einfach so. Folglich *(lachend)* gibt man mir Gelegenheit, Versuche anzustellen: Erfahrungen am eigenen Körper – ständig stößt mir irgend etwas zu. Plötzlich kommt etwas, und ich lege meine Hand auf oder konzentriere mich einfach, mache die eine oder andere Bewegung, und alles verschwindet – ganz materiell: die Macht zu heilen. Verstehst du, ich lege meine Hand auf, und die Kraft geht hindurch. Sehr interessant. Allerdings *(lachend)* bin ich selber das Experimentierfeld! Das ist weniger lustig.

*
* *

(Wenig später, anläßlich eines unbedeutenden, aber aufschlußreichen Vorfalls. Mutter zeigt auf einen Umschlag mit Geld und fragt Satprem, ob sie ihm nicht schon einen Umschlag gegeben habe[1]. In der Tat hatte Mutter Satprem vor acht Tagen einen blauen Umschlag überreicht.)

Ich muß die Dinge in solcher Eile tun ... Wenn ich zum Beispiel mit meiner Arbeit am Morgen fertig bin, verteile ich vor dem Mittagessen das Geld – der Arzt ist da, P ist da, die Stunde des Mittagessens ist

---

1 Mutter gab Satprem jeden Monat 20 Rupien für seine Zigaretten.

vorbei, alle warten, auch der Kassierer ist da und wartet auf sein Geld. Alle klammern sich an mich. Und anstatt die Arbeit mit meinem Bewußtsein machen zu können, wird das Bewußtsein von all diesen Leuten gefangengehalten, die denken: „Es wird Zeit, es wird Zeit ... es ist spät, es ist spät ...", also erledige ich die Dinge automatisch und weiß nicht mehr, was ich tue – an alles, was ich automatisch tue, erinnere ich mich nachher nicht mehr. In deinem Fall wußte ich nicht mehr, ob ich dir den Umschlag gegeben hatte oder nicht, weil ich das in diesem Zustand tat. Doch als ich diesen neuen Umschlag vorbereitete (dieses Mal tat ich es bewußt), sah ich plötzlich meine Geste, wie ich dir einen kleinen blauen Umschlag gab, etwa so groß, und ich erinnerte mich an das Lächeln, mit dem du ihn entgegennahmst. Diese beiden Dinge waren sehr klar in meinem Bewußtsein. Da sagte ich mir: „Ich muß es ihm gegeben haben!"

So ist das, ich erinnere mich an meine Hand mit dem Umschlag und an dein Lächeln.

*
* *

(Satprem geht über zu einem früheren Entretien vom 17. April 1951. Ein Abschnitt betraf die Vervollkommnung des physischen Instruments: „Die physische Vervollkommnung beweist keineswegs, daß man einen weiteren Schritt zur Spiritualität hin gemacht hätte, nicht im geringsten. Die physische Vervollkommnung zeigt lediglich, daß das Instrument, dessen sich die Kraft bedient – welche Kraft auch immer –, ein hinreichend perfektioniertes Instrument ist, um von bemerkenswerter Ausdruckskraft zu sein. Der bedeutsame Punkt jedoch, der wesentliche Punkt, ist der, welche Kraft sich des Instruments bedient. Dort muß man eine Wahl treffen." An dieser Stelle macht Mutter folgende Bemerkung:)

Ich erinnere mich genau an den Moment, als ich das sagte – an den Ort, die Stunde, den Klang, an alles –, denn in diesem Moment hatte ich plötzlich den Eindruck eines göttlichen Willens, der sich manifestierte. Ich erinnere mich, in diesem Augenblick gesagt zu haben: „Ach, so müßte es immer sein." Jetzt ist das wiedergekommen. An welchem Datum war das?

Am 17. April 1951.

*
* *

*(Am Ende der Zusammenkunft verbleibt Mutter lange in
Kontemplation, dann nimmt sie Satprems Hände)*

... Ganz im blauen Licht Sri Aurobindos.
Er ist ganz nah, so nah, er erfüllt dich vollständig.
So weit ... so reglos, und gleichzeitig außerordentlich vibrierend –
eine so mächtige Schwingung und eine vollkommene Reglosigkeit.

4. März 1966

*(Mutter nimmt ihre Kommentare zu Sri Aurobindos Aphorismen
wieder auf)*

115 – Die Welt ist ein periodischer Bruch, der sich unablässig
wiederholt, mit Brahman als ganzer Zahl. Die Periode scheint zu
beginnen und aufzuhören, aber der Bruch ist ewig: er wird kein
Ende haben und hatte niemals einen wirklichen Anfang.

116 – Zu sagen, daß die Dinge anfangen und aufhören, ist eine
Ausdrucksweise unserer Erfahrung; in ihrer wahren Existenz
haben diese Begriffe keine Realität: es gibt keinen Anfang und
kein Ende.

Letzte Woche gab es wieder eine ganze Entwicklung dieser Erfahrung.
Im Grunde gilt dasselbe für die Welten wie für die Individuen, für
die Universen wie für die Welten. Nur die Dauer ist unterschiedlich:
ein Individuum ist ganz klein, eine Welt ist ein bißchen größer, und ein
Universum ist noch etwas größer. Aber alles, was anfängt, hört auch
auf.[1]

*Dennoch sagt Sri Aurobindo, es gebe „weder Anfang noch
Ende"? Schöpfung und Zerstörung seien lediglich eine Illusion
des äußeren Bewußtseins.*

Wir sind gezwungen, Worte zu benutzen, doch die Sache entzieht
sich uns. Was sich uns als „Ewiges Prinzip" darstellt, als „das Höchste",

---

1 Den folgenden Abschnitt fügte Mutter später hinzu.

als „Gott", hat weder Anfang noch Ende. Wir sind gezwungen zu sagen, „es ist", aber das stimmt nicht, denn es liegt jenseits der Nicht-Manifestation und der Manifestation. Es ist etwas, das man innerhalb der Manifestation nicht begreifen und nicht wahrnehmen kann, und dieses „Das" hat weder Anfang noch Ende. Aber „Das" manifestiert sich ständig und ewig in etwas, das anfängt und aufhört. Allerdings gibt es zwei Arten des „Aufhörens"; die eine erscheint einem wie Zerstörung und Auflösung, die andere ist eine Transformation. Und es scheint, als verringere sich die Notwendigkeit der Zerstörung mit zunehmender Vervollkommnung der Manifestation, bis sie schließlich ganz verschwindet und durch einen Prozeß fortschreitender Transformation ersetzt wird.

Aber das ist eine gänzlich menschliche und äußerliche Weise, es auszudrücken.

Ich bin mir der Unzulänglichkeit der Worte absolut bewußt, doch man muß die Sache durch das Medium der Worte begreifen ... Die Schwierigkeit für das menschliche Denken und noch mehr für den Ausdruck besteht darin, daß Worte immer einen Anfang beinhalten.

(Schweigen)

Ich hatte die Wahrnehmung dieser Manifestation – einer „pulsierenden" Manifestation, könnte man sagen –, die sich entfaltet, schrumpft, entfaltet, schrumpft ... und es kommt ein Augenblick, wo die Ausdehnung, das Fließen, die Plastizität, die Fähigkeit zum Wandel so stark ist, daß kein Zurückziehen mehr nötig ist, um eine Erneuerung zu ermöglichen. Das wird dann eine fortschreitende Transformation sein. Théon sagte immer (ich glaube, ich habe dir das bereits erzählt), die jetzige Schöpfung sei die siebte universelle Schöpfung: zuvor habe es schon sechs Pralayas [Weltuntergänge] gegeben, und dies sei die siebte Schöpfung, doch diese werde sich transformieren können, ohne sich aufzulösen – was offensichtlich keinerlei Bedeutung hat, denn sobald man im Besitz des ewigen Bewußtseins ist, kann es so oder so sein, das hat keinerlei Bedeutung mehr. Nur für das beschränkte menschliche Bewußtsein besteht diese Art Bestrebung oder dieses Bedürfnis nach etwas, das nicht aufhören soll, weil es im Innern eine Art „Erinnerung an die Ewigkeit" gibt. Diese Erinnerung an die Ewigkeit ist für diesen Wunsch verantwortlich, daß die Manifestation an dieser Ewigkeit teilhabe. Wenn dieses Gefühl von Ewigkeit jedoch aktiv und gegenwärtig ist, jammert man nicht – man lamentiert nicht darüber, denn man streift lediglich ein abgetragenes Kleid ab, verstehst du (man kann daran hängen, aber man jammert nicht). Ebenso gilt: Wenn ein Universum verschwindet, so bedeutet dies, daß es seine Funktion vollständig erfüllt hat, daß es das Ende seiner Möglichkeiten erreicht hat und durch ein anderes ersetzt werden muß.

Ich habe diese Kurve mitverfolgt. Wenn man im Bewußtsein und in der Entwicklung ganz klein ist, fühlt man ein großes Bedürfnis danach, daß die Erde nicht verschwinde, daß sie fortbestehe (sie mag sich beliebig transformieren, aber die Erde hat unter allen Umständen fortzubestehen). Etwas später, wenn man ein bißchen … reifer ist, mißt man dem viel weniger Bedeutung bei. Und wenn man in fortwährender Verbindung mit dem Gefühl der Ewigkeit steht, wird es zu einer bloßen Frage der Wahl. Es ist kein Bedürfnis mehr, weil das aktive Bewußtsein davon nicht mehr betroffen ist. Vor ein paar Tagen (ich weiß nicht mehr wann, aber erst vor kurzem) erlebte ich einen ganzen Vormittag lang dieses Bewußtsein, und ich sah in der Entwicklungskurve des Seins, daß diese Art Bedürfnis nach einer unbegrenzten Verlängerung der Existenz der Erde, etwas, das wie ein innerstes Bedürfnis erscheint, sich sozusagen objektiviert. Die Sache kommt einem nicht mehr so nahe. Als ob man ein Schauspiel betrachtete und dann entscheidet, ob es so oder so sein soll. Vom Wechsel des Standpunktes her war das eine interessante Erfahrung.

Etwa so wie ein Künstler, aber ein Künstler, der sich selbst formt, und der dann ein, zwei, drei Versuche anstellt, so viele Versuche als nötig sind, und der schließlich etwas in sich zustande bringt, das vollständig und empfänglich genug ist, um sich an neue Manifestationen anpassen zu können, an die Bedürfnisse neuer Manifestationen, und zwar auf eine Weise, die es nicht mehr notwendig macht, alles wieder nach innen zu nehmen, um es neu zu mischen und anzuordnen. Aber dies ist, wie ich schon sagte, nur noch eine Frage der Wahl. Verstehst du, die Manifestation geschieht um der Freude der Objektivierung willen (die Freude oder das Interesse, oder was es auch sei), und wenn das, was sich gebildet hat, plastisch genug, empfänglich, geschmeidig und weit genug ist, um fortwährend von den neuen Kräften, die sich manifestieren, geformt zu werden, braucht man nicht mehr alles auseinanderzunehmen, um es neu zu gestalten.

Die Kurve präsentiert sich auch in Form eines Sprichworts: „Jeder Anfang hat ein Ende" … Das scheint eines dieser mentalen Konstrukte zu sein, die nicht notwendigerweise wahr sind.

Subjektiv gesehen ist jedoch interessant, daß das Problem in dem Maße an Akutheit verliert, wie man es aus höherer Warte betrachtet (oder von einem zentraleren Punkt aus, um genau zu sein).

Es scheint, als gelte dasselbe … nicht „Prinzip", denn es ist kein Prinzip – dasselbe Gesetz für das Individuum wie für die Welten und Universen.

(langes Schweigen)

Sobald man es ausdrücken will, wird alles verfälscht *(Geste der Umkehrung)* ... Ich habe mir diese Erfahrung der Beziehung zwischen dem Bewußtsein und dem Ganzen angesehen: die Beziehung des menschlichen Wesens zu dem Ganzen, die der Erde (des Bewußtseins der Erde) zu dem Ganzen, die des Bewußtseins des manifestierten Universums zu dem Ganzen, und die des Bewußtseins, das dem Universum und allen Universen innewohnt, zu dem Ganzen. Dabei zeigt sich dieses unerklärliche Phänomen, daß jeder Punkt des Bewußtseins (ein Punkt, der keinen Raum einnimmt), jeder Punkt des Bewußtseins zu ALLEN Erfahrungen fähig ist ... Das läßt sich nur sehr schwer ausdrücken.

Man könnte sagen: Nur die Grenzen bewirken die Unterschiede – Unterschiede der Zeit, Unterschiede des Raumes, der Größe und der Macht. Es sind nur die Grenzen. Und sobald das Bewußtsein die Grenzen hinter sich läßt, egal auf welchem Punkt der Manifestation, egal welches Ausmaß diese Manifestation hat (ja, das Ausmaß dieser Manifestation ist absolut unwichtig) – wenn man die Grenzen hinter sich läßt, ist es DAS Bewußtsein.

Von diesem Blickwinkel aus betrachtet, ließe sich sagen, daß nur das Annehmen der Grenzen die Manifestation erlaubt hat. Die Möglichkeit der Manifestation ist mit dem Annehmen der Empfindung von Grenzen entstanden ... unmöglich, das in Worte zu fassen. Sobald man sich anschickt zu sprechen, hat man immer den Eindruck von etwas, das so macht *(dieselbe Geste der Verdrehung)*, eine Art Umkippen, und dann ist Schluß, das Wesentliche entzieht sich einem. Dann kommt der metaphysische Verstand und sagt sich: „Man könnte es so oder so formulieren" ... Um es also in Worte zu fassen: Jeder Punkt enthält das Bewußtsein des Unendlichen und Ewigen (das sind Worte, nichts als Worte). Aber die Möglichkeit der Erfahrung ist da. Es ist eine Art Rückzug aus dem Raum ... Man könnte sich damit vergnügen zu sagen, daß selbst der Stein, selbst ... – jedenfalls Wasser und Feuer – die Macht des Bewußtseins enthalten: des ursprünglichen (all diese Worte sind idiotisch!), wesentlichen, uranfänglichen (das sagt alles überhaupt nichts), des ewigen, unendlichen Bewußtseins ... Das besagt alles nichts, das macht mir den Eindruck von Staub, den man auf ein Glas wirft und der es undurchsichtig werden läßt!... Also, Fazit, nachdem ich diese Erfahrung gehabt hatte (ich hatte sie mehrmals in den letzten Tagen, sie behauptete sich souverän trotz allem – Arbeit, Aktivitäten –, sie dominierte alles). Jegliche Verhaftung an egal welche Formeln, selbst an diejenigen, die die Völker durch alle Zeitalter hindurch bewegten, scheint mir Kinderei zu sein. Und außerdem ist es nur eine Frage der Wahl: Man wählt, ob es so oder so sein soll; man sagt dieses oder jenes – amüsiert euch, Kinder ... wenn euch das Spaß macht.

Sicher ist jedoch (das ist eine allgemeingültige Feststellung), daß das menschliche Mental, um einen Handlungsanreiz zu haben, sich eine feste Wohnstätte konstruieren muß – eine mehr oder weniger große, vollständige oder flexible Wohnstätte, denn es braucht eine solche Stütze. Nur *(lachend)*, das ist es nicht! Das verfälscht alles!

Und das Seltsame, das wirklich Seltsame daran ist, daß man äußerlich weiterhin automatisch nach gewissen Lebensmodalitäten lebt (die nicht einmal das Verdienst haben, notwendig zu sein, die nicht einmal die Gewohnheiten innewohnende Kraft haben), sondern die fast automatisch akzeptiert und gelebt werden mit einem Gefühl (einer Art Gefühl oder Empfindung, aber es ist weder ein Gefühl noch eine Empfindung, sondern eine Art sehr subtiler Wahrnehmung), daß etwas so immens Großes, daß es undefinierbar ist, dies will. Ich sage, „es will" oder „es wählt", aber es sollte heißen „will". Ein Wille, der nicht wie der menschliche Wille funktioniert, aber der es so will – der es will oder sieht oder beschließt. In jeder Angelegenheit gibt es diese leuchtende, goldene, gebieterische Schwingung ... die notwendigerweise allmächtig ist. Dies erzeugt einen wohligen Hintergrund einer vollkommenen Gewißheit, die sich etwas weiter unten im Bewußtsein durch ein wohlwollendes und amüsiertes Schmunzeln ausdrückt.

Ich würde dir gern eine Frage stellen. Etwas später spricht Sri Aurobindo von den Welten, die weder Anfang noch Ende haben, und er sagt, ihre Schöpfung und Zerstörung seien ein „Versteckspiel mit unserem äußeren Bewußtsein"[1] ...

Das ist gewiß eine sehr elegante Weise, dasselbe zu sagen, was ich gerade gesagt habe.

Was ich dich fragen wollte, ist, ob von der anderen Seite aus die materielle Welt weiterhin klar wahrgenommen wird oder ob sich alles verflüchtigt ... so wie von dieser Seite aus sich die andere Welt zu verflüchtigen scheint?

(Schweigen)

---

1 [117] – Es ist nicht wahr, daß Ich oder du oder die Könige je nicht war; es ist auch nicht wahr, daß einer von uns je aufhören muß zu sein. Nicht nur Brahman ist ewig, sondern auch die Wesen und Dinge in Brahman; ihre Schöpfung und Zerstörung sind ein Versteckspiel mit unserem äußeren Bewußtsein.

Das Spiel ist interessant, wenn man sich auf beiden Seiten bewußt ist.

Das ist eine weitere Erfahrung der letzten Tage. Mir wurde auf sichere und absolute Weise klar (obwohl dies sehr schwer auszudrücken ist), daß dieser sogenannte „Irrtum" der materiellen Welt, so wie sie ist, unerläßlich war für das, was du gerade sagtest. Das heißt, die materielle Art und Weise, die Dinge wahrzunehmen, sich ihrer bewußt zu werden, wurde durch den „Irrtum" dieser Schöpfung erlangt und hätte ohne ihn nicht bestanden; es ist nicht etwas, das sich in der Nicht-Existenz verflüchtigt, sobald man das wahre Bewußtsein erreicht, sondern es ist eine ganz spezielle ERGÄNZUNG (die wahrgenommen wurde, die in jenem Augenblick im wesentlichen Bewußtsein gelebt wurde).

Es war wie eine Rechtfertigung der Schöpfung, die eine bestimmte Wahrnehmungsweise, die man objektiv mit den Worten „Präzision", „Genauigkeit" umschreiben kann, erst ermöglichte. Denn in dem Moment, wo dieses Bewußtsein – das vollkommene Bewußtsein, das wahre Bewußtsein, DAS Bewußtsein – da war, präsent und gelebt unter Ausschluß alles anderen, gab es ein „Etwas", wie eine Schwingungsart, könnte man sagen, eine Schwingungsart von objektiver Präzision und Genauigkeit, die ohne diese materielle Form der Schöpfung nicht hätte bestehen können ... Es gab doch immer dieses große „Warum" – dieses „Warum ist das so?" „Warum all dies?", das sich im menschlichen Bewußtsein in Form von Leiden, Elend und Ohnmacht ausdrückte, all diese Schrecken des gewöhnlichen Bewußtseins – warum? Warum nur? Die Antwort darauf war also die folgende: Im wahren Bewußtsein gibt es eine Schwingungsweise von einer objektiven Präzision, Genauigkeit, Klarheit, die sonst nicht hätte bestehen können, die nicht die Gelegenheit gehabt hätte, sich zu manifestieren. Soviel ist sicher. Dies ist die Antwort – die allmächtige Antwort auf das „Warum".

Es ist völlig klar, daß das, was sich für uns als Fortschritt, als progressive Manifestation ausdrückt, nicht nur ein Gesetz der materiellen Manifestation ist, so wie wir sie kennen, sondern das eigentliche Prinzip der ewigen Manifestation. Um wieder auf das Niveau des irdischen Denkens hinabzusteigen, kann man sagen, daß es keine Manifestation ohne Fortschritt gibt. Doch was WIR als Fortschritt bezeichnen, was für unser Bewußtsein „Fortschritt" ist, ist dort oben ... das kann alles mögliche sein: eine Notwendigkeit, alles, was man will. Es gibt eine Art Absolutes, das wir nicht verstehen, eine Absolutheit des Seins: es ist so, weil es so ist, basta. Aber für unser Bewußtsein wird das zu immer mehr und immer besser (Worte sind idiotisch), immer vollkommener und immer deutlicher wahrgenommen. Dies ist das eigentliche Prinzip der Manifestation.

Es gibt da eine Erfahrung, die nur sehr flüchtig kam, aber doch hinreichend präzise, um einen (wenn auch sehr ungeschickt) sagen zu lassen, daß … Ich würde es den „Geschmack" des Nicht-Manifestierten nennen, daß das Nicht-Manifestierte gerade aufgrund des Manifesten seinen besonderen Geschmack hat.

All das sind Worte, aber dies ist alles, was wir haben. Vielleicht werden wir eines Tages Worte und eine Sprache haben, die diese Dinge angemessen ausdrücken können; das ist möglich, doch es wird immer eine Übersetzung bleiben.

Es gibt hier eine Ebene *(Geste in Höhe der Brust)*, wo etwas mit den Worten, Bildern und Sätzen spielt *(schillernde, wellenförmige Geste)*: das erzeugt schöne Bilder, und es hat die Macht, einen mit „der Sache" in Verbindung zu bringen, eine größere Macht vielleicht (oder zumindest eine genauso große) als hier *(Geste in Höhe der Stirn)*, als der metaphysische Ausdruck („metaphysisch" ist eine bloße Redensart). Bilder. In anderen Worten: Dichtung. Es gibt dort einen sozusagen unmittelbareren Zugang zu dieser unausdrückbaren Schwingung. Ich sehe Sri Aurobindos Ausdruck in seiner dichterischen Form mit diesem Zauber und dieser Einfachheit – eine Schlichtheit und Süße und ein inniger Zauber –, die einen in eine viel intensivere direkte Verbindung bringt als alle diese Kopfangelegenheiten.

Im Grunde haben wir also wieder einmal nichts getan *(lachend)*, wir haben nur unsere Zeit verschwendet!

(Schweigen)

Es ist wirklich interessant, wie all diese Erfahrungen entstehen. Kürzlich sagte ich mir: „Warum kommt das so? Welches Gesetz bestimmt die Reihenfolge dieser Erfahrungen?" (die ganz plötzlich kommen – ich sehe, es kommt von außen, nicht von innen, und es kommt wie eine Welle). Und immer steht hinter allem diese lächelnde goldene Kraft. Selbst wenn es sich physisch durch etwas eher Unangenehmes ausdrückt, so lächelt sie doch immer und sagt: „Komm, nun hab dich nicht so!" Es ist ansteckend, und man lächelt … Verstehst du, für den Körper bedeutet der erste Kontakt mit einer Schwingung, an die er nicht gewöhnt ist, ein Unwohlsein, und man muß ihm sagen: „Halte dich ruhig, hab keine Angst, alles wird gut gehen!…" Merkwürdig, wir sind so kleine Dinge – ganz kleine arme Dinge. Aber das ist zum Lachen.

Gut, mein Kind. Du bist sehr eng mit diesen Erfahrungen verknüpft, selbst in deinem physischen Körper. Mehrere Male hatte ich in diesen Tagen Gelegenheit, dir zu sagen: „Schau, mach dir doch keine Sorgen!"[1] Diese Dinge sind in Wirklichkeit äußere Erscheinungen, die das menschliche Denken kristallisiert und verhärtet. Wenn man sie jedoch mit diesem fließenden wahren Bewußtsein betrachtet, so kommen sie und gehen sie – und es muß keine Spuren hinterlassen, wenn wir flexibel genug sind, uns anzupassen. So ist das. Flexibel und plastisch sein, um sich an all diese Schwingungen, die kommen und die sogenannt „natürliche" Funktion stören, anpassen zu können. Nur die Dummheit dieses Denkens (ein gewohnheitsmäßiges unterbewußtes Denken[2]), verdirbt alles, wenn sich etwas ändert.

9. März 1966

Ich würde dir gern eine Frage stellen, die ich dir schon letztes Mal stellen wollte ... Wenn man in diesem ewigen Bewußtsein ist, macht es keinen großen Unterschied, ob man in einem Körper oder ohne Körper ist. Wenn man aber sozusagen „tot" ist, so möchte ich gern wissen, ob die Wahrnehmung der materiellen Welt klar und präzise bleibt oder ob sie genauso verschwommen und unpräzise wird, wie es das Bewußtsein der anderen Welten ist, wenn man auf dieser Seite, in dieser Welt lebt? Sri Aurobindo spricht von einem Versteckspiel, aber dieses Versteckspiel ist nur interessant, wenn der eine Seinszustand nicht das Bewußtsein der anderen Zustände verhindert.

Gestern oder vorgestern sagte etwas von morgens an den ganzen Tag über: „Ich bin ... ich bin oder ich habe das Bewußtsein des Todes auf der Erde." Ich übertrage das in Worte, doch es war, als werde gesagt: „So ist das Bewußtsein eines Toten gegenüber der Erde und den physischen Dingen ... Ich bin eine Tote, die auf der Erde lebt." Entsprechend der Position des Bewußtseins (denn das Bewußtsein verändert seine Position ständig) lautete es: „So sind die Toten gegenüber der Erde", dann: „Ich bin ganz wie eine Tote gegenüber der Erde",

---

1 In der Tat waren gewisse Störungen aufgetreten, über die Satprem nicht einmal mit Mutter gesprochen hatte.
2 Das physische Mental.

dann: „Ich lebe, wie eine Tote ohne das Bewußtsein der Erde lebt", dann: „Ich bin vollkommen wie eine Tote, die auf der Erde lebt ..." und so ging es weiter. Dabei sprach, handelte und machte ich weiterhin meine Arbeit wie gewöhnlich.

Aber das ist seit langem so.

Während langer Zeit, mehr als zwei Jahre lang, sah ich die Welt so *(aufsteigende Bewegung von einer Ebene zur nächst höheren)*, und jetzt sehe ich sie so *(absteigende Bewegung)*. Ich weiß nicht, wie ich das erklären soll, denn es hat nichts Mentalisiertes an sich, und die nicht-mentalisierten Empfindungen haben eine gewisse Unschärfe, die schwierig zu definieren ist. Aber die Worte und das Denken befanden sich in einer gewissen Entfernung *(Geste über dem Kopf)*, wie etwas, das betrachtet und abschätzt – das sagt, was es sieht – etwas, das ringsumher ist. Heute war es zwei- oder dreimal sehr stark (ich will damit sagen, daß der Zustand das ganze Bewußtsein beherrschte), eine Art Eindruck (oder Empfindung oder Wahrnehmung, aber es ist nichts von alledem): ich bin eine Tote, die auf der Erde lebt.

Wie soll ich das erklären?

Zum Beispiel fehlt dem Sehen die objektive Genauigkeit *(Mutter macht eine Geste, daß sie nicht mit den Augen sieht)*. Ich sehe durch das Bewußtsein und mit ihm. Auch höre ich auf eine ganz andere Weise; es ist eine Art „Unterscheidungsvermögen" (nicht „Urteilsvermögen"), etwas das in der Wahrnehmung auswählt, etwas, das entscheidet (entscheidet, aber nicht willentlich, sondern automatisch), was gehört wird und was nicht, was wahrgenommen wird und was nicht. Das ist schon beim Sehen da, aber noch viel stärker beim Hören: bei gewissen Dingen hört man nur ein Dröhnen oder ein Brummen, andere hört man kristallklar, wieder andere sind verschwommen, man hört nur zur Hälfte. Bei der Sicht ist es dasselbe: alles liegt hinter einem lichten Nebel (sehr licht, aber ein Nebel, das heißt, es gibt keine Genauigkeit, keine Schärfe), und dann plötzlich erscheint etwas absolut präzise und klar, eine genaueste Sicht der Details. Im allgemeinen ist das Sehen der Ausdruck des Bewußtseins der Dinge. Das heißt, alles erscheint immer subjektiver, immer weniger objektiv ... Und es sind nicht Visionen, die sich der Sicht aufdrängen, oder Lärm, der sich dem Hören aufdrängt, sondern eine Art Bewußtseinsbewegung, die bestimmte Dinge wahrnehmbar macht und gewisse andere wie auf einem sehr unscharfen Hintergrund beläßt.

Das Bewußtsein wählt, was es sehen möchte.

Es ist nichts Persönliches, in keiner Weise. Es erweckt natürlich den Eindruck einer Wahl und einer Entscheidung, aber es besteht keinerlei

Empfindung einer persönlichen Wahl oder Entscheidung – übrigens reduziert sich das Persönliche auf die Notwendigkeit, das hier *(Mutter zwickt die Haut ihrer Hände)* eingreifen zu lassen. Wie beim Essen – das ist sehr seltsam ... Es ist wie jemand, der einen Körper beobachtet, der nicht einmal sehr genau und sehr bestimmt ist, sondern eine Art Konglomerat, das zusammengehalten wird und ... einer Sache beiwohnt, die abläuft. Nein, das ist wirklich ein merkwürdiger Zustand. Heute war es sehr stark, vom Augenblick des Aufstehens an bis jetzt beherrschte es das ganze Bewußtsein. Zuweilen hat man sogar den Eindruck, ein Nichts könnte einen den Kontakt verlieren lassen *(Geste des Bruches, als wäre das Bindeglied mit dem Körper gerissen)*, und nur wenn man ganz unbewegt und indifferent bleibt – reaktionslos –, könne das weiterbestehen.

Im Bewußtsein der Menschen um mich herum (das wird sehr klar wahrgenommen) hat sich das den ganzen Morgen über in Form des Gedankens ausgedrückt: „Oh, Mutter ist SEHR müde." Aber es gibt diesen Zustand der Indifferenz, einer Unempfänglichkeit für die Schwingungen der Umgebung, der es einem erlaubt weiterzumachen; andernfalls spürt man, daß ... *(dieselbe Geste des Bruches)* etwas ernsthaft in Unordnung geraten könnte. Ein oder zwei Male mußte ich wieder nach innen gehen und unbewegt werden, dann geht es weiter. Und genau in dem Moment, wo es so war, kam etwas, das mir sagte (aber ohne Worte): „Wenn Satprem kommt, wirst du verstehen." Und dann trat eine Gelassenheit ein, weil der Augenblick ... (wie soll ich sagen?) sehr unbestimmt war. Es war wie eine Entspannung: „Du wirst es verstehen, wenn er da ist, dann wirst du die Erklärung finden."

Diesen Erfahrungen geht stets eine Art sehr inniger und innerlicher Annäherung der Höchsten Gegenwart voraus, mit etwas wie einem leisen Wink: „Bist du zu allem bereit?" (das war vorgestern in der Nacht). Natürlich sagte ich: „Zu allem." Damit verstärkt sich die Gegenwart zu einer so wunderbaren Intensität, daß sie eine Art Sehnsucht des ganzen Wesens hervorruft, daß es ständig so sei. Nichts existiert mehr außer Dem, nichts hat eine Existenzberechtigung außer Dem. Und im Innern kommt dieses Flüstern: „Bist du zu allem bereit?"

Ich spreche vom Körper. Es geht nicht um die inneren Wesensteile, sondern um den Körper.

Und der Körper sagt immer ja, er macht so *(Geste der Hingabe)*. Keine Wahl, keine Vorliebe, nicht einmal mehr eine Aspiration: eine totale, absolute Überantwortung. Und dann kommen mir solche Dinge, gestern hieß es den ganzen Tag lang: „Eine Tote, die auf der Erde lebt." Mit der noch nicht sehr ausgeprägten, aber hinreichend klaren Wahrnehmung eines sehr großen Unterschieds zwischen dieser Art zu leben und jener der anderen Menschen, all derer, die mit mir sprechen, mit denen ich lebe. Es ist noch nicht scharf getrennt, definiert oder präzise, doch es ist sehr klar – sehr klar und gut wahrnehmbar. Eine andere Art zu leben.

Man könnte den Eindruck bekommen, daß dies vom Gesichts-punkt des Bewußtseins aus kein Vorteil ist, da die Dinge sich verwischen. Ich weiß nicht – ist diese Seinsart von Vorteil?

Es kann nur ein Übergang sein. Es ist eine Übergangsweise.

Vom Gesichtspunkt des Bewußtseins aus ist es ein ungeheurer Gewinn. Weil alle Sklaverei, alles Verhaftetsein an die äußeren Dinge vorbei ist – vollständig weggefallen, eine absolute Freiheit. Das heißt, es gibt nur noch Das, den Höchsten Herrn, der der Meister ist. Von diesem Gesichtspunkt aus kann es nur ein Gewinn sein. Es ist eine derart radikale Verwirklichung … Es scheint eine Absolutheit an Frei-heit zu sein, etwas, das man im gewöhnlichen Leben auf der Erde für unerreichbar hält.

Es entspricht der Erfahrung absoluter Freiheit, die man in den höheren Teilen des Wesens hat, wenn man überhaupt nicht mehr vom Körper abhängig ist. Das Bemerkenswerte daran ist jedoch (ich betone das sehr), daß hier das Bewußtsein DES KÖRPERS diese Erfahrungen macht … und es ist ein Körper, der sichtlich noch hier ist!

Allerdings bleibt nichts mehr von dem, was den menschlichen Wesen „Vertrauen ins Leben" gibt. Es scheint keinerlei Unterstützung von der äußeren Welt mehr zu geben; es gibt nichts mehr außer … dem höchsten Willen. Um es in gewöhnliche Worte zu fassen: Der Körper hat den Eindruck, einzig und allein zu leben, weil der höchste Herr will, daß er lebt. Andernfalls könnte er nicht leben.

Ja, aber mir scheint, daß ein Zustand der Vollkommenheit alles umfassen müßte, das heißt, daß man im höchsten Zustand sein kann, ohne daß dieser den materiellen Zustand aufhebt.

Er hebt ihn ja gar nicht auf.

Aber du sagst doch, es sei „weit" weg, es liege „hinter einem Schleier", es hätte nicht mehr dieselbe Genauigkeit und Präzi-sion.

Das ist eine rein menschliche und oberflächliche Wahrnehmung. Ich habe keineswegs den Eindruck, etwas verloren zu haben, im Gegenteil! Ich habe vielmehr den Eindruck eines sehr viel höheren Zustands im Vergleich zu dem, den ich hatte.

Selbst vom materiellen Blickwinkel aus?

Was der Herr will, wird getan – das ist alles. Dort fängt es an, und dort hört es auf.

Wenn Er mir sagen würde ... Was immer Er will, daß der Körper tut, das kann er auch tun; er hängt nicht mehr von physischen Gesetzen ab.

Was Er sehen will, das sieht er; was Er hören will, das hört er.

Ganz genau.

Und wenn Er materiell sehen oder hören will, so sieht und hört er vollkommen.

Ja, vollkommen. Zuweilen ist die Sicht viel genauer als je zuvor. Aber das ist flüchtig: es kommt und geht; wahrscheinlich weil es nur eine Art Zusicherung dessen ist, was sein wird. Aber was zum Beispiel die Wahrnehmung der inneren Wirklichkeit der Leute betrifft (nicht dessen, was sie zu sein glauben, auch nicht, was sie zu sein vorgeben oder was sie zu sein scheinen – all das verschwindet), nein, die Wahrnehmung ihrer inneren Wirklichkeit ist unendlich viel präziser als vorher. Sehe ich zum Beispiel ein Foto, geht es nicht mehr darum, durch etwas „hindurch" zu sehen: ich sehe beinahe ausschließlich das, was diese Person IST. Das „hindurch" verringert sich so weit, daß es mitunter gar nicht mehr existiert.

Wenn natürlich ein menschlicher Wille seinen Einfluß auf diesen Körper geltend machen wollte, wenn ein menschlicher Wille sagen würde: „Mutter muß dies oder jenes tun, oder sie muß dieses oder jenes tun können ...", so wäre er vollständig enttäuscht und würde sich sagen: „Sie ist zu nichts mehr nütze", weil ihm der Körper nicht mehr gehorchen würde. Und fortwährend drängen die Menschen einander ihren Willen auf, oder der Mensch selbst empfängt die Suggestionen und manifestiert sie wie seinen eigenen Willen, ohne sich bewußt zu werden, daß all dies die äußere Lüge ist.

(Schweigen)

Es besteht eine Art Gewißheit im Körper, daß, wenn ich auch nur ein paar Sekunden lang den Kontakt mit dem Höchsten verlöre („ich" meint den Körper), der Körper augenblicklich sterben würde. Nur der Höchste hält ihn noch am Leben. Das stimmt. Für das unwissende und dumme Bewußtsein der Menschen ist das natürlich ein beklagenswerter Zustand – für mich ist es der wahre! Denn für sie liegt das Zeichen der Vollkommenheit instinktiv, spontan und man könnte sagen auf eine absolute Weise in der Macht des Lebens, des gewöhnlichen Lebens ... Und die existiert überhaupt nicht mehr – sie ist vollständig verschwunden.

Gut, etliche Male stellte der Körper die Frage: „Warum spüre ich nicht Deine Macht und Deine Kraft in mir?" Die Antwort kam immer lächelnd (man überträgt das in Worte, aber es geschieht ohne Worte), die Antwort lautete immer: „Geduld, Geduld, du mußt BEREIT sein, damit das geschehen kann!"

19. März 1966

Wir haben einen Teil der vergangenen Nacht zusammen verbracht.

Gestern hatte ich den Impuls, dir etwas zu sagen, und jetzt erinnere ich mich nicht mehr ... Eigentlich glaube ich, wir haben es in dieser Nacht erledigt.

Was ist letzte Nacht geschehen?

Ach, es geschehen immer alle möglichen Sachen.

Und es findet immer auf einer intellektuellen Organisationsebene statt ... „Intellektuell" bedeutet, daß es nur bis zum Intellektuellen hinab reicht: etwas, das von oben kommt und das im Geist der Erde verbreitet und organisiert wird, im Mental der Erde – dort treffen wir uns immer. „Treffen" ist eigentlich nicht der richtige Ausdruck; es ist eine Gepflogenheit der Arbeit. Ich muß sehr regelmäßig an diesen Ort gehen, doch wenn es eine Nacht mit vielen verschiedenen anderen Dingen gibt, dann erinnere ich mich anschließend nicht immer. Letzte Nacht ergab es sich jedoch, daß ich in diesem Augenblick bewußt wurde; es hat den Anschein einer ganz gewohnheitsmäßigen Aktivität.

Es ist ein Ort (ich habe dir schon davon erzählt[1]), der ungeheuer weitläufig ist, sehr offen, sehr licht und SEHR RUHIG. Das ist sehr angenehm, dort kann man sehr gut arbeiten. Es gibt keine Begrenzungen – es ist kein Himmel und keineswegs eine Erde; ich kann nicht sagen, daß es dort Gebäude gäbe, es gibt keine, und dennoch hat man den Eindruck, geschützt zu sein. Aber es gibt keine Wände. Von Zeit zu Zeit sieht man einen ganz schmalen silbrig glänzenden Stahlstab *(Mutter*

---

1 Siehe *Agenda* Bd. 5, 14. August 1964.

zeichnet eine Art Rahmen, der den Ort abgrenzt), und von Zeit zu Zeit hat man den Eindruck, daß es etwas wie Schränke gibt, die man öffnet, mit Fächern, aber alles ist transparent. Es gibt auch Tische, die ebenfalls transparent, aber auch solide sind, denn man kann darauf schreiben. Kein einziger Gegenstand stört einen, aber alles ist für die Arbeit organisiert. Und du bist da, du schreibst oft. Häufig kommst du dorthin, und dann reden wir und organisieren. Es sind auch Leute da, man weist sie an, dies oder jenes zu tun.

Ich treffe dich dort sehr regelmäßig. Allerdings muß ich sagen, daß ich vor dem Einschlafen daran dachte, daß ich dich heute sehen würde, und ich fragte mich, ob ich dir etwas zu sagen hätte, eine Erfahrung oder etwas anderes, und dann, mitten in der Nacht (zwischen halb eins und ein Uhr) „erwachte" ich, wenn man so sagen kann, erwachte materiell dort und erinnerte mich an alles. Ich sagte mir: „Sieh an!"

Was man dort sagt, was mit Worten gesprochen wird, weiß ich nicht. Ich habe nicht den Eindruck, Worte auszusprechen, aber man kommuniziert sehr gut miteinander: man weiß, was man denkt; man redet, man antwortet einander; und dann organisiert man. Leute aus verschiedenen Ländern waren anwesend – man ordnete Dinge. Es wirkte wie der Ausgangspunkt der verschiedenen intellektuellen Richtlinien für die Arbeit in den verschiedenen Ländern.

Wahrscheinlich muß dir das fehlen, was Théon die „Substanz" gewisser Bewußtseinsebenen deines Wesens nannte, deshalb erinnerst du dich nicht, es kommt nicht herüber. Aber vielleicht bleibt dir ein Eindruck, oder?

Ja, schon ... aber nicht sehr substantiell.

Es ist auch nicht „substantiell". Zwar SEHR bewußt, aber nicht substantiell. Es ist sehr bewußt, viel bewußter als das hiesige Bewußtsein. Und es ist *(souveräne Geste)* klar, präzise, mächtig, mit der Empfindung einer großen Meisterschaft über die Dinge. Aber es ist nicht substantiell. Wahrscheinlich erweckt meine Übersetzung – in das physische Bewußtsein – einen Eindruck von ... was?... Etwas wie riesige „Säle", und so hoch! ... Es gibt keine Decke, man sieht keine Decke, auch keinen Boden, und trotzdem geht man – man geht, hat aber nicht den Eindruck zu gehen: man bewegt sich fort. Und wenn man dann irgend etwas braucht, was auch immer, ist es, als öffne man eine Schublade und fände es dort, aber es gibt keine Schlüssel, keine Knöpfe, man sieht nicht einmal Gegenstände.

Es ist sehr bewußt, aber kein bißchen materiell.

Es ist vielmehr ein Seinszustand, in dem du in Gedanken sehr oft bist. Eine Intelligenz, die die Umstände und Ereignisse regiert und

… man hat dort nicht einmal das Gefühl der Notwendigkeit einer „Vorausschau" – es gibt ja nichts zu suchen! Das Wissen ist da, es ist ein ORT des Wissens. Man hat Kenntnis von den Dingen, wie sie sind, und einen klaren Willen hinsichtlich dessen, wie sie sein sollten. Doch absolut kein Eindruck von Kampf oder Anstrengung, nichts von alledem,

Es ist keineswegs ein „emotionaler" Ort, sondern klar, präzise, licht, sehr weit, ohne Kampf – eine bemerkenswerte Unfehlbarkeit.

Und gewiß ist ein Teil von mir die ganze Zeit dort: ich habe nicht den Eindruck, mich fortzubewegen, um dorthin zu gelangen. Es ist … wie soll ich sagen? … als ob mein Beobachtungszentrum sich verlagern würde: ich beobachte meine Aktivität hier oder da oder dort. Das bin nicht „ich", es gibt keinerlei „Ich-Zentrum", das sich verlagert. Ich muß wohl die ganze Zeit dort sein, die ganze Zeit dort arbeiten.

Und es gibt so etwas wie Meldeboten, die man in die Erdatmosphäre aussendet, um Anweisungen oder Inspirationen oder Kenntnisse zu bringen.

Seit einiger Zeit habe ich beim Gedanken an die Umstände der Erde oder auch Indiens einen wiederholten Eindruck der Ruhe vor dem Sturm.

(*Schweigen*) Dieser Ort liegt über dem Sturm – der Sturm ist ganz unten.

Ich habe den Eindruck, etwas bereitet sich vor.

Die Dinge stehen nicht allzu gut, in der ganzen Welt.

Ich sorge mich nicht um die Welt, mich beunruhigt Indien.

Ja, ich würde sagen, speziell in Indien läuft es nicht gut.

Dort ist genau der neuralgische Punkt. Sehr traurig, überhaupt nicht schön.

Nein, es sieht nicht gut aus.

Und diese arme Frau [Indira Gandhi] … sie tut wirklich, was sie kann, voll guten Willens, mit einem guten Willen, der versucht, alle Seiten gleichzeitig zu verstehen.[1] Sie tut wirklich, was sie kann. Ich bemühe mich, sie innerlich zu unterstützen, so gut ich kann, weil …

Die Astrologen haben vorausgesagt, daß diese Monate, März und April, vielleicht auch noch Mai, schreckliche Monate der Verwirrung,

---

1 Indira Gandhi war vor zwei Monaten, am 19. Januar, zur Premierministerin von Indien ernannt worden.

des Kampfes und der Revolte sein werden, und nun fühlen die Leute im Mental (einer Art unterbewußtem Mental) die Notwendigkeit der Übereinstimmung mit den Astrologen. Ganz schön dumm. Ein Geist der Nachahmung: „Ach, die Astrologen haben es gesagt, also muß es so kommen …" Nun gut.

Überall herrscht Häßlichkeit.

Und die Regierung hat bislang die Dummheiten noch vervielfacht – der Gipfel der Dummheit!… Ein Kind mit etwas Vernunft hätte nicht solche Fehler begangen! Natürlich schafft das eine unangenehme Spannung, sogar bei jenen, die weder bösen Willens sind noch von Rachsucht getrieben werden: man kann nichts mehr tun, man ist von allen Seiten gebunden! Was man auch tut, es gibt überall Widerstände und Verteidigungshaltungen. Also weiß man nicht mehr, was tun, niemand kann mehr etwas ausrichten.

Sie haben das Land ruiniert, sie haben es in die Armut getrieben.

Und dann haben sie (ich weiß nicht, wer dafür verantwortlich ist) noch eine Kampagne im Ausland lanciert, eine Kampagne für den „armen Teufel, der verhungert und um Hilfe schreit", und so kleinlich! Wir erhalten von überallher Briefe, aus allen Ländern (viele kommen aus Frankreich), vor allem von Schulen, von Ausbildungszentren, von Leuten, die sagen: „Wir hören, daß ihr Hunger leidet, wir sind ja so erschüttert, was können wir tun, um euch zu helfen?" Wir müssen ihnen antworten: „Nein, nein, wir verhungern keineswegs!"

Jämmerlich.

(Schweigen)

Aber da oben ist man wirklich nicht für Scherben.

Man ist nicht für Scherben?

(Mutter macht eine energische Geste der Verneinung) Das ist reine Zeitverschwendung.

Um so mehr, als die Menschen solch schreckliche Mittel der Zerstörung erfunden haben, so daß es ein Zurückwerfen um Jahrhunderte bedeuten könnte. Nicht nur um ein paar Jahre. Ganze Zivilisationen müßten wieder neu aufgebaut werden.

Nein, „man" ist nicht dafür.

Es ist ein Gären von etwas äußerst Dunklem.

Es erinnert mich an die Worte des „Herrn der Nationen", des großen Asuras, der mir sagte: „Ich weiß, daß meine Herrschaft zu Ende geht, aber du kannst sicher sein, daß ich zerstören werde, was ich nur kann, bevor ich verschwinde."

Genau das ist es.

Unglücklicherweise gibt man ihm die Gelegenheit dazu: aus Dummheit, aus Ignoranz, einer Art Blindheit.

Das Beklagenswerte daran ist vor allem die Tatsache, daß die Menschen nicht zwischen Macht und Gewalt unterscheiden können. Diese Art unwissender Empfindung, daß Macht sich durch Gewalt manifestieren muß.[1] Gewalt ist eine asurische Entstellung. Wahre Macht agiert im Frieden – ein Friede *(Geste massiver Herabkunft)*, den nichts erschüttern kann.

26. März 1966

(Zunächst liest Mutter ihre Botschaft für die Eröffnung der Sportsaison im Ashram:)

Vielleicht ist es gut, euch daran zu erinnern, daß wir für ein besonderes Werk hier sind, für eine Arbeit, die anderswo nicht geschieht: Wir wollen in Kontakt mit dem höchsten Bewußtsein, dem universellen Bewußtsein treten, wir wollen es empfangen und manifestieren. Dazu brauchen wir eine sehr solide Basis, und unsere Basis ist unser physisches Wesen, unser Körper. Wir müssen also einen soliden, gesunden, ausdauernden, gewandten, agilen und starken Körper ausbilden, damit er für alle Eventualitäten bereit ist. Und es gibt kein besseres Mittel, den Körper zu bilden, als Übungen zu machen: Sport, Athletik, Gymnastik und all die anderen Spiele sind die besten Mittel, den Körper zu entwickeln und zu stärken.

Ich lade euch also ein, euer ganzes Herz, eure ganze Energie und euren ganzen Willen in die sportlichen Wettkämpfe zu legen, die heute beginnen.

*
* *

Lustige Dinge geschehen ... Zum Beispiel nehme ich ein Papier wie dieses, das ich gerade vorgelesen habe, und ich sehe sehr gut; dann

---

1 Erinnern wir nur an Mao Tse-tung: „Die Macht kommt durch das Kanonenrohr."

kommt die alte Gewohnheit (oder die Idee oder die Erinnerung), daß ich eine Lupe brauche, um zu sehen – und ich sehe nicht mehr. Dann vergesse ich wieder, daß es darum geht, zu sehen oder nicht zu sehen, und kann meine Arbeit sehr gut machen; ich nehme weder wahr, daß ich sehe, noch daß ich nicht sehe. Und das gilt für alles.

Für alles und jedes. Mitunter folge ich dem, was gerade abläuft, eine ganze Stunde lang: eine detailliert genaue Beobachtungsarbeit dessen, was sich hier *(in Mutter)* ereignet und was sich im Denken von ein oder zwei anderen Personen oder in ihrem Bewußtsein abspielt, mit einer sorgfältigen Beobachtung in allen Details, die den Unterschied zeigt zwischen dem, wie es normalerweise sein müßte (ganz einfach etwas Direktes, eine Bewegung, die stattfindet), und der Komplikation, die das Denken mit sich bringt – nicht das höhere Denken: das physische Denken, d.h. die Beobachtung und alle möglichen Ableitungen, begleitet von der Erinnerung an ähnliche Ereignisse und Dinge, die man gehört oder gesehen hat, und alle möglichen Beispiele von vergleichbaren Geschehnissen, die sich zufällig ereignen können – so ein Unsinn, mein Kind! Etwas Erschreckendes … das alles verdirbt und kompliziert: die geringste Kleinigkeit wird kompliziert.

In diesen Tagen hatte ich Beispiele von allen Komplikationen, die in der physischen Welt nur möglich sind, darin inbegriffen die Hypnose, die sogenannte Schwarze Magie und all die Phänomene, die sich in der unmittelbar an den physischen Bereich angrenzenden unsichtbaren Region ereignen – wie bestimmte Materialisationen, bestimmte Fälle von Verschwinden (Vorfälle, die ich selbst gesehen habe, die ich selber feststellen mußte; ich war gezwungen zu sehen, daß dies keine Einbildung war, sondern ein tatsächlicher Vorfall), aber dann, nach der Lösung des Geheimnisses, die Einsicht in den Mechanismus. Äußerst interessant, wie so etwas passieren kann, wie der Kontakt mit bestimmten entstellenden Vibrationen bestimmte Dinge möglich macht.

Nachdem ich gestern abend diese Botschaft geschrieben hatte (ich schrieb sie abends, nicht sehr angenehm, aber es war der einzige Moment, wo ich Zeit hatte; das Licht reichte nicht aus, aber ich tat es trotzdem). Nachdem ich das geschrieben hatte, verspürte ich einen starken Schmerz in den Schläfen. „Ach," sagte ich, „jetzt weiß ich es!" Hin und wieder, wenn ich vielen Leuten zugehört, viele Geburtstagskarten geschrieben oder viele Briefe beantwortet habe, macht sich eine Art Schwere in den Schläfen bemerkbar, ganz sonderbar (wo ich doch in meinem ganzen Leben nie Kopfschmerzen hatte, das ist nicht meine Art!). Ich sagte mir: „Was soll dieses neue Zeichen von Altersschwäche?" Dann bemerkte ich, daß es gar nicht das war: es waren die

Augen. Ich habe das Geheimnis noch nicht herausgefunden, wie ich meine Augen gebrauchen soll. Wie ich gerade schon sagte: zuweilen sehe ich mit so außerordentlicher Genauigkeit, als kämen die Dinge auf mich zu, um sich zu zeigen – so klar, daß die kleinste Einzelheit wahrgenommen wird. Das ist das eine Extrem. Vom anderen habe ich schon einige Male gesprochen: eine Art Schleier. Ich weiß um die Dinge, sie sind in meinem Bewußtsein, aber ich sehe nur gerade genug, um nicht gegen sie zu stoßen oder sie umzuwerfen. Alles liegt wie hinter einem Schleier; ich weiß nur um die Sachen, und deshalb finde ich die Dinge und stoße nicht gegen sie oder zerbreche sie nicht, aber nicht, weil ich sie wirklich sehe – ich sehe nur ein verschwommenes Bild hinter einem Schleier. Das ist das andere Extrem. Zwischen den beiden gibt es alle möglichen Abstufungen. Und ich bin überzeugt, daß das so ist, um mir zu zeigen, daß die Augen noch fähig sind, genau zu sehen – das Instrument ist noch sehr gut –, ich weiß nur nicht, wie ich mich seiner bedienen soll. Weil ich früher denselben Gebrauch von ihnen machte wie alle anderen auch – von den Augen, den Händen, den Füßen, aus Gewohnheit, mehr oder weniger bewußt – ich war sehr stolz auf mein Bewußtsein! *(lachend)* Man ist immer sehr stolz: sehr stolz darauf, so bewußte Hände zu haben. Früher passierte es mir zum Beispiel, daß ich sagte: „Ich möchte zwölf Blatt Papier haben", und dann kümmerte ich mich nicht mehr darum – meine Hand geht, nimmt, und es sind genau zwölf. Das ist alles sehr lange her, aber es geschah MANCHMAL, wenn ich im passenden Zustand war, das heißt, wenn sich kein willkürlicher Wille einmischte. Das alles ist also ein Feld der Erfahrung und des Studiums der kleinsten Einzelheiten, die in sich selbst völlig unbedeutend, aber doch sehr lehrreich sind. Das ist dauernd so, rund um die Uhr, nachts, tagsüber (nachts geschieht es auf anderen Ebenen), aber alles ereignet sich auf der physischen Ebene, im mehr oder weniger subtilen Physischen.

Heute morgen geschah etwas sehr Amüsantes. Ich wusch mir gerade die Augen und den Mund; ich tue das vor Tagesanbruch, folglich benutze ich elektrisches Licht. In meinem Badezimmer gibt es eine Notlampe. Eine der neuesten Erfindungen: sie ist an den Strom angeschlossen, und solange es Strom gibt, bleibt sie ausgeschaltet und eine Batterie darin lädt sich auf. Wenn der Strom ausfällt, geht die Lampe an und bezieht Strom aus der Batterie. Das ist sehr gut gemacht; es wurde speziell für Krankenhäuser und Orte konstruiert, wo es keinen Stromausfall geben darf. Man hat sie mir im Bad installiert. Und heute morgen, als ich mir die Zähne putzte, fiel plötzlich der Strom aus. Ich machte natürlich weiter, weil ich die kleine Sicherheitslampe hatte. Doch dann ging ich dem nach. Das Licht bei C (und an allen anderen

Orten) brannte, außer in dieser Zimmergruppe. Das war wirklich ein seltsames Phänomen. Dann „schaute" ich, und während ich dies tat, wurde ich mir einer Sache bewußt, die ich in all diesen Tagen nicht bemerkt hatte: ein Wille, mein gesamtes persönliches Leben zu desorganisieren. Das Verursachen von Stromausfällen ist ein bekanntes okkultes Mittel (ich weiß übrigens nicht, wie man dies anstellt, aber dieser Autor, der vor sehr langer Zeit einmal hierherkam, Brunton, sagte, dies sei ein beliebtes Mittel unter den Okkultisten: ein plötzlicher Stromausfall). Es gibt noch viele andere solche Dinge, um das Leben der Leute durcheinanderzubringen, mit der Idee, ihnen Angst einzujagen oder ihnen Katastrophen anzukündigen (mir kam das immer sehr kindisch vor). Jedenfalls sah ich, daß da ein Wille zur Desorganisation bestand (ich glaube zu wissen, wer hier dafür verantwortlich ist), und ich sah den ganzen Verlauf *(gewundene Geste, als ob sich Mutter der Quelle nähere)*. Es hatte in der vorigen Nacht mitten in der Nacht angefangen: Als ich gegen Mitternacht aufstand, sah ich einen Willen, der mich dazu bringen wollte, mir um das Geld Sorgen zu machen. Und es hielt beharrlich an: der Gedanke, daß alles ganz schlecht läuft usw. Mitten in der Nacht sah ich das (ich war mit anderen Dingen beschäftigt, aber ich sah diesen Willen: Formationen), natürlich verfuhr ich mit ihnen, wie sie es verdienten. Doch ich sah, daß es anhielt, daß es weiterhin versuchte, die Leute zu stören, sie zu verwirren, und dabei den Strom ausfallen ließ, alle möglichen Dummheiten. Es ist nicht das erste Mal, daß so etwas passiert – es sind nicht immer dieselben Leute, denn wenn sie es einmal versucht haben und es auf sie zurückgefallen ist, versuchen sie es im allgemeinen kein zweites Mal. Das reicht ihnen dann. Aber es gibt andere, die sich für sehr tüchtig halten und mir beweisen wollen *(lachend)*, daß sie recht haben und ich unrecht – im Grunde ist es immer das! Heute morgen verbrachte ich also eine halbe Stunde, bis es ihnen beliebte, den Strom wieder einzuschalten, und ich meine gewohnten Aktivitäten wieder aufnahm, eine halbe Stunde, in der ich mich herrlich damit amüsierte, einfach den Faden zu verfolgen *(dieselbe Zickzackgeste zur Quelle)*, überallhin, wo es *mischief* [Unfug] anrichtete, worauf ich dann sehr freundlich „antwortete".

Im Grunde wissen die Leute, die im gewöhnlichen Bewußtsein leben, äußerst wenig von dem, was sich physisch ereignet. Sie glauben zu wissen, aber sie kennen nur die oberflächliche Erscheinung, etwa so wie ein Packpapier: das ganze Paket mitsamt alldem, was es enthält, steckt darunter. Sie sind so daran gewöhnt, daß sie immer eine Erklärung auf Lager haben. Ich fragte: „Wie kommt es, daß nur hier der Strom ausgefallen ist?" (Die Lichter waren überall an, nur die Leitung, die mein Zimmer mit Strom versorgt, war ausgefallen.) Ich fragte einfach, „um zu sehen". Man sagte mir: „Ach, ich weiß nicht, vielleicht war das Kabel alt und ist gebrochen!" *(Mutter lacht)* Ich sagte: „Schon recht."

So ist das. Sehr lustig. Warum geschieht Menschen, die gewöhnlich relativ pünktlich sind, plötzlich etwas Unerwartetes, und sie kommen alle gleichzeitig viel zu spät? Und immerzu kommen Dinge und verhindern, daß alles seinen ruhigen, harmonischen und einfachen Lauf nimmt. Dann betrachtet man in sich selbst die Art Schwingung, die in all dem steckt, und man bemerkt, daß da ein kleines „Beben" ist, und dieses Beben *(Geste eines kaum wahrnehmbaren Zitterns)* spricht auf die gewöhnliche Schwingung des gewöhnlichen Bewußtseins an. Das gewöhnliche Bewußtsein lebt in einem fortwährenden Zittern, es ist scheußlich, wenn man das bemerkt. Solange man es nicht bemerkt, scheint es ganz natürlich, aber wenn man sich dessen bewußt wird, fragt man sich, wieso die Leute nicht verrückt werden, das ist eine Gnade. Eine Art schwaches Zittern *(dieselbe winzige und sehr schnelle Geste)*, ach, scheußlich!

Wenn also aus irgendeinem Grund eine Desorganisation eintritt, braucht man nur so zu machen *(Mutter senkt beide Hände in einer Geste, die alles zum Stillstand bringt)*, um auf der Stelle alles anzuhalten (ich glaube allerdings, daß der eigentliche Grund für diese Störungen darin besteht, uns etwas zu lehren). Und diese Fähigkeit ist seit langem da, seit langem – vielfach brachliegend, aber sie ist da: die Macht. Und das gilt für ALLES: für weltweite Angelegenheiten, menschliche Umwälzungen, oder Naturkatastrophen wie Erdbeben, Springfluten, Vulkanausbrüche, Überschwemmungen, auch für Kriege, Revolutionen und für Menschen, die einander töten, ohne überhaupt zu wissen, warum (wie dies jetzt gerade geschieht). Überall treibt sie etwas an. Hinter diesem „Zittern" steht der Wille zur Unordnung, der die Entfaltung der Harmonie verhindern will. Im Individuum, in der Gemeinschaft und auch in der Natur. Ein minutiöser, regelmäßiger Unterricht, der nichts vergißt und stets wiederholt, was nicht vollkommen verstanden wurde, der immer detaillierter wiederholt, damit man besser versteht … auch das Funktionieren in den Händen, in den Aktivitäten, in der Kraft, die hier durchgeht [durch Mutter], im Gebrauch der Schwingungen – und dieser Unterricht beinhaltet die große Lektion: wie man die Göttliche Kraft manifestiert.

Einfach wunderbar!

Wenn man es von der negativen Seite aus betrachtet, ist es[1] eine Spannung, etwas, das einen keine Sekunde lang in Ruhe läßt. Das

---

1 „es" = das physische Mental

stimmt, es läßt einem keine Minute lang Ruhe; denn im gewöhnlichen Bewußtsein, im normalen, gewöhnlichen Leben, ist die Ruhe gleichbedeutend mit Tamas. Die Ruhe ist das Zurückfallen in die Trägheit. Anstatt also eine Ruhe zu genießen, die einem guttut, ist es eine Ruhe, die einen abstumpft, und darüberhinaus muß man sich noch bemühen, das Bewußtsein wiederzuerlangen, das man verloren hat. Und so schläft die überwiegende Mehrzahl der Menschen. Aber jetzt ist die Lektion eine andere: wenn ich liege, um meinen Körper ruhen zu lassen und zu arbeiten, ohne mich zu regen (eine Arbeit, die keine Bewegung des Körpers bedingt) – sobald es den geringsten … nicht eigentlich „Absturz", aber doch einen Abfall in Richtung Unbewußtes gibt, fährt irgend etwas im Körper sofort auf, augenblicklich. Seit langem ist das so, seit zwei Jahren schon, aber die jetzige Reaktion ist augenblicklich, und es geschieht nur selten. Es handelt sich also um eine wirkliche Ruhe, die eine Ausdehnung und unendliche Weite des Wesens im vollen Licht bewirkt. Wunderbar!

Den ganzen Tag lang sind solche Lektionen zu lernen, immer wieder und für alles. Die Lektion ist am wenigsten ausgeprägt, wenn ich etwas schreiben oder Menschen sehen muß; aber selbst da wird mir die exakte Qualität der Schwingung der Leute gegeben (nicht ihre ständige Schwingung, sondern diejenige in diesem Augenblick), die Beschaffenheit ihres Bewußtseins wird mir sofort durch gewisse Reaktionen in meinem Körper klar *(Geste auf verschiedenen Ebenen des Körpers)*. Die Nerven haben erst vor einigen Monaten ihre Arbeit der „Übertragung der Macht" begonnen. (Was ich die „Übertragung der Macht" nenne, ist dies: Anstatt daß die Nerven durch die komplexen, von der Natur, dem Charakter und dem materiellen Körperbewußtsein organisierten Kräfte bewegt werden und ihnen gehorchen, stimmen sie sich auf den göttlichen Willen ein und gehorchen ihm direkt.) Der Übergang vom einen Zustand zum anderen ist schwierig: da ist die ganze alte Gewohnheit, und nun soll die neue Gewohnheit angenommen werden. Ein ziemlich schwieriger Moment. Aber es verbleiben genügend alte Schwingungen, um genau abschätzen zu können (und das hat nichts mit dem Denken zu tun, es drückt sich nicht in Worten oder Gedanken aus, nichts von alledem: einfach nur Schwingungen), um den genauen Zustand zu erfahren, in dem die Leute sich befinden, mit denen man gerade zusammen ist. In dieser Hinsicht geht die Lektion weiter, was sehr interessant ist. Erstaunlich ist dabei, daß die empfänglichste Schwingung, die Schwingung, die am meisten mit dem übereinstimmt, was sie sein soll, sich am häufigsten in Kindern findet, in ganz kleinen Kindern … Ich sehe viele Menschen, aber ich verstehe jetzt, warum ich so viele sehe: Auf diese Weise lerne ich ungemein viel, durch diesen Kontakt, meine ich (mit Menschen, die ich nicht kenne, die ich mitunter zum erstenmal sehe oder die ich seit Jahren nicht mehr gesehen habe). Sehr interessant!

Wenn niemand da ist und ich allein bin oder nicht spreche, dann beschäftige ich mich nicht mit den anderen, das ist dann die innere Lektion: der ganze Wandel der Schwingung und wie die Welt organisiert ist. Heute morgen war es wirklich außerordentlich amüsant zu sehen, welche Unmenge von Dingen sich hinter dieser äußeren Erscheinung verbirgt, die schon kompliziert genug wirkt. Aber das ist noch gar nichts! Sie ist winzig, fadenscheinig, ohne Komplexität im Vergleich zu der MASSE der Dinge, die dahinter liegen und die ... *(Geste des Bohrens)* sich ihren Weg an die Oberfläche graben. Lustig. Sicher würden neunundneunzig von hundert Leute in Panik geraten, wenn sie das wüßten und sehen könnten. Das wurde mir immer schon gesagt (ich las es, Sri Aurobindo sagte es mir oft, und auch Théon und Madame Théon): Eine Gnade bewirkt, daß die Menschen es nicht wissen. Denn wenn sie wüßten, wären sie entsetzt. Alles, was sich die ganze Zeit hinter den Kulissen abspielt, all die Komplexitäten, die die wahre Ursache oder die Instrumente all jener kleinen Begebenheiten sind, die keinerlei Bedeutung für uns haben, die aber bewirken, daß wir an einem Tag spüren, alles sei harmonisch, und an einem anderen, daß alles, was man tut, nur Mühe bereitet. Wenn man das einmal weiß, hat man natürlich auch den Schlüssel. Wenn man es jedoch weiß, bevor man den Schlüssel hat, ist es ... eher bestürzend. Ich glaube, die Menschen verlieren den Verstand, weil sie in Verbindung mit bestimmten Schwingungen gebracht werden, bevor sie ein ausreichendes Wissen, einen hinreichenden Bewußtseinszustand erreicht haben.

Nun haben wir wieder unsere ganze Zeit vergeudet!

Aber wie geht der Übergang vor sich? Der Übergang zur Materialisierung? Welches ist das Geheimnis des Übergangs dieses sehr subtilen Physischen zum wirklichen Physischen? Wie kommt man von der einen auf die andere Seite?

Mein Kind, ich weiß nicht, welchen Vergleich ich heranziehen soll, aber ich bin sicher, daß es Dinge gibt, die so betrachtet *(Mutter dreht ihr Handgelenk in eine Richtung)* unsichtbar und so *(in die andere Richtung)* sichtbar sind. Ich habe den Eindruck, daß das, was uns als beträchtlicher Unterschied zwischen dem Greifbaren, dem Materiellen und dem Unsichtbaren oder Fließenden erscheint, nur ein Wechsel der Position ist. Vielleicht ein Wechsel der inneren Position, denn es ist kein Wechsel in der physischen, materiellen Position, aber doch ein Positionswechsel. Ich habe dies sicher schon Hunderte von Male erlebt: So *(Geste in die eine Richtung)* erscheint alles „natürlich", wie man es zu sehen gewohnt ist, und dann ist es plötzlich so *(Geste in die andere Richtung)*, es verändert seine Beschaffenheit. Dabei ist nichts geschehen, außer etwas im Innern, im Bewußtsein: ein Positionswechsel. Erinnerst du dich an diesen Aphorismus, in dem Sri Aurobindo sagt, daß alles von der Beziehung zwischen dem Sonnenbewußtsein und dem Erdbewußtsein abhängt?[1] Als ich das zum ersten Mal las, verstand ich es nicht, ich glaubte, dies sei etwas in den sehr subtilen Bereichen, und dann, erst vor kurzem, nach einer dieser Erfahrungen, verstand ich mit einem Mal, und ich dachte: „Nein, das ist es!" Es ist keine Verschiebung, da sich nichts bewegt, und dennoch ist es eine Verlagerung, es ist ein Wechsel in der Beziehung, ein Wechsel der Position. Greifbarer ist es nicht, das ist das Wunderbare daran! Weißt du, kürzlich fand ich noch einen Satz von Sri Aurobindo: „Jetzt ist alles anders, und dennoch ist sich alles gleich geblieben" (das stand auf einer meiner Geburtstagskarten), ich las dies und dachte mir: „Sieh an, das also meint er damit!" Es stimmt, jetzt ist alles anders, und dennoch ist sich alles gleich geblieben. Man faßt es psychologisch auf, doch es ist nicht psychologisch: Es ist HIER *(Mutter berührt die Materie)*. Aber bis man eine solide Basis hat ... Vom Gesichtspunkt konkreter, physischer, materieller Dinge aus gesehen, glaube ich nicht, daß es Menschen gibt, die materialistischer sind, als ich es war, mit diesem ganzen praktischen gesunden Menschenverstand und Positivismus. Heute verstehe ich, warum das so war: Es gab meinem Körper eine wunderbare Basis des Gleichgewichts und schützte mich vor dieser Art Verrücktheit, von der wir zu Beginn sprachen.[2] Die Erklärungen, nach denen ich verlangte, waren immer materiell, und dies erschien mir so offensichtlich; es besteht kein Bedarf an Mysterien, absolut nicht: Die Dinge werden materiell erklärt. Folglich bin ich sicher, daß keine Tendenz zu mystischen Träumereien in mir ist, ganz und gar nicht, nein, dieser Körper hatte nichts Mystisches an sich. Nichts ... Gott sei Dank!

---

1 102 – Für unsere Sinne ist es absolut richtig, daß die Sonne sich um die Erde dreht, für den Verstand aber ist das falsch. Für den Verstand ist es absolut richtig, daß sich die Erde um die Sonne dreht; in der höchsten Schau aber ist das falsch: Weder dreht sich die Erde, noch dreht sich die Sonne. Es gibt nur den Standpunktwechsel zwischen Sonnenbewußtsein und Erdbewußtsein.

2 Zu Beginn des Gespräches hatte Mutter im Hinblick auf eine kranke Schülerin bemerkt: „Sie ist äußerst nervös und erregt. Ich sagte ihr, sie solle Beruhigungsmittel nehmen, ihr ganzes Leiden sei physisch – sie meint, das Opfer schrecklicher Asuras zu sein. Lächerlich! Es ist eine physische Störung, und sie braucht dafür nicht die Asuras zu bemühen."

Ich habe das beobachtet (nicht in meinem Kopf, denn es gibt für mich keine solchen Grenzen), in dieser Art Konglomerat hier: die annäherndste Erklärung ist eine „Verschiebung" – der Wahrnehmungswinkel ändert sich. Es ist aber nicht genau das, Worte sind ungenau, denn es ist viel subtiler und gleichzeitig viel umfassender. Ich habe den Wechsel einige Male beobachtet: dieser Wechsel gibt dem äußeren Bewußtsein den Eindruck einer Verschiebung, und zwar einer Verschiebung ohne Bewegung, das heißt, man wechselt nicht den Ort. Es ist nicht das, was man annehmen könnte: eine Wendung nach innen und eine Wendung nach außen, das ist es keineswegs – der Wahrnehmungswinkel verändert sich. Man ist in einem bestimmten Winkel, dann in einem anderen ... Wie jene kleinen Dinge, mit denen man Kinder unterhält: in einer bestimmten Position sehen sie kompakt und hart und schwarz aus, und dann dreht man sie in eine andere Richtung, und sie sind klar, licht und transparent. So ähnlich ist das auch, aber nicht wirklich, es ist nur eine Annäherung.

Aber wenn man die Art und Weise kennt, wie sich der Wandel vollzieht, kann man ...

Ja!

... kann man das Eindringen schlechter Schwingungen verhindern?

Ich habe nur ein Mittel (aber möglicherweise liegt das einfach daran, daß meine Natur so beschaffen ist), mein einziges Mittel ist die Auflösung des Selbst, die Idee (keine „Vorstellung"), daß einzig und allein der Höchste existiert.

Das ist ein weiterer interessanter Punkt, weil ich eine eingefleischte Atheistin war; allein schon der Gedanke an Gott machte mich wütend, bis ich etwa zwanzig war. Folglich besaß ich die solideste Basis – keine Einbildungen, kein mystischer Atavismus. Meine Mutter war absolut ungläubig und mein Vater auch, vom atavistischen Standpunkt aus war das also sehr gut: Positivismus, Materialismus. Nur dies: ein Wille zur Vollkommenheit in egal welchem Bereich, von ganz klein auf, ein Wille zur Perfektion und die Empfindung eines Bewußtseins ohne Grenzen – keine Grenzen in seinem Fortschritt, in seiner Macht und in seiner Ausdehnung. Das war von klein auf da. Mental jedoch eine absolute Weigerung, an einen „Gott" zu glauben; ich glaubte nur, was ich anfassen und sehen konnte. Und die ganze Fähigkeit, Erfahrungen zu haben, war schon da (sie manifestierten sich nicht, weil es noch nicht an der Zeit war). Einzig die Empfindung von Licht hier *(Geste über dem Kopf)* begann schon, als ich ganz klein war, mit fünf Jahren, sowie ein Wille zur Vollkommenheit: alles, was ich tat, mußte immer mein Bestmögliches sein. Und dann ein grenzenloses Bewußtsein. Diese beiden Dinge. Meine Rückkehr zu Gott geschah durch Théons Lehre, als mir zum erstenmal gesagt wurde: „Das Göttliche ist innen, hier" *(Mutter pocht auf ihre Brust)*. Da fühlte ich mit einem Schlag: „Ja, so ist es!" Daraufhin machte ich die ganze Arbeit, die nötig ist, um Ihn wiederzufinden; und durch das hindurch *(Herzzentrum)* ging ich dahin *(Geste der Verbindung nach oben mit dem Höchsten)*. Aber äußerlich, mental: keine Religion – ein Horror vor Religionen.

Jetzt sehe ich, daß dies die solidestmögliche Basis für diese Erfahrung war: dadurch besteht keine Gefahr von Einbildungen.

Ich habe viele Sachen ausprobiert, mir viele Dinge angeschaut, und ich sehe nur eine einzige Sache, die absolut ist und ein absolutes Ergebnis bringen kann, und zwar dies *(nach oben gerichtete Geste)*. Alles auflösen, ganz und gar alles hingeben: „Für Dich, Herr – Du, Du, für Dich!" Es ist kein Wesen mit einer Form, nein, es ist auch keine formlose Kraft, es ist ... Mit dem Denken hat das nichts zu tun, nur mit dem Kontakt. Ein unfehlbarer Kontakt, nichts kann diesen Kontakt imitieren, absolut nichts hat die Macht, ihn nachzuahmen. Und in jeder Schwierigkeit, jedesmal, was es auch sei, einfach das: „Alles ist an Dir, Herr. Alles für Dich, nur für Dich. Du allein kannst es tun, Du allein. Du allein bist die Wahrheit; Du allein bist die Macht." Ach, diese Worte bedeuten nichts, sie sind nur ein sehr ungeschickter Ausdruck von etwas ... einer ungeheuren Macht.

Allein das, was wir von unserer Unfähigkeit, unserer Unbeholfenheit, unserem Mangel an Glauben da hineinmischen, beraubt Ihn seiner Macht. Von jenem Augenblick an, wo wir wirklich rein sind, das heißt ausschließlich unter Seinem Einfluß stehen, gibt es keinerlei Grenzen mehr – nicht eine, kein einziges Naturgesetz, das dem widerstehen könnte, nichts.

Allerdings muß der Moment gekommen sein, und es darf nichts mehr geben als Das – alles andere stört, was es auch sei, selbst die höchsten, schönsten, reinsten, edelsten und wunderbarsten Dinge – alles andere stört. Nur Das.

(Mutter öffnet Savitri:)

Da! Ist das nicht wunderbar?

When the hour of the Divine draws near ...[1]

---

1 *But when the hour of the Divine draws near,*
The Mighty Mother shall take birth in Time
And God be born into the human clay ... (XI.I.705)

Wenn aber die Stunde des Göttlichen sich naht ...

30. März 1966

(Das folgende Gespräch ergab sich beim Anhören der Übersetzung
des Gesprächs vom 4. März ins Englische. Darin hatte Mutter
besonders hervorgehoben: „Es ist nur eine Frage der Wahl: Man
wählt, ob es so oder so sein soll ...")

Ich hatte dieselbe Erfahrung im Zellbewußtsein. Sie dauerte eine
Stunde lang und war wirklich beinahe wie ein Wunder.

Dasselbe Bewußtsein wie jenes, das ich im „materiellen Mental"
hatte, wie man es nennen kann (das heißt, das kollektive Bewußtsein
der Zellen), aber heute morgen war es in den Zellen selbst, dieses
Bewußtsein *(dieses ewige Bewußtsein, von dem Mutter am 4. März*
sprach) – dasselbe Bewußtsein. Es war wirklich wunderbar. Mit dem
Eindruck, daß mit DEM dort [in den Zellen] nichts unmöglich ist.

Es kommt und bleibt trotz allem, was immer ich tue, selbst wenn
ich spreche – und es geht. Wenn es weg ist, ist es weg, ich kann mich
noch so anstrengen, es kommt nicht wieder. Aber solange es da ist, ist
es allmächtig, es beherrscht alles und ... ja, die ganze Welt scheint sich
zu verändern. Dabei ist alles genau so wie sonst. Du erinnerst dich
an den Satz von Sri Aurobindo: „Alles war anders und doch genau
dasselbe." Genau das ist es.

Und es ist nur eine Wahl: Man wählt, ob es so sein soll oder so
...

Ja, dasselbe, dieselbe Erfahrung im Zellbewußtsein. Was der
Mensch „Leben" und „Tod" nennt, das Fortbestehen dieser gegenwär-
tigen Organisation oder ihr Verlöschen, war einzig und allein eine
Frage der Wahl (etwas wie eine Wahl – einige sagen „der Göttliche
Wille" oder „der Höchste Wille"; das ist eine Redensart, doch es ist ...

Wenn aber die Stunde des Göttlichen sich naht,
dann soll die Mächtige Mutter sich in der Zeit gebären
und Gott geboren werden im menschlichen Lehm (dt. S. 719)

es ist etwas, das wählt). Gleichzeitig war da das genaue … mehr als nur ein Gefühl, es war ein gelebtes Wissen dessen, was das Individuum ist, und warum es das Individuum gibt, und in welcher Weise der Höchste zum Individuum wird und wie Er weiterhin das Individuum bleiben oder aufhören kann, das Individuum zu sein … Jetzt, da die Erfahrung vorüber ist, hat das, was ich sage, natürlich keine Bedeutung, doch damals war es die genaue Wahrnehmung: Das Individuum ist dies *(Geste)*, die Position, die vom Höchsten eingenommen wird, und wenn es Ihm beliebt, damit fortzufahren, dann geht es so weiter.

Es wird ganz materiell, weißt du, überhaupt nicht mehr mental (deshalb ist es auch so schwierig, es auszudrücken). Es wird eine lebendige Erfahrung dessen, was genau das Individuum ausmacht und wie dieses Individuum ein Individuum bleiben kann, obwohl es vollkommen vereinigt ist, vereinigt im vollkommenen Bewußtsein mit dem Höchsten.

Es hielt ungefähr 15 bis 20 Minuten in vollkommener Stabilität an, und ich fuhr mit meinen normalen Aktivitäten fort (es war während der Zeit meiner Morgentoilette – ich spülte meinen Mund und gurgelte). Es kam absichtlich zu dieser Zeit, um mir zu zeigen, daß es absolut unabhängig von der Beschäftigung ist. Und es kommt häufiger zu dieser Zeit, als wenn ich in Meditation sitze. Wenn ich meditiere, beginnt im allgemeinen eine Art Rund-um-die-Welt-Aktivität oder sogar eine universelle Aktivität, es wird sich dessen bewußt, aber diese Körpererfahrungen sind nicht da – um Körpererfahrungen zu haben, mußt du in deinem Körper leben! Aus diesem Grunde wußten die alten Weisen oder Heiligen nicht, was sie mit dem Körper anfangen sollten, denn sie gingen aus ihm heraus und saßen da, und dann ist der Körper nicht mehr betroffen. Aber wenn man aktiv bleibt, dann hat der Körper die Erfahrung.

Darin liegt das Geheimnis.

April

6. April 1966

Nachdem sich Mutter die Briefe und Berichte der „Sekretäre" angehört hat:

Wenn wir ein wenig ruhig blieben … *(in Meditation)*, so würde mir das gut tun.

Diese Leute … man kann nicht direkt sagen, daß sie mich ermüden, doch die Zellen spüren eine Art Druck einer Verwirrung, die sie schmerzt. So als stecke man in einem Schraubstock aus Konfusion, und das tut weh. Und jeden Tag ist es dasselbe. Ich sage es ihnen – sie glauben mir nicht. Sie glauben, ich wolle sie erpressen! Dann habe ich jeweils einen kurzen sehr schwierigen Moment. Danach geht es wieder.

(Meditation)

*
* *

(Später schreibt Mutter einige Verse aus Savitri ab, die sie gerade übersetzt hat, wobei ihre Hand ausrutscht.)

Die ganze Zeit, ständig, ereignen sich sehr amüsante Kleinigkeiten. Da ist eine kleine Hand, eine ganz kleine Hand, die, nur um sich einen Spaß zu machen, meine Hand nahm und schrieb. Einfach um sich einen Spaß zu machen. Ich muß also ständig auf der Hut sein. Es war jemand, der lachte und lachte. So lebendig – es schwirrt geradezu vor Lebendigkeit – und wir sehen nichts. Aber ich sehe es. Früher habe ich das auch nicht gesehen, aber jetzt sehe ich alles *(Mutter lacht)*. Ach, es gäbe viel zu erzählen, wenn man nur die Zeit dazu hätte – sehr lustige Sachen!

9. April 1966

(Über Satprems nächstes Buch: Der Sannyasin*)*

Ich sehe immer noch die Vision vor mir, die ich damals hatte[1]. Das ist seltsam, es war eine der unerwartetsten Visionen, unerwartet in dem Sinne, daß es keinerlei mentale Vorbereitung darauf gab: plötzlich

---

1 Vision des Sannyasins, der mit dem Rücken an ein Bronzetor gedrängt, angegriffen wird. Siehe *Agenda* Bd. 1 vom 20. November 1958.

sah ich diesen Sannyasin mit dem Rücken zur Wand, bedrängt von einer Art Wirbelsturm. Ein Sturm von Lärm und Geschrei ... Man sah nichts. Man sah nichts außer der Kraft der Schwingungen, die sich wie ein Gewitter erhoben, und er wurde an die Wand gedrückt. Es war wie ein Unwetter, und vor ihm lag ein Abgrund.

Diese Vision rührte eine derart tiefe Saite an, daß ich jedesmal, wenn ich „Sannyasin" höre, das sehe. Merkwürdig ... Mit dem Rücken an die Wand gedrängt. Hier ist der Himmel, da der Abgrund – und dort das Geschrei und der Sturmwind – wie durch einen Sturm zusammengeballte Wirbel auf der Erde. Das und der Wind, der sein Gewand bläht ... und dann stürzt er sich ins Leere.

Mit dem Rücken zur Wand, oben auf einem Hügel. Kein Berg – auf einem Hügel. Und man sieht den Abhang und die Klostermauern.

Diese Vision ist noch immer lebendig und sehr klar ... Ich könnte beinahe eine Illustration für den Umschlag deines Buches daraus machen!

Das ist übrigens sehr symbolisch: der Sturm der Revolte – der Aufstand der Erde gegen das Prinzip des Sannyasins. Sehr symbolisch. Und ein ausgezeichnetes Bild in dem Sinne, daß eine große Majestät in der Erscheinung lag.

13. April 1966

(Noch einmal geht es um Satprems Buch Der Sannyasin*)*

Heute morgen bin ich deinetwegen wieder mehr als eine halbe Stunde zu spät aufgestanden.

Warum ist dieses Buch so schwierig?

(Lachend) Das verstehe ich ja auch nicht! Es sollte nicht so sein. Hast du vielleicht „die Idee", daß es schwierig werden wird? Begann es etwa mit der Vorstellung, daß es schwierig werden würde?

Ja.

Aha, siehst du.

Auch fällt es mir äußerst schwer, mich von der alten Form zu befreien.

Ja, ja.

Das macht mir zu schaffen.

Ja, all die alten Gewohnheiten.

Ich bin dauernd am Umschreiben, weil mir klar wird, daß es die alte Form des Buches ist – so, wie ich es früher einmal sah[1].

Und auch die alte Arbeitsweise, genau.

Ich merke das sofort, weil ich sofort spüre, wenn es bloß „Literatur" ist.

Ja, richtig.

Aber wir treffen uns für dieses Buch an einem völlig neuen Ort, mein Kind – an einem völlig neuen Ort, einfach wunderbar! Ein wunderbarer Ort, der nichts mit den Notwendigkeiten und Zwängen dieser Erde hier zu tun hat. Er ist so voller Licht, so neu, und zugleich so präzise, so genau. Letzte Nacht betrachtete ich diese Nuancen, die von einem bestimmten Silberblau zu einem Perlgrau reichen, von so präzisen Formen, aber ohne die Härte oder Trivialität der irdischen Dinge. Man arbeitete so einfach und mühelos ... Ich stehe jeden Tag um dieselbe Zeit auf, um halb fünf. Nun geschieht es schon zum zweiten Mal (ich habe dir das kürzlich erzählt): statt halb fünf wurde es zehn Minuten vor fünf. Dabei kam ich von genau demselben Ort.

Und da du um diese Zeit schläfst, habe ich den Eindruck, daß es notgedrungen in dich eindringen muß, oder nicht? Wenn man wach ist, kann es einen manchmal nicht berühren, aber im Schlaf ... Und es gibt einen völlig bewußten Teil von dir, der dort ist. Was dich also daran hindert, diesen Einfluß bewußt zu fühlen, ist lediglich eine Schicht alten Krams.

Ja, die ganze alte Form des Buches ist da.

Genau.

Es wird schon durchkommen – es muß durchkommen, weil du da bist, in dieser Welt, und wenn du aufwachst, wird dieser Teil in dich eintreten. Nur die gewöhnliche Beschäftigung verhindert seinen Einfluß, verhindert, daß er sich bemerkbar macht. Aber das kommt schon. Der Unterschied besteht darin, daß es nicht wie eine Erleuchtung kommt, sondern nur allmählich, als wachsender Einfluß.

Es wird wirken.

---

1 Eigentlich wollte Satprem dieses Buch vor vier oder fünf Jahren schreiben, und damals sah er es als eine Art griechische Tragödie.

Da ist noch etwas. Beim Übergang zwischen den beiden Bewußt-
seinsarten gibt es einen Punkt, wo man den Eindruck hat, man sei ein
absoluter Idiot – man kann nicht mehr denken, man kann nichts mehr
tun, man taugt zu nichts mehr, man hat keinen Kontakt mehr mit den
Dingen. Das ist immer ein schwieriger Übergang. Selbst jetzt gibt es
für den Körper, für jeden Teil, in dem Augenblick, wo er sich verändert
(was ich den „Wechsel des Meisters" nenne), einen Übergang, wo er zu
absolut nichts taugt. Man hat den Eindruck, hier sei Schluß. Die ersten
Male ist man beunruhigt; später gewöhnt man sich daran und bleibt
gelassen. Und dann erstrahlt auf einmal das Licht.

*
* *

*(Sujata überreicht Mutter eine kürzlich getaufte Blume: „Macht
der materiellen Heilung"[1])*

Ich wünschte mir, diese Macht würde sich endgültig etablieren.
Wenn mir jemand sagt: „Mir tut es hier weh", streiche ich so mit der
Hand darüber, und es ist weg.

Die Hände spüren: sie spüren, daß es möglich ist. Sie sind sich der
Schwingung so bewußt – sie spüren, daß alles möglich ist. Neulich ist
E ich weiß nicht wie hingefallen, sie schlug sich das Knie auf und war
voller blauer Flecken und Schrammen. Sie trug ein Kleid, das über dem
Knie aufhörte – deshalb sah ich es. Ich fragte: „Was ist geschehen?" Sie
sagte: „Ich bin hingefallen." Worauf diese Hand *(die rechte)* plötzlich
spontan hinging und ihr so über das Knie strich. Dabei spürte ich all
diese Schwingungen in meinen Fingerspitzen: wie Nadeln – Nadeln
aus Licht –, und es vibrierte und vibrierte. Ich machte mit der Hand
so, und auf einmal sagte sie: „Oh!" Sie war völlig verblüfft: der ganze
Schmerz war verschwunden.

Doch es gab noch Male, blaue Flecken – die müßten auch verschwinden, aber das braucht Zeit. Bei mir selber hat es eine fast unmittelbare
Wirkung, besonders mit der rechten Hand.

Aber ich wünschte mir, es wäre etwas Absolutes. Die Entscheidung
zum Eingreifen kommt nämlich nicht mental. Auf einmal ist die Hand
einfach gezwungen zu handeln, und dann handelt sie. In diesem Falle
müßte es absolut sein … Aber da ist immer noch der Einfluß der
Gedanken der anderen und all das. Was für ein unnützer Kram!

*
* *

---

1 *Petrea volubilis,* violette Winde.

*(Wenig später legt Mutter eine Antwort ab,
die sie gerade an eine Schülerin gerichtet hat.)*

Dies ist ein Mädchen, das mir mehrere Male geschrieben hat (von dieser Art gibt es mehrere). Sie hat einen gut gebauten Körper und müßte eigentlich stabil und wohlauf sein. Sie hat jedoch ein leicht erregbares und sentimentales Vital, und … *(leicht ironisch)* sie werden nicht so „geliebt", wie sie gern geliebt würden. Resultat: die eine hat Magenschmerzen, die andere hat sonstwo Schmerzen. Und dann schreiben sie mir: „Was hat das zu bedeuten?" Neulich fragte ich mich: „Warum sage ich es ihnen nicht?" Also schrieb ich:

> *You feel lonely because you want to be loved.*
> *Learn the joy of loving without demand,*
> *just for the* JOY OF LOVING *– the most wonderful joy in the world –*
> *and you will never more feel lonely.*[1]

Für mich, mein Kind, ist das der Schlüssel. Der Schlüssel, der alle Probleme löst – in meiner Sicht. Ich sage nicht, daß dies für alle Ewigkeit so sein wird. Es ist nicht die höchste Wahrheit. Aber aufgrund meiner derzeitigen Erfahrung ist das zur Zeit der Schlüssel.

16. April 1966

*(Mutter zeigt Satprem eine Notiz,
die sie mit „Die Stadien der Liebe" überschrieben hat)*

Hier – die letzte Stufe ist die absolut reine Sache. Und die Macht … die schöpferische und transformierende Macht dieser Schwingung ist unvorstellbar! In dem Augenblick, wo man sie lebt, ist nichts mehr unmöglich. Unvorstellbar.

Zuerst liebt man nur, wenn man geliebt wird …

---

1 Ihr fühlt euch einsam, weil ihr geliebt werden wollt. Lernt die Freude zu lieben, ohne irgend etwas zu verlangen, einfach um der FREUDE DES LIEBENS willen – die wunderbarste Freude auf Erden –, und ihr werdet euch nie mehr einsam fühlen.

Das ist der gewöhnliche Zustand der Menschen. Die Schwingung der Liebe eines anderen muß die eigene Liebe erwecken, sonst bleibt man stumpf.

Dann liebt man spontan …

Das bezeichnet eine bereits etwas weiter entwickelte Menschheit. Auf einmal spürt man die Liebe. Man begegnet jemandem oder etwas und – ah, das Gefühl kommt! Allerdings:

aber man möchte wiedergeliebt werden …

Man besteht darauf, wiedergeliebt zu werden!

Später liebt man, selbst wenn man nicht wiedergeliebt wird …

Das sind im allgemeinen Menschen, die einen ziemlich weit entwickelten yogischen Zustand erreicht haben.

aber man wünscht sich immer noch,
daß die eigene Liebe angenommen wird …

Ja, das ist eine Erfahrung, die ich persönlich gemacht habe. Es gibt einen Moment, da ist man ganz und gar in der Lage, ohne Erwiderung zu lieben, man steht über der Notwendigkeit, wiedergeliebt zu werden, aber man hat noch … nicht direkt ein Bedürfnis, aber irgendwie soll es wenigstens gefühlt werden und wirksam sein.
Hinterher lächelt man darüber.

Schließlich liebt man schlicht und einfach,
ohne irgendein anderes Bedürfnis oder eine andere Freude
als die des Liebens.

Das ist für mich, nach meiner persönlichen Erfahrung, die Allmacht.
Es ist eine Macht, die alles verwirklichen kann – alles. Nichts ist ihr mehr unmöglich.
Allerdings habe ich auch bemerkt, wenn sich „das" ohne Einsicht manifestieren würde, wenn es sich sozusagen unbeherrscht und unkontrolliert in der Erdatmosphäre durchsetzen würde, so wäre das … Alles, was diese Kraft verleugnet oder verneint (absichtlich oder ungewollt), würde wie ausgelöscht. Die äußeren, sichtbaren Folgen wären daher … ungeheuerlich. Sri Aurobindo hat das schon geschrieben. Er sagte, zuerst müsse die Erkenntnis kommen. Zuerst muß die Wahrheit herrschen, erst dann kann die Liebe sich ungehindert manifestieren: *a wholesale manifestation.*
Bislang ist es wie gefiltert. Noch ist es gefiltert.

Trotzdem hat „Das" eine Schwingungsqualität, die alles Vorstellbare übersteigt. Krankheiten, Schwierigkeiten ... all das hat keine Realität.

Der Körper verlangte fortwährend ... weder ein Zeichen noch eine Versicherung noch einen Beweis: all dies zugleich – eine Art Empfindung, wenn man es so nennen kann, daß „der Herr regieren soll". Ich sage das mit kindlichen Worten, weil sie am wahrhaftigsten sind. Der Herr soll bestimmen. Der Körper verlangte „das" die ganze Zeit, wie ein Kind fordern kann: „das" in all den unzähligen Nichtigkeiten, die man die ganze Zeit tut, die eigentlich der Stoff sind, aus dem das Dasein des Körpers gemacht ist. Es wurde so intensiv ... Alles, was als getrennt von „dem" wahrgenommen wird, erscheint leblos: Asche, träge, aber nicht einmal mit der Kraft der Trägheit, nein, die Trägheit von Staub – ich meine, Fels hat eine Macht in seinem Dasein, eine Macht der Kohäsion, der Dauer – nicht einmal das: Staub. Da war also ständig und immerzu dieses Gebet im Körper. Und das führte mich zu dieser Erfahrung.

Wenn „das" da ist, so ist es, als ob sich alles zu einer goldenen, lichtvollen, strahlenden Macht aufplustern würde: ein ungeheures Volumen an Intensität! Ist das nicht da, so ist alles Staub.

Natürlich besteht in allen Zellen ständig die Bestrebung, der intensive Wille, es möge nur noch Das geben.

Und alles, was „Das" in Abrede stellt oder ihm entgegenarbeitet, es schwächt oder dämpft, wird schmerzhaft. Tatsächlich schmerzhaft – nicht im Sinne eines moralischen oder psychologischen oder materiellen Leidens ... seltsam, es ist kein physischer Schmerz, sondern ein noch materiellerer Schmerz als der physische ... eine Art Ersticken.

Der Körper hat jetzt wirklich den Eindruck (einen Eindruck, kein Wissen – es ist kein Gedanke, sondern ein Eindruck, allerdings ein sehr starker), dies sei es, was den Tod bringe, was einen sterben läßt: diese Art Ablehnung der Schwingung – nicht einmal immer gewollt, denn es hat nicht einmal das Bewußtsein des Willens (dies kommt vor, aber dann ist es ein Kampf), sondern es ist in der Materie. Man fragt sich, ob es da vielleicht eine Art Bodensatz gibt – einen Staubrest –, der keinerlei Empfänglichkeit zeigt? Ich weiß nicht.

Ich weiß es nicht.

Aber auf jeden Fall gibt es einen bestimmten Zustand, der mir der gewöhnliche Zustand zu sein scheint, in dem die Menschen leben, und der ist erstickend.

(Schweigen)

Dann schrieb ich einfach diese Notiz, ohne jede Absicht. Sobald sie geschrieben war, kam der Befehl, sie zu veröffentlichen. Ich sagte mir:

„Gut, das ist dann für den August." – „Nein, JETZT." Also ließ ich im nächsten *Bulletin* eine Seite hinzufügen.

Warum? Ich weiß es nicht. Vielleicht um die Atmosphäre vorzubereiten.

*
* *

(Mutter übersetzt in einem Zug einen Vers aus Savitri,
dann kommentiert sie:)

Man liest hier *(im physischen Buch)*, dann bleibt man still; man öffnet eine Tür, und es kommt.

Das ist lustig, ich habe dies soeben geschrieben, als wäre ich dazu bewegt worden. Gewöhnlich ist hier *(Geste zur Stirn)* alles immer weiß und still, und in dieser Stille formuliert es sich. Aber vorher war es nicht so: ich las, es kam hier; dann machte ich eine Bewegung nach hinten, eine Tür öffnete sich, und es stand deutlich geschrieben!

20. April 1966

Sehr früh heute morgen, etwa gegen vier Uhr, hatte man mich „irgendwohin" kommen lassen. Seit langem versuchte man, Verbindungen herzustellen, die sehr wichtig sind, um bestimmte Dinge miteinander in Kontakt zu bringen. Es klappte nie, immer entstand Verwirrung. Letzte Nacht rief man mich also. Ich kam dort an, und es gab Wege, was sehr freundlich war. Wege *(Mutter zeichnet kleine Schleifen in die Luft)*, die auf der ganzen Strecke mit kleinen Grasrändern und Pflanzen gesäumt waren. Alles war so schön und säuberlich angelegt, nirgendwo Unordnung. Drei Wege, die zusammenliefen und weiterführten. Ich sagte: „Endlich einmal eine gut gemachte Arbeit!" Und man antwortete mir: „Ja, aber es war leichter, weil man die Zustimmung der Regierung hatte."

Ich fand diesen Gedanken reizend.

Das alles ist natürlich symbolisch. Ich erwachte mit dem Eindruck: irgend etwas wird jetzt endlich glattgehen!

Es war makellos: eine Arbeit ohne Fehl und Tadel, die mit Intelligenz und Verständnis getan worden war. Schon sehr lange habe ich nichts Vergleichbares mehr gesehen.

„Ach, es war leichter, weil die Regierung ihre Zustimmung gegeben hatte." *(Mutter lacht)*

Das ist ja wirklich etwas Neues!

Nicht wahr? Aber ich glaube nicht, daß es sich um die indische Regierung handelte. Ich glaube, es war symbolisch.

Handelt es sich um die Weltregierung?

Ich habe dies so aufgefaßt.

> *(An dieser Stelle wird die Unterhaltung*
> *von einem Schüler unterbrochen, der eintritt*
> *und den Tod von Anusuya, seiner Freundin, mitteilt)*

Um welche Zeit?

Gerade eben. Der Anruf vom Krankenhaus kam gerade eben.

Ich frage das, weil V mir sagte, daß sie dorthin gehen würde. Sie hatte mir gesagt, Anusuya fühle sich nicht wohl. Ich schaute also und … V wollte, daß ich ihr einen Brief für Anusuya mitgebe. Ich nahm also einen Zettel und schrieb … Ich erinnere mich nicht mehr an die genauen Worte, aber es lautete etwa so: „Der unerschütterliche Glaube, daß allein Gottes Wille geschieht." Ich erinnere mich nicht mehr genau, ich schrieb, was diktiert wurde. Und in dem Augenblick, wo ich das schrieb, wußte ich, es ist zu Ende.

Ich sagte nichts, aber ich wußte es.

Weil … Es ist sehr einfach. Ich legte mein ganzes Bewußtsein in sie, und ich wußte, wenn sie genesen sollte, würde sie es wissen: mit einem Schlag hätte sie die Gewißheit, daß sie gesund wird. Als V mir berichtete, was sie gesagt hatte: „Man glaubt, es ginge mir besser, aber ich fühle mich nicht gut", schaute ich das an, und ich sah, daß sie sich nicht irren konnte. Weil ich mein Bewußtsein in sie gelegt hatte, konnte sie sich nicht irren. Daß sie gesagt hatte: „Es geht nicht gut", bedeutete, daß es zu Ende war.

Aber man muß eines wissen. Unnötig zu sagen, daß ich sie sehr liebe, daß ich sehr glücklich war, sie hier bei mir zu haben; sie war sehr hilfreich, und ich sehe es als großen Verlust an, daß sie geht, vom materiellen Gesichtspunkt aus. Aber als ich wußte, daß es ernst ist, wollte ich sofort (wie immer, in jedem Augenblick meines Lebens), daß aus göttlicher Sicht das Bestmögliche geschehe. Der göttliche Standpunkt ist immer auch der persönliche Standpunkt: der göttliche Standpunkt ist das, was für die betreffende Person das Beste ist. Ich sah mit absoluter Bestimmtheit, daß es für sie das Beste war.

Menschlich können wir für dies und das Gründe suchen, aber das ist es nicht – für ihre Seele, für ihr wahres Wesen, war dies das Bestmögliche.

Nimm sie in dich auf!

Ach, ihr könnt beruhigt sein.

Die letzten Worte, die sie gestern abend zu mir sagte, waren: „Bitte Mutter, mich schlafen zu lassen!"

Sie suchte die Ruhe.

Wißt ihr, ich wünschte, ihr alle, die hier bei mir seid, könntet fühlen, wie ich es weiß: daß es bloß eine Umkehrung der Erscheinungen ist. Sie lebt, sie ist bewußt, sie hat alle ihre Fähigkeiten, alle ihre Möglichkeiten – alles ist da. Sie hat nichts verloren. Nur die menschliche Unwissenheit glaubt, daß man etwas verliert. Sie hat NICHTS verloren.

Manche Menschen scheiden in einer Glorie dahin – nicht viele, aber einige. Diejenigen, die so fortgehen, haben nicht einmal einen schwierigen Übergang. Als ich diese Worte für sie aufschrieb, fühlte ich eine Befreiung (das war vor einer halben, dreiviertel Stunde).

Nein, ich spüre den Kummer, ich verstehe ihre Mutter, für sie wird es schrecklich sein – es ist nicht, daß ich es nicht verstehe und fühle –, aber ich wünschte so sehr, daß diejenigen, die Vertrauen haben, wissen, was für eine Pracht das sein kann.

(Schweigen)

Wenn ihr ganz still sein könnt, in einem sehr friedvollen Glauben, wird sie auch bei euch sein, dann wird sie euch nicht verlassen.

Sie ist da.

Bei euch muß sie den Frieden und ein hellsichtiges Bewußtsein finden: mit dem Kummer ihrer Angehörigen wird sie einige Schwierigkeiten haben, sie werden sehr aufgewühlt sein, und sie muß zumindest in der Atmosphäre eines totalen Friedens und Vertrauens Zuflucht nehmen können.

Sie selber sagt euch dies.

Die Wellen von draußen sind schwierig: sie kommen sehr bewegt und aufgewühlt. Man muß sich erinnern. Um euch muß wie ein Bad der Ruhe herrschen.

23. April 1966

Mutter reicht Satprem eine Broschüre über Auroville

Die Fotos sind sehr schön. Besonders eines, das wie ein Spiralnebel aussieht.

Bestehen in praktischer Hinsicht Fortschritte?

Es scheint sehr gut zu laufen. Eine sehr große kollektive Resonanz, und zwar von beiden befeindeten Seiten: die ganze kommunistische Seite ist in Bewegung, und die ganze finanzielle amerikanische Seite ebenso. Alles brodelt.

Es wird ganz sicher klappen, ich WEISS, daß es existiert – die Stadt ist schon da (seit vielen, vielen Jahren). Dabei ist interessant, daß ich die Schöpfung mit Sri Aurobindo im Zentrum gemacht hatte. Als Sri Aurobindo ging, ließ ich alles ruhen, ich habe mich nicht mehr gerührt. Auf einmal fing es wieder an, als ob es hieße: „Jetzt ist der Augenblick da, jetzt muß die Sache in Angriff genommen werden!" Gut. Die Moslems würden sagen: „Es steht geschrieben." Es steht geschrieben, die Stadt existiert mit Bestimmtheit. Ich weiß nicht, wie lange es dauern wird, aber es scheint schnell zu gehen.

Die Stadt ist schon da.

Bemerkenswert ist, daß ich R *(dem Architekten)* lediglich die groben Umrisse erklärte und ihn fragte, ob ihn das interessieren würde. Er kehrte nach Frankreich zurück und empfing meine Formation (meine alte Formation, die ich hatte ruhenlassen); er fing sie in Frankreich auf. Das fand ich sehr interessant. Er fing sie auf und sagte: „Es kam ganz plötzlich. Ich war wie ergriffen von etwas, und in einer Nacht war alles getan." Interessant ist auch, daß er einen befreundeten Architekten hatte, der sich ihm angeschlossen hat, um mit ihm zusammenzuarbeiten und mitzumachen – und der ist jetzt voller Begeisterung; dieser Mann hat sehr weitreichende Kontakte im kommunistischen Europa, Rußland eingeschlossen. Und er ist völlig hingerissen. Von dieser Warte aus klappt es also. Und auf der amerikanischen Seite scheint es auch zu laufen.

Genau das, was ich will, nämlich daß diese beiden entzweiten Länder hierherkommen und einander gegenüber je einen Pavillon seiner Kultur und seines Ideals errichten und sich von dort aus die Hand geben.

24. April 1966

(Botschaft zum 24. April 1966:)

„Die widrigen Verhältnisse der Welt habe ich bereits erwähnt; in diesem Zusammenhang vertreten die Okkultisten gewöhnlich die Auffassung, daß das Eintreten einer Intervention oder einer neuen Offenbarung von oben um so wahrscheinlicher wird, je schlimmer die Verhältnisse werden. Der normale Verstand kann nicht wissen – er muß entweder glauben oder nicht glauben, oder abwarten und sehen.

Was die Frage angeht, ob das Göttliche ernsthaft will, daß etwas geschehe, so glaube ich daran, daß dies seine Absicht ist. Ich weiß mit absoluter Gewißheit, daß das Supramental eine Wahrheit ist und daß aufgrund der Natur der Dinge sein Kommen unumgänglich ist. Die Frage ist nur wie und wann. Auch dies wird von oben entschieden und vorbestimmt; doch hier wird es inmitten eines ziemlich grimmigen Zusammenstoßes widerstreitender Kräfte ausgefochten. Denn in der irdischen Welt bleibt das vorbestimmte Ergebnis verborgen, und wir sehen nur den Wirbel der Möglichkeiten und der Kräfte, die etwas erreichen wollen, während das wahre Schicksal dem menschlichen Auge verborgen bleibt. Gewiß ist jedoch, daß eine bestimmte Anzahl Seelen herbestellt wurden, um sicherzustellen, daß es jetzt geschehe. So sieht die Lage aus. Mein Glaube und Wille sind für das Jetzt. Ich spreche hier natürlich auf der Ebene der menschlichen Intelligenz – sozusagen mystisch-rational. Mehr zu sagen, würde diese Linie überschreiten. Sie möchten doch wohl nicht, daß ich anfange, Prophezeiungen abzugeben, oder? Als Rationalist können Sie dies nicht tun."

Sri Aurobindo, 28.12.1934

27. April 1966

(Über den Sannyasin)

Wir haben Zeit für *Savitri* ... es sei denn, du hättest eine Frage.

Ich frage mich, warum ich nicht klar sehe in dem, was ich tue.

Weil es zwei im Widerstreit liegende Ideen gibt. Deshalb besteht ein Zögern zwischen den beiden Standpunkten.

Zwei Standpunkte: die Notwendigkeit des Verzichts und die Nutzlosigkeit der Flucht. Diese beiden Ideen verursachen das Zögern. Aber in der chronologischen Reihenfolge der Dinge müßte die Notwendigkeit des Verzichts an erster Stelle kommen, und dann die Entdeckung, daß Flucht nutzlos ist, und anstelle des Fliehens muß eine freiwillige Rückkehr stehen, ohne Bindungen. Eine Rückkehr zu einem Leben ohne Bindungen.

Ansonsten sehe ich das so: Um ein Buch zu schreiben, darf man im allgemeinen nicht mehr als eine Etappe behandeln, denn es gibt einen Anfang, eine Entwicklung und einen Höhepunkt, an dem sich etwas erfüllt. Dann kommt ein anderes Buch, das von dieser Verwirklichung und der ganzen Erfahrung ihrer Nutzlosigkeit ausgeht. Dann schließlich kommt die Krönung: die Rückkehr zu einem Leben in Freiheit.

Man kann alle drei zusammenlegen, aber das ergibt ein sehr kompaktes Buch.

Nein, ich muß alles zusammenbringen. Aber ich weiß nicht, von welchem Ende ich ausgehen soll. Ich habe auf eine bestimmte Art angefangen, doch ich merke, daß es nicht das Richtige ist.

Wie hast du angefangen?

Mit einem sehr kurzen Gedicht – eigentlich kein Gedicht: eine Art Stimme. Dann, im ersten Kapitel, muß mein Held ein Schiff nehmen und weggehen (wie üblich). Darauf trifft er einen Sannyasin. Er wird sein Schiff trotzdem nehmen, aber da ist eine junge Frau oder ein junges Mädchen bei ihm, die er verläßt.

Wohin fährt das Schiff?

Etwas weiter weg, wie immer. Er muß die Brücken hinter sich abbrechen.

Und wo trifft er diesen Sannyasin? Vor seiner Abreise oder danach?

Er trifft ihn ein erstes Mal, und dann ein zweites Mal im Augenblick seiner Abreise. Er verwirft all seine Pläne und geht mit dem Sannyasin weg. Aber was diesem Aufbruch vorangeht, ist irgendwie verschwommen, ich weiß nicht, wie ich das darstellen soll. Zuerst dachte ich daran, aus dieser jungen Frau ein Symbol der Schönheit, der Fülle und der Liebe zu machen – das Symbol all dessen, was wahrhaft schön ist und was das Leben als Bestes mit sich bringen kann – doch er weist dies zurück, um egal wohin zu gehen, und so begegnet er diesem Sannyasin. Als ich bei der Beschreibung dieses Ortes war, der Schilderung dieses jungen Mannes mit seinem Mädchen und dieses sehr schönen Ortes, da erschien es mir plötzlich derart nichtssagend, all dies zu beschreiben, daß ich nicht weitermachen konnte.

(Mutter lacht)

Diese ganze Schönheit war dermaßen nichtssagend, ein absolutes Nichts.

Das hat dich zurückgeworfen.

Einmal habe ich einen solchen Moment in meinem Leben erlebt: ich war in Südamerika, auf einer wunderschönen Insel, zusammen mit einer Frau, die auch wunderschön war, der Reichtum lockte (ich hatte die Chance, viel Geld zu haben); es war jedenfalls das Beste, was natürliche Schönheit und weibliche Schönheit zu bieten hatten – und ich habe mich aus dem Staub gemacht. Ich ließ alles hinter mir und bin abgehauen.

Das also erzählst du?

So beginne ich die Erzählung.

Aber das ist doch gut!

Mir erscheint es derart nichtssagend, diese ganze vermeintliche Schönheit auszumalen, daß es mir einfach nicht gelingen will. Ich habe den Eindruck, alles sei hohl; meine Worte klingen falsch.

Wenn du eine solche Haltung einnimmst, kannst du kein Buch schreiben!

Gerade in den letzten Tagen kamen mir wieder Dinge in den Sinn, die ich einst geschrieben hatte – die ich mir in einem bestimmten Moment vorgestellt und niedergeschrieben hatte … zu Beginn des Jahrhunderts (vor deiner Geburt!) in Paris. Ich sagte mir: „Merkwürdig, warum denke ich an so etwas?" In meinem Text fand sich der Satz: „Die Liebe zur Schönheit hat sie gerettet." Es war die Geschichte einer Frau mit einem großen vermeintlichen Liebeskummer, wie ihn die Menschen erleben; sie verspürte aber ein Bedürfnis, die Liebe zu manifestieren, eine Liebe von einer wunderbaren Schönheit. Mit dieser Kraft und diesem Ideal überwand sie ihren persönlichen Kummer. Ein solches Büchlein hatte ich also geschrieben (ich weiß nicht, wo es geblieben ist, aber das ist auch unwichtig). Plötzlich kam mir das wieder in den Sinn, und ich fragte mich: „Halt! Warum sollte ich mich daran erinnern?" Daraufhin fiel mir die ganze Entwicklung des Bewußtseins wieder ein. Mir war damals schon deutlich bewußt, daß persönliche Angelegenheiten überwunden werden müssen durch den Willen, etwas Wesentlicheres und Universelleres zu realisieren. Ich folgte der Kurve meines eigenen Bewußtseins, wie es angefangen hatte, und von dort aus gelangte ich zu ... anderen Dingen. Damals war ich achtzehn Jahre alt. Es war mein erster Versuch, von einem ausschließlich persönlichen Blickwinkel zu einem umfassenderen Blickwinkel zu gelangen und aufzuzeigen, daß dieser umfassendere, universellere Standpunkt einen das Persönliche überwinden läßt. Trotzdem fragte ich mich: „Warum fällt mir das alles wieder ein?" Jetzt verstehe ich. Weil es dir mit deinem Text genauso ergeht. Es ist genau dasselbe. Natürlich könnte ich heute nicht mehr schreiben, was ich damals schrieb – es würde mich nur zum Lachen bringen.

Ich kann schreiben, ich kann immer noch ...

Dann schreib es!

Aber es erscheint mir so ...

Ja, es ist hohl.

... kraftlos. Als würde die Feder lügen.

(Mutter lacht)

Ich frage mich also, ob ich das nicht alles links liegenlassen und mich schnurstracks in eine andere Welt hineinbegeben müßte, die vollkommen anders ist.

Dort anfangen, wo du heute stehst?

Genau.

Vielleicht würdest du damit Zeit sparen.

Du kannst das ja ausprobieren: aufschreiben, was du jetzt schreiben würdest – und dann wirst du sehen.

Aber wo soll ich es situieren? Ich weiß nicht ... Es gibt zweierlei ...

Vielleicht kommt das jetzt!

Von einem persönlichen Standpunkt aus würdest du viel Zeit gewinnen, wenn du dort anfangen würdest, wo du heute stehst.

Du wirst ja sehen ...

Du könntest mit dem Ende beginnen, und dann sehen, ob es einen Anfang braucht, oder ob sich anstelle eines Anfangs eine Fortsetzung aufdrängt. Das wäre interessant.

Mit einem Faustschlag beginnen: bum! Was du jetzt siehst und empfindest. Ordne das Ganze deinem Leitfaden entsprechend an und beginne damit! Wenn das einmal geschrieben ist, siehst du, ob es durch das, was vorausgeht, unterstützt werden muß, oder ob du mit dem, was folgt, weitermachen kannst.

Ein interessantes Experiment.

*
* *

(Dann liest Mutter zwei Verse aus Savitris Dialog mit dem Tod)

Ach, immer noch dieser Kerl ...

Ich hatte in den letzten Tagen genau dieselbe Erfahrung, das ist sehr lustig.

> Vergebens schickt [des Menschen] Herz sein sehendes Gebet empor,
> und bevölkert mit glänzenden Göttern die formlose Leere ...[1]

Wieso? Warst du in der formlosen Leere?

Ich habe all dies gesehen, das war so amüsant! Ach, eine außerordentliche Erfahrung! Plötzlich war ich außerhalb ... man kann nicht sagen „darüber" (obwohl es „darüber" war), aber doch außerhalb aller menschlichen Schöpfung, außerhalb all dessen, was der Mensch in allen Welten geschaffen hat, selbst in den ätherischsten. Von dort aus betrachtet war es ... Ich sah dieses Spiel aller nur möglichen Vorstellungen, die sich die Menschen von Gott und der Art und Weise, sich ihm zu nähern, je gemacht haben (das, was sie „Gott" nennen), dann die unsichtbaren Welten und die Götter, all das kam eins nach dem anderen, wie es in *Savitri* beschrieben ist (*Geste wie auf einer*

---

1 *In vain his heart lifts up its yearning prayer,*
Peopling with brilliant Gods the formless Void (X.IV.644, dt. S. 658)

Leinwand), eins nach dem anderen zog vorüber ... mit seiner Künstlichkeit und seinem Unvermögen, die Wahrheit auszudrücken. Mit einer solchen Genauigkeit! Eine geradezu beängstigende Genauigkeit, denn man hatte den Eindruck, nichts zu sein außer in einer Welt der Vorstellung, der eingebildeten Schöpfung, aber nichts, was wirklich wäre; man hatte nicht das Gefühl, die Sache zu ... zu berühren. Es wurde so extrem, daß es ... ja, eine schreckliche Beklemmung wurde: „Aber was dann? Was, was? Was ist wirklich WAHR außerhalb all dessen, was wir wahrnehmen können?"

Dann kam es. Es war so *(Geste der Hingabe):* die totale, völlige Aufhebung des Selbst, dessen, was wissen kann, was versucht zu wissen – selbst *surrender* ist kein ausreichendes Wort dafür: eine Art Auflösung. Und auf einmal endete es mit einer kleinen Regung, wie sie ein Kind haben könnte, das nichts weiß, nichts sucht, nichts versteht, nicht zu verstehen versucht – das sich einfach hingibt. Eine kleine Regung von einer solchen Schlichtheit, einer Reinheit, Aufrichtigkeit und Offenherzigkeit, einer unermeßlichen Lieblichkeit – Worte können es nicht wiedergeben – nichts, nur das *(Geste der Überantwortung),* und unmittelbar darauf DIE GEWISSHEIT (nicht ausgedrückt – gelebt), die gelebte Gewißheit.

Ich konnte es nicht lange halten. Aber „es" ist wunderbar.

Die Beklemmung hatte ihren Höhepunkt erreicht. Das Gefühl der Nutzlosigkeit aller menschlichen Anstrengungen, zu verstehen – zu erfassen und zu verstehen, was nicht menschlich ist, was jenseits liegt. Ich spreche von der Menschheit in ihren höchsten Verwirklichungen, verstehst du, wenn der Mensch sich als Gott fühlt ... Das lag immer noch darunter.

Die Erfahrung dauerte, ach, ich weiß nicht, vielleicht ein paar Minuten, aber es war ... das war etwas.

Allerdings mit einer solchen Gewißheit ... sobald man da wieder herauskommt, selbst wenn man versucht, es in Worte zu fassen (oder auch ohne etwas sagen zu wollen) – sobald man versucht, es in welcher Weise auch immer zu formulieren: vorbei.

Und trotzdem bleibt hartnäckig eine Gewißheit zurück, daß die Schöpfung NICHT nur ein vorübergehendes Mittel ist, um das wahre Bewußtsein wiederzufinden: sie ist etwas, das seine eigene Realität hat und seine eigene Existenz IN DER WAHRHEIT haben wird.

Das ist der nächste Schritt.

Aus diesem Grunde ist diese Verwirklichung *(die Leere)* nicht das Ziel – dies ist der springende Punkt. Eine Überzeugung, daß dies nicht das Ziel ist. Eine absolute Notwendigkeit, ja, aber nicht Ziel und Zweck. Das Ziel ist ... die Fähigkeit, Das hier aufrechtzuerhalten.

Wann das kommen wird, weiß ich nicht.

Aber es wird alles verändern.

Bis dahin bereitet man sich vor.

Eines mußte ich allerdings feststellen – es war nicht zu verkennen –, und zwar eine Macht der Einflußnahme auf die Umwelt, die alles Bisherige unendlich übertrifft. Das wirbelt überall alles auf, selbst bei den etabliertesten Menschen, die recht zufrieden waren mit ihrem Leben, so zufrieden, wie man es eben sein kann – selbst diese werden berührt.

Wir werden sehen.

Endlich kommt es in Bewegung.

(Zum Sannyasin *zurückkehrend:)* Probiere mein Mittel aus, dies sollte klappen!

30. April 1966

(Bezüglich einiger sehr großzügiger Schüler, die Mutter Päckchen mit Fertigsuppen schicken, die sie dann an Satprem weitergibt)

Es handelt sich um zwei alte Damen deutscher Herkunft, aber Jüdinnen. In Deutschland ist man immer noch nicht sehr nett; Hitlers Einfluß war katastrophal, die Juden werden noch immer mit Verachtung behandelt – widerwärtig. Also wanderten die beiden nach Israel aus. Sie sind sehr großzügig. Aber es gibt immer noch Leute mit Vorurteilen.

Unter Pétain gab es in Frankreich diese groteske Geschichte mit dem „gelben Stern"; das hat, glaube ich, auch einen sehr schlechten Eindruck hinterlassen.

Gewissen Leuten würde ich diese Päckchen nicht geben: sie würden sofort sagen, sie seien nicht gut!

Nein!

Die Erwachsenen sind schlimmer als Kinder – schlimmer. So kleinlich und gemein, so idiotisch voreingenommen.

Nicht einmal das Einfachste, nämlich unparteiisch, neutral und vollkommen aufrichtig zu sein, unvoreingenommen gegenüber

Erfahrungen, gegenüber dem Leben, den Dingen – nicht einmal das
können sie sein. Immer stehen so kleine Vorurteile und Vorlieben im
Hintergrund.

All dies sammelt sich im Unterbewußten an und kommt in Form
von „Träumen" zum Vorschein. Natürlich (und das ist eine sehr geläu-
fige Erfahrung, die alle kennen, die auch nur den geringsten Einblick
in das Spiel der okkulten Kräfte haben) – wenn jemand in deinem
Traum kommt und dich angreift und schlägt, so ist absolut sicher, daß
du schlecht über ihn gedacht oder gefühlt hast. Es fällt in dieser Form
auf einen zurück. Aber sie werden dir im Gegenteil sagen: „Siehst du,
ich hatte recht, schlecht von ihm zu denken: er hat mich angegriffen!"

Wie Kinder, völlig unwissend.

Also ...

*
* *

Mutter geht zu Savitri über:

> *Then disappointed to the Void he turns.*
> *And in its happy nothingness asks release*[1]

Das sind die Nihilisten: Shankaracharya usw., die Anbeter des
Nichts.

> *Die Anbeter des Nichts ... Ich weiß nicht, je weiter ich fort-*
> *schreite, desto mehr gewinne ich den Eindruck eines Nichts ...*
> *sehr weich, sehr erfüllt, aber ein Nichts. Es ist vollkommen leer*
> *und voll zugleich, es ist sehr weich, aber nichts ist da.*

Du spielst mit Worten.

> *Nein, nein!*

Im Grunde ist dies das harmonischste Mittel, um das Ego loszuwerden – dieser Hang zum Nichts. Das Ego kommt an sein Ende. Ja,
es ist die harmonischste Art, die höhere Art, um mit dem Ego Schluß
zu machen.

Es ist seines Daseins müde. Anstatt sich tot und ausgelöscht zu fühlen: *(Mutter macht eine Geste der Überantwortung)* uff! ... ein Uff der
Erleichterung: „Genug, genug dieses Daseinskampfes." Man könnte
sagen: die Falschheit ist ihres Daseins müde und gibt auf.

---

1 Dann wendet er sich ganz enttäuscht an jene Leere
und bittet in ihrem glücklichen Nichtsein um Erlösung (XIV.644; dt. S. 658)

Anstatt durch Zerquetschen und Zertrampeln zu verschwinden: *(dieselbe Geste des Aufgebens)* einfach nicht mehr sein.

Das ist das göttliche Mittel, das Ego auszulöschen.

Das Ego ist nicht mehr notwendig. Es hat seine Arbeit getan, das Bewußtsein ist bereit, und dann *(dieselbe Geste)* uff! „Ich bin es leid zu leiden, ich will nicht mehr sein."

Mai

7. Mai 1966

(Über eine Blume, der Mutter den Namen
„Kraft der materiellen Heilung" gab)

Ach, wie sehr ich mir wünschte, daß ich meine Hände einfach so halten könnte *(Mutter legt ihre Hände auf Satprems Schulter)* – und es heilt!

Ich fühle nämlich eine solche Kraft in meinen Händen! Eine so BEWUSSTE Kraft – verstehst du, bewußt: es schwingt voller Bewußtsein, Licht und Kraft. Das müßte heilen.

Mich selbst heilt es. Wenn ich einen Schmerz habe oder etwas nicht gut geht, lege ich meine Hand auf die betreffende Stelle, und innerhalb von ein, zwei Minuten verschwindet es. Warum sollte es also nicht auch andere heilen?

Vielleicht, weil es dann keine Kranken mehr gäbe! *(Mutter lacht)*

Genau das ist es im Grunde. Wir sprechen von einer supramentalen Welt, dabei ist es einfach eine Welt, in der die Wahrheit wahr wäre. Das ist alles, ganz schlicht.

Ja, genau.

*
* *

(Etwas später ordnet Satprem alte Gespräche)

Sind das alte Gespräche?

Von 1964.

Das ist ja eine Ewigkeit her.

Aber sie sind voller Substanz und Lebendigkeit.

Ach ja?

Ja. Wenn wir das alles eines Tages in einen Zusammenhang bringen können, wird es wirklich den ganzen Weg des supramentalen Yogas aufzeigen. Aus einem Abstand betrachtet, wird es sehr deutlich. Und dann versteht man. Viele Dinge verstehe ich jetzt viel besser … Eines Tages möchte ich mir all dies wieder ansehen und es zusammenfassen oder das Wesentliche herausziehen, um deinen Weg aufzuzeigen.

Dazu sollten wir lieber das Ende abwarten, nicht wahr?

Ich wollte es auch nicht jetzt tun – aber einmal muß es getan werden ... Nein, nein, es ist so reich an Bedeutung, es ist keineswegs „alt"!

Manche Dinge werden immer klarer; wenn sie ganz klar sind, könnte man ...

Ja, aber viele Dinge, die du gesagt hast, die wie eine Skizze oder ein suchendes Gestammel waren – wenn ich sie jetzt mit Abstand betrachte, im Zusammenhang mit dem, was du später gesagt hast, bekommen sie plötzlich einen Sinn. Viel Sinn.

Ja, ich weiß.

Deshalb ist es gut – selbst wenn die Form noch „unvollständig" ist.

Zum Beispiel gibt es einige Passagen aus den *Gebeten und Meditationen*, die ich in Japan geschrieben hatte. Damals wußte ich überhaupt nicht, was sie bedeuten sollten. Erst kürzlich wurde mir eine Sache klar, die für mich immer ein Geheimnis geblieben war, und ich sagte mir: „Aha, klarer könnte es gar nicht sein! Dies ist also die Bedeutung."

Mit anderen Worten, ein gewisser prophetischer Geist, ohne daß man dies wüßte!

Verstehst du, es ist besser, keinerlei ehrgeizige Absichten zu haben. Es gibt nichts Dümmeres als ... Ich sehe Leute, die reden feierlich daher und geben Prophezeiungen ab, nein, nein, nein. Es ist besser, die Sache zu SEIN, ohne zu wissen, als vorzugeben, sie zu sein.

Aus diesem Grunde graut mir vor der Werbung.

Laß uns *Savitri* anschauen *(Mutter nimmt ihr Heft)*.

Savitri ist so voll an Wundern. Ach, es ist so wahr!

Wo sind wir?

Es spricht immer noch der Tod.

Ach, er macht noch weiter – „er": ich will einfach nicht, daß es eine „Sie" ist *(Mutter lacht)*. Das Französische irrt hier *(lachend)*: es ist ein „Er".[1]

---

1 Das französische Wort für Tod, *la mort*, ist feminin.

14. Mai 1966

Ich habe seltsame Augen ... Sie sind merkwürdig geworden.

Dieses Auge *(das linke)* sieht äußerst klar – extrem klar, beinahe schärfer als zuvor, aber in der Ecke hier, ganz in der Ecke ist so etwas wie ein kleiner Nebel, ganz winzig, wie der Kopf einer Stecknadel. Mit diesem Auge kann ich nicht lesen. Mit dem anderen *(dem rechten)* kann ich zwar lesen, aber es ist schwächer: es ist nur halb so scharf wie das andere. Das linke hat eine phantastische Schärfe. Na gut. Ich habe mir also angewöhnt, mit einem Vergrößerungsglas zu lesen *(mit dem rechten Auge)*. Aber wenn ich ein Foto durch die Lupe anschaue, nimmt es drei Dimensionen an *(Geste, als ob sich das Foto aufblähen würde)*, das heißt, ich sehe die Person darauf nicht nur farbig, sondern lebendig. Das Bild wird lebendig. Es ist dreidimensional und bewegt sich. Wenn ich das Foto mit meinem Vergrößerungsglas betrachte, sehe ich also eine Person in Bewegung.

Mit dem linken Auge ... oh, dieses ist außergewöhnlich scharf, aber ich kann damit nicht lesen ... (doch, ich könnte es schon, das ist nur eine Vorstellung, ein Eindruck) aber da ist diese winzig kleine Wolke im Augenwinkel hier. Das will nichts heißen *(lachend)*, ich habe keinen grauen Star! Früher hatte es einmal in der Ecke ein ziemliches Ausmaß angenommen, ich zeigte es dem Arzt (das ist lange her, zwei Jahre), und er sagte mir, es sei innen, nicht auf der Linse. Er meinte: „Das geht nicht mehr weg." Ich darauf: „Aha, das geht also nicht mehr weg!" – Sechs Monate später war es weg, vollständig verschwunden. Ein kleines bißchen ist es wiedergekommen, aber auch das wird weggehen.

Komische Sachen sind das. Als ob sich jemand einen Spaß daraus machte, mit meinen Augen Experimente anzustellen.

Ich sehe auf eine seltsame Weise – seltsam.

Und die Lupe nützt bald nichts mehr.

(Schweigen)

Aber alles wird seltsam. Alles. Als gäbe es zwei, drei, vier Realitäten *(Geste einander überlagernder Schichten)* oder Erscheinungsformen, ich weiß nicht, aber es sind eher Realitäten, eine hinter der anderen oder eine in der anderen, und innerhalb weniger Minuten verändert sich das *(Geste, als blähe sich eine Realität auf und überdecke und ersetze eine andere)*, als wäre eine Welt dicht dahinter und käme auf einmal hervor. Wenn ich ruhig bin, gibt es eine kleine ... keine Bewegung, ich weiß nicht, was es ist: es erinnert eher an Pulsschläge, und je nachdem wirkt es sich in verschiedenen Erfahrungen aus. Die herkömmlichen Dinge brauchen beispielsweise ihre übliche Zeit, wenn sich nichts

Anomales ereignet, und man hat einen genauen Sinn für die Zeit, die sie brauchen. Dann gibt „man" mir die folgende Erfahrung: genau dieselbe Sache, auf genau dieselbe Weise ausgeführt, einmal in ihrer normalen Zeit bewerkstelligt, und ein anderes Mal in diesem anderen Zustand. Das heißt, das Bewußtsein scheint an einem anderen Ort plaziert zu sein, und die Sache ereignet sich innerhalb einer Sekunde – genau dieselbe Sache. Normale Gesten, Dinge, die man täglich tut, vollkommen gewöhnliche Dinge. Wieder ein anderes Mal (es ist nicht so, daß ich das suche, ich suche überhaupt nicht: ich werde in diesen Zustand VERSETZT) – wieder ein anderes Mal werde ich in einen anderen Zustand versetzt (es macht keinen großen Unterschied für mich – wie winzige Unterschiede in der Konzentration), wo dieselbe Sache ewig lange braucht, ach, es hört überhaupt nicht mehr auf, bis sie getan ist! Selbst eine Serviette zu falten (das mache nicht ich) – jemand faltet ein Handtuch oder räumt eine Flasche fort ... absolut materielle und einfache Dinge, ohne jede psychologische Bedeutung. Jemand faltet ein Handtuch, das auf dem Boden liegt (nennen wir das einmal als Beispiel): da ist die normale Zeit, von der ich nach einiger Beobachtung eine innere Wahrnehmung habe, eine Zeit, in der alles normal ist, mit anderen Worten, wie gewöhnlich. Ein andermal bin ich in einer gewissen Konzentration, und ... ehe man sich versieht, ist es schon getan! Dann wieder bin ich in einem anderen Zustand der Konzentration, mit absolut minimalen Unterschieden hinsichtlich der Konzentration, und es nimmt kein Ende mehr! Man hat den Eindruck, die Sache dauere eine halbe Stunde.

Wenn einem das ein einziges Mal passieren würde, könnte man sagen: na gut. Aber es kommt mit einer Beständigkeit, einer Regelmäßigkeit, als sollte einem etwas beigebracht werden. Eine solche Hartnäckigkeit und regelmäßige Wiederholung, als ob ich etwas zu lernen hätte.

Auch verbringe ich einen Teil der Nacht in einem bestimmten Bewußtseinszustand (am häufigsten, beinahe täglich, mit Sri Aurobindo). Aber das ist nicht „einfach so". Es geschieht nicht zufällig oder aus Gewohnheit, nein: es ist ein Unterricht, und die Dinge werden mir auf die eine oder andere Weise präsentiert, als ob ich etwas verstehen sollte. Aber *(lachend)* ich bin so unglaublich dumm! Weil das Mental nicht funktioniert, verstehe ich nichts – ich stelle einfach die Tatsache fest. Ich stelle dies fest, ich stelle jenes fest, ich stelle fest, aber ich ziehe keine Schlüsse, daher wird mir dieselbe Sache noch einmal gezeigt. Es folgt, ja, es folgt einer Art Erfahrungskurve. Man ist versucht zu sagen, es handle sich um eine wiederholte Demonstration für jemand Begriffsstutzigen wie ich, um mir den Unterschied des Bewußtseins zwischen dem Im-Körper-Sein und Keinen-Körper-Haben aufzuzeigen.

Das scheint es mir zu sein.

Und dies in den geringsten Kleinigkeiten und mit einer solchen Beständigkeit: weißt du, als ob man einem Tier oder einem Kleinkind etwas beibringen müßte. So ist das – durch Wiederholung.

Vorgestern (nicht die Nacht von gestern auf heute, sondern nachts zuvor) war ich zum Beispiel mit Sri Aurobindo zusammen. Sri Aurobindo hatte die Erscheinungsform seines jugendlichen Fotos angenommen, mit seinen langen Haaren: dieses von vorn aufgenommene Foto, auf dem er helle Haut und ganz dunkle Haare hat. So war er – er WAR so, es war kein Bild. Er WAR so. Wir betrachteten gerade bestimmte Dinge, sprachen über bestimmte Dinge (wir sprechen nicht viel, aber immerhin), als ich plötzlich sein Gesicht sich so verzerren sehe *(Geste, als würde sich das Gesicht zusammenziehen).* Normalerweise hat er immer einen sehr stillen und lächelnden Ausdruck, sehr ruhig; aber auf einmal sah er ganz gequält aus. Dann warf er sich zurück in diese Art Sitz oder Divan. Ich sah ihn an, und er sagte mir: *Oh how they are distorting things. Look at this fellow, how they are distorting things.* [Ach, wie sie die Dinge entstellen. Schau dir diesen Burschen an – wie sie die Dinge entstellen.] Beinahe unmittelbar danach war es Zeit, ich erwachte und stand auf. Und ich sagte mir *(lachend):* „Ich dachte, in diesem Zustand könne man gar nicht gequält sein!" Heute erfuhr ich dann, daß A, der hier war und wieder wegzog, um da oben *(in Bengalen)* Politik zu machen, im Namen von Sri Aurobindo spricht und politische Erklärungen abgibt. Das war es, was ich gesehen hatte. Nicht daß sich Sri Aurobindo geärgert hätte: das Bild seiner Gesichtszüge war das Bild dessen, was die anderen taten[1] *(Mutter lacht)* ... Wie soll man das erklären? Sehr seltsam, nicht wahr? Es war das Bild dessen, was die Leute aus seiner Lehre machten. Es war nicht der Ausdruck seiner eigenen Empfindung. Weißt du, was hier passiert, was wir hier beschreiben, ist so ungeschliffen, bar jeglicher Feinheit, so grob wie eine roh behauene Statue. Es ist rauh, grob und übertrieben, und es wird verzerrt vom Gefühl der Trennung, das durch das Ego entsteht. Ich weiß nicht, wie ich das erklären soll. Dort hingegen ist alles eins, eine einzige Sache, die alle möglichen Formen annimmt *(Mutter legt eine Hand in die andere und dreht sie in alle Richtungen),* um etwas auszudrücken. Doch nicht mit einem Zentrum, das spürt, und einem

---

1 Erinnern wir uns an Mutters Vision, wo sie Sri Aurobindo in Bruchverbänden sah. Diese standen für all die Kürzungen der Ashram-Herausgeber von Sri Aurobindos Werk.

anderen, das sieht, und einem weiteren Zentrum, das versteht – nein,
so nicht. Es ist *(dieselbe Geste)* ... EINE einzige Substanz von einer
unbeschreiblichen Geschmeidigkeit, die sich allen Bewegungen, allem,
was sich ereignet, anpaßt. Es drückt alles aus, was geschieht, ohne jegliche Trennung. Das versetzte mich in einen Zustand, der den ganzen
Vormittag andauerte. Dann bin ich in dieser Welt hier und bin doch
nicht da. Weil ich ... nicht fühle, wie die Welt fühlt. Sehr seltsam.

Gestern ging es mir den ganzen Morgen über so, ein sehr seltsamer
Zustand, und es war, als wollte er, daß ich mich an etwas erinnere, und
es verließ mich erst, als ich sagte („sagte" – ich weiß nicht, ich sagte
es niemandem, aber trotzdem sagte ich es irgendwie), daß ich heute
mit dir darüber sprechen würde. Daraufhin ließ man mich wieder in
Kontakt mit dem Alltagsleben treten.

Etwa so wie der Einfluß eines Mentors, jemand, der weiß, oder ein
Bewußtsein, das weiß und mir Lektionen erteilt; ich sehe niemanden,
ich spüre niemanden, trotzdem ist es so. Sehr, sehr seltsam.

Nun, gut. Machen wir weiter mit *Savitri*!

Willst du mir etwas sagen? *(Lachend)* Ich scheine dich völlig bene-
belt zu haben.

> *Nein. Es ist nur das: du sagst, du ziehest keine Schlußfolgerun-
> gen. Ich hingegen versuche dauernd, Schlüsse zu ziehen.*

Ach, Schlußfolgerungen. Ich weiß nicht.

> *Ist es etwa das Bewußtsein der Ewigkeit, das lernt, in die Zeit, in
> die Materie einzutreten?*

Ja, das ist eine Idee. Vielleicht ist es das.
Eines Tages werden wir das mit Sicherheit wissen und verstehen.

*
* *

> *(Mutter liest etwa zehn Verse aus Savitri, worin der Tod alle
> menschlichen Glaubensbekenntnisse, Konzepte, Philosophien und
> Erfindungen verspottet ...)*

And sciences omnipotent in vain
By which men learn of what the suns are made,
Transform all forms to serve their outward needs,
Ride through the sky and sail beneath the sea,
But learn not what they are or why they came ... (X.IV.644)[1]

---

1 Und all die Wissenschaften, die allmächtig, doch vergeblich sind,
durch die die Menschen zwar erfahren, woraus die Sonnen bestehen,
alle Formen so zu wandeln, daß sie ihren äußeren Notwendigkeiten dienen.

Das ist wirklich reizend!
Ich mag diese Zeilen:

> Sie fliegen durch das Firmament und fahren unter dem Meere,
> lernten aber nicht, was sie sind oder warum sie kamen.

Er ist der Inbegriff des Pessimismus, dieser Tod.
Aber es ist wahr! Das Leidige daran ist, daß es stimmt. Es fehlt nur etwas, nämlich das, was sie sagen wird. Oder sagt sie nichts?

Bestimmt wird sie antworten.

Aber sie stopft ihm nicht den Mund ... schwierig.

Weil es doch „Er" ist![1]

Kürzlich hatte ich eine außerordentliche Erfahrung, in der von allen Seiten alle möglichen pessimistischen Argumente, Verneinungen und Widerlegungen kamen, und zwar von allen möglichen Leuten. Daraufhin gerieten all jene, die an die Gegenwart eines Gottes glauben oder an etwas, das mächtiger ist als sie selbst und das die Welt regiert, in helle Wut und einen fürchterlichen Aufruhr: „Aber ich will das nicht! Er macht doch unser ganzes Leben kaputt, er ..." Ein schrecklicher Aufruhr von allen Seiten, eine ganze Wagenladung von Beschimpfungen des Göttlichen mit einer sehr kraftvollen asurischen Reaktion von allen Seiten. Da war ich also *(als säße Mutter im Zentrum des Getümmels)* und sah zu: „Was tun?..." Verstehst du, es war unmöglich zu antworten, einfach unmöglich, es gab kein Argument, keine Idee, keine Theorie, keinen Glauben, nichts, absolut nichts, was dem hätte antworten können. Ungefähr eine Sekunde lang bestand der Eindruck: da läßt sich nichts machen. Dann plötzlich, ganz plötzlich ... Es ist unbeschreiblich *(Geste der absoluten Hingabe)*. Da war diese Heftigkeit der Revolte gegen die Dinge, so wie sie sind, und damit vermischt: „Möge diese Welt verschwinden, möge das alles aufhören zu existieren!" Diese ganze nihilistische Revolte: auf daß nichts mehr da sei, auf daß alles aufhöre zu existieren. Als der Druck fast unerträglich wurde, als man schon den Eindruck bekam, es gebe keine Lösung, auf einmal ... *surrender* [Hingabe]. Doch etwas viel Stärkeres als *surrender* – es war kein Verzicht, keine Hingabe des Selbst, kein Akzeptieren, sondern ... etwas viel Radikaleres und zugleich viel Sanfteres. Ich kann nicht sagen, was es war. Es hatte die Freude und den Geschmack

---

und durch das Firmament zu fliegen und unter dem Meere zu fahren,
aber nicht lernten, was sie sind oder warum sie kamen. (dt. S. 658)
1 Satprem meint, weil auch der „Tod" noch eine Maske von „Ihm", dem Herrn, ist.

des Gebens, doch mit einer solchen Empfindung von Fülle!... Wie ein Staunen, weißt du, auf einmal dies: die eigentliche Essenz des *surrender*, das Wahre.

Es war ... so mächtig und so wunderbar, eine so erhabene Freude, daß der Körper eine Sekunde lang zitterte. Und schon war es weg.

Danach, nach dieser Erfahrung, war alles, die ganze Revolte, die ganze Verneinung, wie weggefegt.

Wenn man diese Erfahrung halten könnte, sie dauerhaft bewahren könnte – sie ist da, immer; sie ist da, aber ich muß innehalten, um es zu spüren. Ich muß innehalten – nicht sprechen, mich nicht bewegen, nicht handeln –, um das in seiner Fülle zu spüren. Wenn das AKTIV hier wäre ... das wäre die Allmacht. Es würde bedeuten, augenblicklich „Das" zu werden.

In letzter Zeit gab es zwei Tage (seit ich dich das letzte Mal gesehen habe) ... vor allem am Donnerstag, als der Pfau hierherkam ...[1]

Der Pfau sang den ganzen Tag lang sein Siegeslied. Ich sah ihn abends, er kam mich auf der Terrasse besuchen. Er war so lieb!... Zwei sehr, sehr schwierige Tage. Danach bestand ein sehr solides, festbegründetes Gefühl, daß nichts unmöglich ist. Nichts ist unmöglich *(Mutter weist auf die Materie)*. Was das Denken seit langem weiß, was das Herz seit langem weiß, was das ganze innere Wesen seit langem weiß – jetzt weiß es der Körper: nichts, aber auch gar nichts ist unmöglich. Alles ist möglich – da drinnen, hier *(Mutter klopft auf ihren Körper)*. Alles ist möglich.

Alle vom materiellen Leben geschaffenen Unmöglichkeiten sind verschwunden.

Man muß die Kraft haben – die Kraft, es immer in sich zu tragen.

---

1 Der Pfau eines Schülers war entflogen und hatte den ganzen Tag im Baum über dem Samadhi und auf der Terrasse des Ashrams gesessen.

18. Mai 1966

(Nach der Lektüre der ersten Bruchstücke des Sannyasins)

Ich mag deine Art zu schreiben.
Sie wirkt beruhigend.

Aber wenn man einen Roman schreibt, muß man einen Aufbau haben, das heißt, alle möglichen unnützen Dinge müssen eingebracht werden, um bestimmte Punkte zu erreichen, und das ist mühsam. All dieser unnütze Kram, den man darstellen muß, nur um ihn anschließend wieder aufzulösen.

Mich entspannt es sehr, den Bereich der schönen Form, der harmonischen Form zu betreten; ich finde das sehr entspannend.

Dieses materielle Mental – das im Begriff ist, sich zu organisieren, das zu schweigen gelernt hat, zu beten gelernt hat – hat eine Art spontanes Bedürfnis oder spontanen Durst nach Schönheit, nach der schönen Form. Ich sehe das nachts, da drückt sich sein Bedürfnis innerhalb eines Rahmens und durch gewisse Ereignisse aus – Begegnungen und Ereignisse –, wobei der Rahmen immer äußerst weit gesteckt und sehr schön, sehr harmonisch ist. Wenn die Leute sich bewegen, geschieht dies auch harmonisch. Und am Morgen, wenn ich da herauskomme, sehe ich den Fortschritt, die Richtung der Entwicklung; wie gesagt, es besteht ein spontanes Bedürfnis nach der schönen Form.

Gerade jetzt, als ich dir zuhörte, entspannte sich alles mit einem Male und ruhte sich in einer Zufriedenheit aus: „Ach ... endlich!" Und dies ist keineswegs mental. Es ist ... wie soll ich sagen? Die Harmonie der Form.

Musik tut ihm außerordentlich gut – jedoch nicht die klassische Musik, keine Musik, die mentalen Regeln folgt. Etwas, das einen inneren Rhythmus ausdrückt, die Harmonie eines inneren Rhythmus ... Es gibt nicht viel Musik von der Art.

Mit den Worten ist es dasselbe. Der Klang der Worte entspannt sofort.

Liest du mir das noch einmal vor? Lies es nochmal!

(Satprem schüttelt den Kopf, er schämt sich)

*
* *

Etwas später

Hast du von den Drogen gehört?[1] Hast du die Bilder gesehen?... Ich habe sie gesehen ... Die Leute werden völlig wehrlos in das unterste Vital geschleudert, und je nach ihrer Natur finden sie es entweder grauenhaft oder höchst wunderbar. So erscheint zum Beispiel der Stoff eines Kissens oder eines Sitzbezuges plötzlich von wunderbarer Schönheit. Das hält dann zwei, drei Stunden an. Natürlich sind die Leute während dieser Zeit völlig verrückt. Das Schlimme daran ist, daß die Leute von „spirituellen Erfahrungen" reden, und keiner sagt ihnen, daß das ganz und gar nichts mit spirituellen Erfahrungen zu tun hat.

Hier hält sich ein Italiener auf, den ich kürzlich mit seiner Frau empfing (die Frau ist nett, er trägt lange Haare und hat ein mystisches Aussehen ... „mystisch" als Redensart, im theatralischen Sinne). Ich fand die beiden nicht besonders interessant, aber sie beabsichtigen, drei oder vier Monate hier zu bleiben. Heute hat er mir einen recht aufschlußreichen Brief geschrieben (auf französisch). Zunächst sagt er, er habe hier eine Erfahrung gehabt – diese Leute sind schrecklich, mein Kind, sobald sie die kleinste Erfahrung machen, haben sie Angst, also hört natürlich alles auf. Doch das ist ein anderes Problem. Aber in diesem Zusammenhang erwähnt er, er habe diese Droge einmal genommen, und er beschreibt deren Wirkung *(Mutter zeigt Satprem einen Ausschnitt aus dem Brief)*:

> *„Als ich das zweite Mal mit einer normalen Dosis LSD (Lysergsäure) in diesen lichthaften Zustand geriet, hatte ich schreckliche Visionen. Die Wände meines Zimmers belebten sich mit Tausenden von bösartigen und verzweifelten Fratzen, die mich bis in die Nacht hinein verfolgten ..."*

Da hast du's.

Und so geht das weiter. Und dann sagt er, er habe hier eine Erfahrung gehabt, und er habe Angst.

Das hat mir jedenfalls einen weiteren Beweis geliefert ... Ich habe Bilder davon in *Life* gesehen: man hat das Gefühl, in einer Nervenheilanstalt gelandet zu sein! Aber er hatte die Erfahrung, was beweist, daß sein Vital ... Verstehst du, dies sind Bilder, die im Unterbewußtsein gespeichert sind (Bilder von im Unterbewußtsein gespeicherten Gedanken, Empfindungen und Gefühlen). Diese Bilder steigen an

---

1 Es handelt sich um das LSD, ein Derivat der Lysergsäure.

die Oberfläche und werden objektiviert. Das ergibt dann das genaue Abbild von dem, was innen ist!

Wenn man zum Beispiel die Empfindung oder den Gedanken hat, jemand sei schlecht oder lächerlich, oder er liebe einen nicht, irgendwelche Anschauungen dieser Art, so kommt das im allgemeinen in Form von Träumen hoch. Aber in diesem Fall hat man den Traum, ohne zu schlafen. Sie kommen und spielen mit dir das Spiel deiner Vorstellungen: Was von ihnen gedacht wurde, fällt auf einen zurück. Somit ist das ein Hinweis: Für diejenigen, die lächelnde, angenehme, schöne Bilder sehen, bedeutet dies, daß es mit ihrem Vital ziemlich gut bestellt ist, wer hingegen scheußliche oder bösartige Dinge usw. sieht, hat offenbar kein besonders schönes Vital.

Ja, aber gibt es denn kein objektives Vital, bei dem diese Visionen nichts mit dem eigenen Unterbewußtsein zu tun haben?

Doch, das gibt es, aber es hat nicht denselben Charakter.

Nicht denselben Charakter?

Man erfährt dies erst dann, wenn man VÖLLIG BEWUSST in das Vital hineingeht: seines eigenen Vitals bewußt und bewußt in der Welt des Vitals, wie man sich der physischen Welt bewußt ist. Man geht bewußt da hinein. Dann ist es kein Traum, es hat nicht den Charakter eines Traumes, sondern einer Aktivität, einer Erfahrung, und das ist etwas ganz anderes.

Weil es doch wirklich Welten gibt, in denen man verfolgt wird ... schreckliche Welten, Welten der Folter und der Verfolgung, oder?

Zu neunzig Prozent subjektiv.

Zu neunzig Prozent. Über ein Jahr lang betrat ich jede Nacht regelmäßig um dieselbe Zeit und auf dieselbe Weise den Bereich des Vitals, um dort eine spezielle Arbeit zu verrichten. Es war nicht das Resultat meines eigenen Willens; ich war dazu bestimmt. Ich hatte dort etwas zu tun. Dieser Einstieg ins Vital wird ja oft beschrieben: es gibt einen Durchgang, an dem Wesen postiert sind, um einem den Eintritt zu verwehren (darüber wird in allen okkulten Büchern viel gesprochen). Nun gut. Ich weiß durch wiederholte Erfahrungen (nichts Zufälliges), daß dieser Widerstand oder dieser böse Wille zu neunzig Prozent psychologisch ist in dem Sinne, daß, wenn du es nicht erwartest oder dich nicht davor fürchtest, wenn in dir nichts vor dem Unbekannten Angst hat und auch keine sonstigen Regungen der Besorgnis und Ängstlichkeit bestehen, dies wie ein Schatten auf einem Gemälde oder die Projektion eines Bildes ist: es hat keinerlei konkrete Realität.

Ein oder zweimal habe ich wirkliche Kämpfe im Vital erlebt, das schon – als ich jemanden rettete, der sich verirrt hatte. Und zweimal habe ich Schläge erhalten, und als ich morgens erwachte, war da ein roter Fleck *(Mutter zeigt auf ihr rechtes Auge)*. Nun, bei diesen beiden Fällen weiß ich, daß es an mir lag; nicht aus Angst (ich hatte nie Angst), sondern weil ich es erwartete. Der Gedanke, daß „etwas passieren könnte", meine Erwartung also, bewirkte, daß der Schlag kam. Dies wußte ich mit Bestimmtheit. Und wenn ich sozusagen in meinem „normalen Zustand" innerer Gewißheit gewesen wäre, hätte es mich unmöglich treffen können. Ich erwartete so etwas, weil Madame Théon in einem vitalen Kampf ein Auge verloren hatte, und dies *(lachend)* ließ mich etwas Derartiges für möglich halten. Wenn ich aber in meinem Zustand bin (ich kann nicht einmal das sagen, es ist nicht „persönlich", sondern eine Seinsart), wenn man diese wahre Seinsart hat und ein bewußtes Wesen ist, KANN einen das nicht berühren.

Wie die Erfahrung, wenn man auf einen Feind trifft und diesen schlagen will, aber kein Schlag trifft, und alles, was man macht, keinerlei Wirkung hat – das ist immer subjektiv. Ich erhielt absolute Beweise dafür.

Aber was ist dann objektiv?

Es GIBT Welten, es GIBT Wesen, es GIBT Kräfte, sie haben ihre eigene Existenz, aber was ich meine, ist, daß die Form, die deren Beziehung mit dem menschlichen Bewußtsein annimmt, von eben diesem menschlichen Bewußtsein abhängt.

Weißt du, mein Kind, es ist wie mit den Göttern. Genau dasselbe! All diese Wesen des Übermentals, all diese Götter – die Beziehung zu ihnen, die Form dieser Beziehungen hängt vom menschlichen Bewußtsein ab. Man kann ... Es steht geschrieben: „Der Mensch ist ein Stück Vieh für die Götter" – aber das gilt nur, wenn der Mensch die Rolle, ein Stück Vieh zu sein, AKZEPTIERT. Im Kern der menschlichen Natur herrscht eine Souveränität allem gegenüber, welche spontan und natürlich ist, sofern sie nicht von bestimmten Ideen und einem vermeintlichen Wissen verfälscht wird.

Man könnte sagen, der Mensch sei der allmächtige Meister aller Seinszustände seiner Natur, nur hat er vergessen, es zu sein.

Sein natürlicher Zustand ist jener der Allmacht – er hat dies vergessen.

In diesem Zustand des Vergessens werden alle Dinge „konkret", ja – in dem Sinne, daß man einen blauen Fleck am Auge kriegen kann (das kann sich in dieser Form zeigen). Aber es kommt nur daher, daß ... daß man es zugelassen hat.

Dasselbe gilt für die Götter: sie können dein Leben beherrschen und dich quälen. Sie können dir auch viel helfen. Doch ihre Macht IN BEZUG AUF EINEN SELBST, in bezug auf den Menschen, entspricht der Macht, die wir ihnen geben.

Dies habe ich in den vergangenen Jahren Schritt für Schritt gelernt. Inzwischen bin ich mir dessen völlig sicher.

Natürlich war es in der evolutionären Entwicklung notwendig, daß der Mensch seine Allmacht vergaß, weil sie ganz einfach seinen Hochmut und seine Eitelkeit so sehr aufgeblasen hatte, daß sie völlig entstellt wurde. Also mußte ihm klargemacht werden, daß vieles existiert, was stärker und mächtiger ist als er. Aber im wesentlichen stimmt das nicht. Es war eine Notwendigkeit auf der Bahn des Fortschritts, das ist alles.

Der Mensch ist von seinem Potential her ein Gott. Er glaubte, er sei ein verwirklichter Gott, und er mußte lernen, daß er absolut nichts ist als ein armer kleiner Wurm, der auf der Erde herumkriecht. Also wurde er vom Leben nach allen Regeln der Kunst zurechtgestutzt und -gehobelt, bis er … nicht unbedingt verstand, aber doch eine Ahnung erhielt. Sobald er jedoch seine wahre Position einnimmt, weiß er, daß er potentiell ein Gott ist. Nur muß er es auch werden, das heißt, er muß alles überwinden, was er nicht ist.

Dieses Verhältnis zu den Göttern ist äußerst interessant. Solange sich der Mensch durch seine Bewunderung für die Macht, die Schönheit, die Verwirklichungen dieser göttlichen Wesen betören läßt, ist er ihr Sklave. Doch wenn dies für ihn Seinsweisen des Höchsten sind und nichts weiter, und wenn er selbst eine weitere Seinsweise des Höchsten ist, zu der er werden muß – dann ist das Verhältnis anders, und er ist nicht mehr ihr Sklave – er ist NICHT ihr Sklave.

Im Grunde ist der Höchste die einzige Objektivität.

Du sagst es, mein Kind. Genau so ist es. Genau so.

Nimmt man das Wort Objektivität im Sinne einer „unabhängigen, wirklichen Existenz" – einer Existenz, die in sich unabhängig und wirklich ist –, dann gibt es nur den Höchsten.

*
* *

Beim Abschied:

Muß ich also warten, bis das Buch fertig ist, ehe ich es zu hören bekomme?…

(Satprem zieht ein Gesicht)

Weißt du, als ich dir zuhörte, war es, als ob ich auf etwas, das sich sehr sanft und gleichmäßig vorwärtsbewegte, ruhen würde und als ob ich eine leuchtende und harmonische Atmosphäre sähe.

Diese Wirkung hatte es sofort auf mich.

Die Erziehung des neuen Mentals. Könnte es doch zu einem Instrument der Schönheit werden – das wäre gut!

Ja, aber die Inspiration ist schwer einzufangen!

(Mutter lacht)

22. Mai 1966

(In einem Stapel von Papieren stößt Satprem zufällig auf Notizen von Mutter)

(Lachend) Sie sind überall! Hier, da, dort ... Sri Aurobindo sagte mir einmal (ich glaube, es war 1920): „Ach, sie haben mein Zimmer aufgeräumt, ich finde nichts mehr!" Sie aber sagten, seine Papiere seien überall verstreut gewesen: auf seinem Bett, auf den Stühlen, auf dem Tisch, in den Schubladen, auf den Regalen; überall lagen Papiere und Notizen wie diese hier. Aber er wußte genau, wo jeder Zettel war. Dann machten sie „Ordnung" und räumten auf – und er fand nichts mehr. Sehr lustig. Ich fragte ihn: „Möchtest du, daß ich dein Zimmer reinige? Ich werde nichts anrühren." „Also gut, wenn du nichts anrührst!" *(Mutter lacht)* Folglich ließ ich alle Papiere, wo sie waren: auf dem Bett, dem Stuhl, dem Tisch, den Regalen. Beim Putzen eines Regals fand ich in einem Buch Geld. Ich sagte (ich dachte, er habe es vergessen): „Ich habe hundert ... zweihundert (ich weiß nicht mehr) Rupien gefunden, die in einem Buch waren." (Eine Banknote war an einer Stelle, eine andere woanders.) Er antwortete: „Ja, ich bin gezwungen, sie zu verstecken, sonst nehmen sie sie mir weg." *(Mutter lacht)*

Ich stehe nicht auf gutem Fuß mit Verstecken.

Siehst du, instinktiv gehe ich hin, nehme das Buch, öffne es und finde das Geld. Darauf fragte ich ihn: „Soll ich dein Geld für dich aufbewahren?" Er sagte: „Das würde die Dinge vereinfachen." Am Ende

des Jahres hatte ich dreitausend Rupien von ihm, die aus Büchern und sonstwoher stammten. Ich sagte ihm *(lachend)*:
„Bitte sehr, es hat Früchte getragen!"

*
* *

(Etwas später liest Satprem Mutter einen ziemlich langen Text vor, danach ist er völlig erschöpft.)

Bist du müde?

Es ist mir, als ob sich die ganze vitale Kraft verflüchtige.

(lange erholsame Konzentration)

Du mußt dich ausruhen.

Jetzt geht es mir gut. Ich weiß nur nicht, warum die Kraft so schnell weggeht.

Aber in der Nacht ruhst du dich aus?

Ja, ja, es geht mir sehr gut. Seltsam ist nur: sobald ich mich auf irgendeine Art anstrenge, ist mir, als ob …

Du kannst nichts tun.

Ja. Aber warum?

Weil wir in einer sehr akuten Phase der Transformation sind. Sehr akut. Wenn man dann einen Fuß auf der Erde hat und den anderen in der Luft, ist das nicht der Moment, wo man …
Das sind so Phasen. Sie dauern nicht allzu lange, aber es kann schon ein, zwei oder drei Monate dauern, und dann ist es vorbei. Ein andermal kommt dann wieder so eine Phase. In solch einem Fall sollte man ganz ruhig bleiben.

Mir ist folgendes aufgefallen: Wenn ich materielle Dinge tue – Kleinigkeiten –, dann ist es, als ob eine ungeheure vitale Kraft in die Arbeit einfließe, und anschließend bin ich immer völlig erschöpft, obwohl ich überhaupt nichts getan habe. Wie kommt es, daß die ganze vitale Kraft weggeht?

Das kommt daher, weil in Zeiten der Transformation die ganze vitale Kraft dazu verwendet wird, den Körper im Gleichgewicht zu halten. Es ist das, was ich den „Wechsel der Regierung" genannt habe, die Zeit der Transformation. Und für die Dauer dieses Wechsels ist

115

die ganze vitale Kraft ausschließlich dazu bestimmt, den Körper im Gleichgewicht zu halten. Das ist nämlich nicht leicht.

Man muß ganz ruhig bleiben und nur das tun, was unerläßlich ist.

Im gewöhnlichen Leben, bei Menschen, die das nicht wissen, findet eine ungeheure Verschwendung von vitalen Kräften statt – für nichts. Wir haben nicht mehr das Recht, so zu handeln, weil die ganze vitale Kraft, wie ich schon sagte, darauf konzentriert werden sollte, das Gleichgewicht des Körpers aufrechtzuerhalten.

Das ist ein weitverbreiteter Zustand bei all jenen, die ... nicht den Yoga machen, sondern für die der Yoga getan wird. Und dies geschieht ... (wie soll ich sagen?) beinahe ohne ihr Wissen – alles, was sie in einen geeigneten Zustand versetzt, ist zuerst einmal die Aspiration und dann das Vertrauen. Diese beiden Dinge: der Glaube, das Vertrauen, daß das göttliche Bewußtsein am Werk ist, und dann die Sehnsucht nach der Transformation. Das ist alles, was nötig ist, und die Arbeit wird für sie getan. Aber diese Arbeit bringt kein Ungleichgewicht mit sich sondern einen Wechsel des Gleichgewichts. Und um von dem einen Gleichgewicht in das andere überzuwechseln, muß man sich eben ganz ruhig verhalten.

Diese Schwierigkeit, von der du sprichst, die verspüre ich in jeder Minute.

Die Leute, die davon nichts wissen (und fast niemand weiß das), meinen irrtümlicherweise, krank zu sein. Aber es ist keine Krankheit, sondern ein Wechsel im Gleichgewicht, der alle möglichen Formen annimmt, je nach dem jeweiligen Wesen und der Natur des einzelnen. Wenn man dann nicht aufpaßt und sich ein Ungleichgewicht einstellt, dann drückt sich das in einer Form aus, welche die Ärzte „Krankheit" nennen. Hätte ich die Zeit, mir einen Spaß zu machen und ihnen Fragen zu stellen, wären sie gezwungen zuzugeben, daß jeder Fall anders ist – jeder einzelne Fall: es gibt keine zwei identischen Fälle. Sie sagen: „Ja, das ähnelt diesem oder jenem." Wobei es doch nichts anderes als der Übergang vom jahrtausendealten früheren Gleichgewicht zu einem neuen ist, das noch nicht fest begründet ist. In der Übergangsphase zwischen den beiden – ja, da muß man aufpassen, das ist alles. Und sich sehr, sehr stark an die höhere Harmonie klammern.

25. Mai 1966

(Das Gespräch vom 18. Mai betreffend, in dem Mutter sagte,
neunzig Prozent aller Visionen und Träume des Vitals und auch
anderer, höherer Ebenen, seien subjektiv.)

Das hat jedenfalls etwas Beunruhigendes an sich, diese fast
totale Subjektivität.

Ach, warum?

Man fragt sich, was wahr ist. Was begegnet einem wirklich? Ist
dann nicht alles ein Hirngespinst?... Das ist etwas beunruhi-
gend.

Aber wenn man die eindeutige Erfahrung von der einzigen und
ausschließlichen Existenz des Höchsten hat und weiß, daß alles nur
ein Spiel des Höchsten mit sich selbst ist, dann gelangt man zur selben
Erkenntnis, und anstatt beunruhigend, unangenehm oder störend zu
sein, bringt dies im Gegenteil eine Art vollkommener Sicherheit mit
sich.

Der Höchste ist die einzige Realität. Und alles ist ein Spiel, das Er
mit sich selbst spielt. Ich finde das viel tröstlicher als das Umgekehrte.

Und überhaupt ist dies die einzige Gewißheit, daß daraus etwas
Wunderbares entstehen kann, sonst ...

Auch das hängt absolut von der Position ab, die man einnimmt. Eine
vollständige Identifikation mit dem Spiel als solches, als eine in sich
selbst existierende und unabhängige Sache, ist anfangs wahrscheinlich nötig, um das Spiel überhaupt zu spielen, wie es sich gehört. Aber
es kommt die Zeit, wo man einen Punkt der Losgelöstheit erreicht und
einen so totalen Widerwillen gegen die ganze Falschheit der Existenz
empfindet, daß man sie einfach nicht mehr dulden kann, es sei denn,
man sieht sie als inneres Spiel des Herrn in sich und für sich selbst an.

Und dann hat man das Gefühl dieser absoluten und vollkommenen
Freiheit, aus der heraus sich die wunderbarsten Möglichkeiten ergeben
können, und wo all das, was man sich als Erhabenstes vorstellen kann,
machbar wird.

(Mutter geht in eine Kontemplation,
dann schlägt sie Savitri auf:)

And earth [shall] grow unexpectedly divine. (I.IV.55)
Und unverhofft wird die Erde göttlich werden.

Das ist ein Trost ...

(Schweigen)

Du wirst sehen ... es gibt einen Moment, da kann man sich selbst und das Leben nur noch tolerieren, wenn man die Einstellung annimmt, daß alles der Herr ist. Sieh nur, wieviel er in sich schließt, dieser Herr: Er spielt mit allem – Er spielt. Er macht sich ein Spiel daraus, die ... die Standorte zu wechseln. Wenn man das sieht, dieses Ganze, hat man die Empfindung eines grenzenlosen Wunders, und daß alles, was immer auch das Ziel der wunderbarsten Aspiration ist, absolut möglich ist, ja sogar noch übertroffen werden wird. Dann ist man getröstet. Ansonsten wäre das Dasein trostlos. So aber gewinnt es an Reiz. Eines Tages werde ich dir mehr darüber sagen können.

Wenn man die Empfindung der Unwirklichkeit des Lebens hat – im Vergleich zu einer Realität, die mit Sicherheit jenseits, über und doch zugleich INNERHALB des Lebens existiert – in dem Augenblick ... Ach ja, endlich! Wie wahr! – DAS ist endlich wahr und verdient es, wahr zu sein. Es ist die Verwirklichung aller nur erdenklichen Pracht, alles nur erdenklichen Wunderbaren, ja, aller nur erdenklichen Glückseligkeit und Schönheit. Ja, DAS! Ansonsten ...

Verstehst du?

An diesem Punkt stehe ich.

Im übrigen habe ich den Eindruck, noch einen Fuß hier und den anderen dort zu haben, was keine sehr angenehme Situation ist, weil ... weil man gern hätte, daß es nur noch Das gäbe.

Die jetzige Seinsweise ist eine Vergangenheit, die wirklich nicht mehr existieren sollte. Wohingegen die andere ... Ach, endlich, end-lich!... Darum gibt es eine Welt.

Und alles bleibt genauso konkret und genauso real: nichts trübt sich. Genauso konkret, genauso real, aber ... es wird göttlich, ... weil es das Göttliche IST. Das Göttliche, das spielt.

Voilà, mein Kind!

28. Mai 1966

*(Mutter stützt den Kopf in die Hände, sie scheint erschöpft zu
sein.)*

Geht's dir gut?

Und du bist eher müde?

Nein, es ist schlimmer als Müdigkeit, noch schlimmer ...
Eine ganze Arbeit der Anpassung ist im Gange, die sehr, sehr
schwierig geworden ist. Sehr schwierig. *(Mutter macht eine Geste des
Zermalmens)*
Ich kann praktisch nicht mehr essen. Ich zwinge mich dazu, sonst
würde ich nur noch trinken. Es kommt nicht vom Magen her, das ist
es nicht, sondern ... *(dieselbe Geste des Zermalmens)*
Ich fühle mich nicht müde, aber seit langem und immer stärker (in
den letzten Tagen ist es sehr akut geworden) habe ich den Eindruck,
mich zu bewegen, voranzugehen *(Geste eines unsteten Gleichgewichts)*,
wobei der kleinste Fehltritt einen Sturz in die Tiefe bedeuten kann. Es
ist wie eine Gratwanderung zwischen zwei Abgründen.
Und dies spielt sich in den Körperzellen ab. Es hat nichts mit Moral
zu tun, auch nicht mit Empfindungen.
Eine konstante Wachsamkeit ist erforderlich. Das geringste Nach-
lassen, verstehst du ... und die Katastrophe ist da.

(lange Kontemplation)

Sehe ich dich also am Donnerstag? Ich hoffe, bis dahin ist das
vorbei, und ich bin wieder in Form!
Tröstlich ist, daß die Aktion des Höchsten immer klarer und offen-
sichtlicher wird. Weißt du, ich bin wie ein Körnchen ... *(Mutter macht
eine Geste in der offenen Hand)* wie soll ich sagen?... ein Staubkörnchen, aber ein Staubkörnchen, das leidet, das ist das Lästige daran.
Sehr empfindlich. Doch das Spiel der Kräfte wird immer klarer und
mächtiger, und dazu auf einem immer breiteren Feld. Genau HIER *(in
der Materie)*, mit einer außergewöhnlichen Kraft und einer absoluten
Präzision. Das ist ein Trost.
Man darf sich einfach gar nicht darum kümmern.

Juni

2. Juni 1966

Ist die Schwierigkeit vom letzten Mal vorbei?

Ach, ich hatte eine neue Erfahrung. Das heißt, die Körperzellen hatten eine neue Erfahrung.

Wenn ich mich nachts hinlege, findet eine Darbringung aller Zellen statt. Sie machen ein so vollständiges *surrender* [Überantwortung] wie nur möglich, mit einer Sehnsucht nicht nur nach Vereinigung, sondern nach Verschmelzung: daß es nichts mehr geben möge außer dem Göttlichen. Das geschieht regelmäßig, jeden einzelnen Tag. Seit einiger Zeit war es, als ob die Zellen oder dieses Körperbewußtsein (das aber nicht wie ein Bewußtsein, sondern eher wie ein kollektives Zellbewußtsein organisiert ist) sich ein bißchen beklagten: „Aber wir fühlen gar nichts Besonderes. Wir fühlen ..." – sie können zwar nicht sagen, daß sie nichts fühlten, sie fühlen sich beschützt und unterstützt, aber ... Sie sind wie Kinder. Sie beklagten sich, daß nichts Spektakuläres passiere: „Es MUSS doch wunderbar sein!" *(Mutter lacht)* Nun gut. In der Nacht von vorgestern waren sie beim Einschlafen in diesem Zustand. Bis zwei Uhr morgens rührte ich mich nicht vom Bett. Um zwei stand ich auf, und mit einem Schlag wurde mir klar, daß alle Zellen, der ganze Körper (aber tatsächlich ist es ein Zellbewußtsein, kein Körperbewußtsein, es ist nicht das Bewußtsein dieser oder jener Person: es gibt keine Person, es ist das Bewußtsein einer Zellgruppe) – dieses Bewußtsein fühlte sich gebadet in und zugleich durchdrungen von einer MATERIELLEN Macht von phantastischer Geschwindigkeit, die jedoch nichts mit Lichtgeschwindigkeit zu tun hat. Die Lichtgeschwindigkeit erscheint langsam und gemächlich im Vergleich dazu. Einfach phantastisch!... Das muß der Bewegung dort, in den Zentren ähneln ... *(Mutter weist weit in den galaktischen Raum)*. Ungeheuerlich. Ich blieb völlig ruhig und reglos sitzen; trotzdem – so still ich auch sein mochte – war es so ungeheuerlich, als würde man von einer Bewegung mitgerissen und bewegte sich so schnell, daß man keine Luft mehr bekommt. Eine Art Unwohlsein. Nicht daß ich nicht atmen konnte, das nicht; aber es war so ... ungeheuerlich, daß die Zellen den Eindruck hatten zu ersticken. Zugleich diese Empfindung von Macht, einer Macht, der nichts widerstehen kann, auf keinerlei Weise. Ich war aus dem Bett gezogen worden, wie mir klar wurde, damit das KÖRPERbewußtsein (wohlgemerkt: nicht das Zellbewußtsein, sondern das Körperbewußtsein) den Zellen beibringt, wie man ein *surrender* vollzieht, und ihnen sagt: „Es gibt nur ein Mittel: ein totales *surrender*, und dann habt ihr nicht mehr diese Empfindung des Erstickens." Es gab eine kleine Konzentration, wie eine kleine Lektion. Das war sehr interessant. Eine kleine Lektion: wie man es anstellen muß, was man tun muß, um sich vollkommen zu überantworten. Als ich sah, daß die Lektion verstanden worden war, legte ich mich wieder hin. Von diesem Augenblick an (es war zwanzig nach zwei) blieb ich bis Viertel vor fünf in dieser Bewegung, ohne Unterlaß. Das Besondere daran ist, daß beim Aufstehen in diesem Bewußtsein, d.h. dem Zellbewußtsein und auch ein bißchen dem Körperbewußtsein, das Gefühl des Ananda [göttliche Freude] vorherrschte – in allem, was man tut: beim Aufstehen, beim Gehen, beim Waschen der Augen und dem Zähneputzen ... Zum ersten Mal in meinem Leben spürte ich in diesen Bewegungen das Ananda, ein ganz unpersönliches Ananda. Verbunden mit der Empfindung: Aha! So amüsiert sich der Herr also.

Jetzt steht es nicht mehr im Vordergrund (es war ein oder zwei Stunden im Vordergrund, damit ich verstehe). Jetzt bleibt es eher im Hintergrund. Aber verstehst du, vorher empfand der gesamte Körper, daß seine ganze Existenz auf dem Willen, der Unterwerfung unter den Höchsten Willen, und auf der Ausdauer basiert. Falls man ihn fragte: „Macht es dir Spaß zu leben?", würde er sich nicht trauen, dies zu verneinen, weil ... aber es machte ihm keinen Spaß. Er war nicht um des Vergnügens willen da, und er verstand nicht, daß es auch Spaß machen könnte. Es herrschte eine Konzentration des Willens in einer Unterwerfung, die sich bemühte, bis ins kleinste Detail so perfekt zu sein wie nur möglich, zusammen mit einem Gefühl von Ausdauer: durchhalten, durchhalten. Das war die Grundlage seiner Existenz. In Zeiten des Übergangs, die immer mühsam sind, wie zum Beispiel von einer Gewohnheit zu einer anderen überzugehen, nicht in dem Sinne, daß man eine Gewohnheit wechselt, sondern von einer Stütze zu einer anderen, von einer Antriebskraft zu einer anderen – das, was ich die „Übertragung der Macht" nenne – das ist immer mühsam, und es geschieht sporadisch, nicht regelmäßig, und immer zu dem Zeitpunkt, wo der Körper genügend Energie angesammelt hat, um seine Ausdauer zu verbessern ... Daraufhin kommt der neue Übergang, und das ist mühsam. Da war dieser Wille und diese Ausdauer, und dann: „Dein Wille geschehe", und „Mach, daß ich Dir diene, wie Du es willst; mach, daß ich Dir gehöre, wie Du es von mir verlangst" und dann „Es soll nichts mehr geben außer Dir, die Empfindung der Person muß verschwinden" (diese Empfindung ist in der Tat beträchtlich zurückgegangen). Es war wie eine plötzliche Erleuchtung: Anstelle dieser Grundlage der Ausdauer – durchzuhalten um jeden Preis – kam eine Art Freude, eine sehr friedliche und doch lächelnde Freude auf, eine sehr sanfte, lächelnde Freude, wirklich liebenswert! Und unschuldig.

Etwas so Reines und Schönes: die Freude, die allem innewohnt, in absolut allem, was man tut. In jenem Moment zeigte man mir: Was auch immer geschieht, es gibt keine einzige Schwingung, die nicht eine Schwingung der Freude wäre.

Das ist zum ersten Mal passiert.

Das Ergebnis davon ist ... *(lachend)*, daß es dem Körper ein bißchen besser geht. Er spürt diesen Druck weniger. Aber man hat ihm empfohlen, ganz ruhig zu sein, vor allem keine Aufregung, keine „Freude", wie man sie gewöhnlich hat (die vitale Freude, die sich spürt und ausdrückt), das nicht, nichts von alledem: äußerst ruhig. Und es ist so rein, oh ... so durchscheinend, transparent, leicht ...

Es ist das erste Mal, daß ich das physisch erlebe. Das heißt, es ist das erste Mal, daß die Zellen diese Erfahrung machen.

Weißt du, vorher spürten sie in der Macht und der Kraft immer die Unterstützung des Herrn, sie spürten, daß sie Seinetwegen da waren, daß sie durch Ihn existierten, in Ihm. Sie spürten all das; aber um in der Lage zu sein, dies zu spüren, mußten sie Ausdauer zeigen – die absolute Ausdauer, alles zu ertragen. Jetzt ist dies nicht mehr so. Es gibt etwas, das lacht, aber ganz, ganz sanft, ach, außerordentlich heiter. Das bleibt im Hintergrund, und so leicht, so leicht. Das ganze Gewicht der Anspannung ist verschwunden.

Dies ist das Ergebnis dieses ungeheuerlichen „Übergangs": ein Übergang, der die Zellen erfaßt hat. Nicht daß die Zellen unbeweglich gewesen wären und es durch sie einfach hindurchging: sie waren IN der Bewegung, mit derselben phantastischen Geschwindigkeit, von einem blendenden Glanz und einer unvorstellbaren Schnelligkeit. Ganz materiell spürbar. Und es übertraf jegliche Möglichkeit der gewöhnlichen Empfindung. Das hielt stundenlang an.

*
* *

Etwas später

Hast du von der Sprache der Delphine gehört?... Hast du diese Artikel nicht gesehen?... Man hat herausgefunden, daß die Delphine eine artikulierte Sprache sprechen, aber mit einem viel breiteren Spektrum als dem unsrigen: es reicht sowohl weiter hinauf als auch weiter hinunter. Auch ist ihre Sprache mannigfaltiger. Sie reden die ganze Zeit über (offenbar kann man das auf Tonband aufnehmen). Sie reden; man versteht aber nicht, was sie sagen. Darauf spielte man ihnen unsere Sprache vor – sie ahmen sie nach und machen sich darüber lustig. Sie lachen! *(Mutter amüsiert sich köstlich)*

Ich habe einige Fotos gesehen. Sie sehen freundlich aus, aber Fotos reichen nicht aus. Wie die Tümmler haben sie Reihen kleiner Zähne (wie es scheint, sind sie überhaupt nicht bösartig, nie zeigen sie eine Regung der Wut). Sie reden und reden. Und sie verstehen es, zuzuhören. Sie ahmen uns nach und lachen, *(lachend)* als ob wir ihnen äußerst lächerlich vorkämen.

Sehr lustig.

Offenbar hat man in Nordamerika große Wasserbecken konstruiert, wo sie gehalten werden, und es scheint, daß sie dort sehr zufrieden sind. Man studiert sie genau. Ein amerikanischer Gelehrter befaßt sich damit. Jemand sagte ihm (ich habe dies gestern gelesen): „Man sagt, die Delphine seien vielleicht genauso intelligent wie wir; wären sie jedoch genauso intelligent wie wir, hätten sie längst versucht, sich verständlich zu machen und uns zu verstehen." Der andere erwiderte *(Mutter lacht)*, vielleicht zeige das genau ihre Weisheit, denn offenbar hätten sie entdeckt, daß wir sehr einfältig sind.

Lustig!

Andere Wissenschaftler haben anscheinend auch eine „unmittelbare Übertragung" entdeckt, die nicht mehr der langsamen Kurve der Wellenübertragungen oder ätherischeren Übertragungen folgt, und zwar mit Hilfe von etwas, das sie, glaube ich, „Pendel" oder Gegengewicht nennen, so daß sich das, was hier geschieht, automatisch woanders reproduziert. Wenn es hier absteigt, geht es dort hinauf, und wenn es dort absteigt, geht es hier automatisch hinauf. Es ist nur eine Imitation (denn sie verstehen nicht, was es ist), aber es handelt sich um eine intuitive Kommunikation, weißt du. Sie haben anscheinend ein Instrument, mit dem sie das messen können. Phantastisch!

Am Ende werden sie alles haben – nur nicht den Schlüssel.

Ja, genau. Aber es ist gut, alles zu haben, denn sobald man dann den Schlüssel hat, begreift man das Ganze.

Vielleicht ist das die notwendige Vorbereitung für die neue Schöpfung. Es wird nichts mehr fehlen außer eben dem Schlüssel. Und dann kommt er, und, pfft! geht die Tür auf.

Auf jeden Fall aber scheint das ihrer mentalen Arroganz einen Stoß versetzt zu haben (das hatte man mir schon gesagt) ... *(Lachend)* Sie halten sich nicht mehr für die Krone der Schöpfung.

Gut. Laß uns noch ein wenig in *Savitri* lesen *(Mutter liest den ersten Vers)*:

A few shall see what none yet understands[1] (I.IV.55)

Da – siehst du?

*
* *

*(Etwas später studiert Mutter ihren Terminkalender,
der mit endlosen Einträgen übersät ist)*

… Auf jeden Fall gibt es guten Grund zu glauben, daß der Herr sich amüsiert. Er muß großen Spaß haben, sonst würde Er mich nicht all diese Leute sehen lassen. Es muß ihn ziemlich amüsieren – aber ihn amüsiert alles, glaube ich, selbst das, was wir nicht amüsant finden, weil wir zu klein sind.

Müdigkeit ist ein großes Zeichen von Schwäche; wenn einen etwas ermüdet oder langweilt, so ist das in Wirklichkeit ein Zeichen von Schwäche. Dies passiert mir nicht mehr oft; ich glaube nicht einmal, daß es überhaupt je passiert: es bleibt nur noch irgendwo im mentalen Bewußtsein (und dies kommt nicht von mir sondern von den anderen) eine Suggestion, daß „das doch wirklich ein wenig gar zu viel ist". Ansonsten …

Und dein Buch? Kommst du voran damit?

Erst letzte Nacht … sehr oft, fast jede Nacht verbringe ich eine gewisse Zeit im Bewußtseinszustand deines Buches: eine besondere Art zu sehen, zu spüren und zu sprechen *(Mutter bezeichnet einen Streifen in der Luft, der die „Region" des Buches darstellen soll).* Von Zeit zu Zeit schlage ich etwas vor, aber nicht mit Worten, sondern als führte ich eine andere Art zu sehen und zu fühlen in das Buch ein: „Warum nicht so?" Das ist schon einige Male passiert. Allerdings erinnere ich mich nach dem Aufstehen nicht mehr an die Einzelheiten, weil es schlichtweg zuviel ist. Es ist jedoch ein Ort, wo das Buch Form annimmt; so trete ich da ein, und es ist, als brächte ich frische Luft mit! *(Mutter lacht)* Oft mache ich Vorschläge. Ich denke, dies passiert regelmäßig jede Nacht, aber ich erinnere mich nur daran, wenn ich es für notwendig halte.

---

1 Einige wenige werden sehen, was noch keiner versteht.

4. Juni 1966

Geht es dir gut? – Es müßte dir eigentlich besser gehen.

Warum?

Weil ich glaube – ich „glaube", das ist so eine Redensart. Das letzte Mal habe ich dir von dieser ungeheuren Kraft erzählt; ich glaube, sie hat trotz allem eine Wirkung.

Sie hat etwas in der Atmosphäre verändert; es ist nicht mehr so drückend, findest du nicht auch? Ich habe dir von diesem „Standortwechsel" erzählt, und es ist wirklich, als sei etwas umgestülpt worden. Das müßte sich doch eigentlich auf alle auswirken, oder?

Und ich schreibe weiterhin endlose Seiten deines Buches – ja! Das ist etwas ganz Neues. (Nach dem Aufstehen kümmere ich mich übrigens überhaupt nicht mehr darum.) Ich verbringe einen Teil meiner Nacht damit; ich schreibe nicht mit der Hand, sondern ich diktiere. Während dies vor sich geht, macht es mir Spaß, wenn auch nicht genügend, um mich nachher daran zu erinnern, was ich gesagt habe. Geschichten!... Man würde meinen, ich hätte viel Phantasie. Aber wenn ich es lese, kommt es mir vor, als hätte ich es gesehen oder erlebt.

8. Juni 1966

(Im Anschluß an die Lektüre eines lange zurückliegenden Entretiens vom 19. April 1951, in dem Mutter gesagt hatte: „Man unternimmt eine Art innere Jagd. Man geht auf die Jagd nach kleinen finsteren Winkeln ... Man gibt die Schwierigkeit in sich selbst oder in den anderen, wo auch immer sie sich manifestiert, dem göttlichen Bewußtsein hin und bittet es, sie zu transformieren.")

Genau das tue ich seit zwei Tagen. Seit zwei Tagen verbringe ich meine gesamte Zeit damit, diese ganze ... ach, diesen Berg an schäbigen kleinen Dingen zu sehen, die man dauernd erlebt, winzige schäbige Dinge. Dafür gibt es nur ein Mittel, ein einziges, und stets dasselbe: es hingeben.

Es ist beinahe so, als ob das Höchste Bewußtsein einen in Kontakt mit völlig vergessenen Dingen bringen würde, die der Vergangenheit angehören – die sogar schon völlig ausradiert sind (oder es waren oder so schienen), Dinge, mit denen man überhaupt nicht mehr in Berührung stand. Alle möglichen kleinen Umstände, die in der Sicht des neuen Bewußtseins, von ihrem wirklichen Platz her gesehen, aus dem ganzen Leben, dem menschlichen Leben im allgemeinen, ein so armseliges, gemeines und schäbiges Ganzes machen. Es ist eine helle Freude, das alles hinzugeben, auf daß es verwandelt und umgestaltet wird.

Jetzt ist dies sogar zur Bewegung des Zellbewußtseins geworden. Alle Schwächen, alle Reaktionen auf feindliche Suggestionen (ich meine all die winzigen Kleinigkeiten in den Zellen, in jeder Minute) – manchmal kommt das in solchen Wellen, daß der Körper unter dem Ansturm ohnmächtig zu werden meint. Und dann ... kommt dieses so warme, tiefe, weiche und mächtige Licht, das alles wieder in Ordnung bringt und den Weg zur Transformation ebnet.

Diese Phasen sind sehr schwierig für das Leben des Körpers. Man hat das Gefühl, als existiere nur noch eine Sache, die entscheidet: der höchste Wille. Es gibt keinerlei Unterstützung mehr – von der Unterstützung der Gewohnheit über die des Wissens bis zur Unterstützung des Willens, keine einzige, alle verschwunden. Es gibt nur noch den Höchsten.

(Schweigen)

Die Sehnsucht im Zellbewußtsein nach einer vollkommenen Aufrichtigkeit der Hingabe.

Und die erlebte Erfahrung – intensiv erlebt –, daß allein diese absolute Aufrichtigkeit der Hingabe die Existenz ermöglicht.

Die geringste Vortäuschung bedeutet eine Verbündung mit den Kräften des Zerfalls und des Todes.

Wie ein Lied der Zellen – die nicht einmal die Unaufrichtigkeit besitzen dürfen, sich dabei zu beobachten –, das Lied der Zellen: „Dein Wille, Herr, Dein Wille ...“

Die ungeheure Gewohnheit, vom Willen anderer abzuhängen, vom Bewußtsein anderer, von den Reaktionen anderer (von anderen und von allem), diese universelle Komödie, die alle mit allen spielen und die alles allem vorspielt, muß durch eine spontane, absolute Aufrichtigkeit der Hingabe ersetzt werden.

Offensichtlich ist diese Vollkommenheit der Aufrichtigkeit nur im materiellsten Teil des Bewußtseins möglich.

Nur dort kann man sein, existieren, handeln, ohne sich dabei zu beobachten, und dies mit einer absoluten Aufrichtigkeit.

*
* *

Wenig später

Dieses *Entretien* [vom 19. April 1951] interessiert mich enorm. Dies ist genau der Gegenstand der jetzigen Bemühung.

Sehr interessant ist die ständige Wechselwirkung zwischen der inneren und äußeren Arbeit, wie zum Beispiel die Vorbereitung dieses *Bulletins*[1]. Ich sehe sehr wohl, daß der ursprüngliche Anstoß immer von außen kommt (von „außen" im Hinblick auf diesen Körper), in dem Sinne, daß der Brennpunkt der Bemühung vom Gesundheitszustand der Menschen in meiner Umgebung abhängt, von einem gewissen Zusammenspiel der Umstände, wie auch von einer geistigen Arbeit (wie dieses *Bulletin*). Das sind die Ursachen. Denn dort *(Geste zur Stirn)* herrscht wirklich immer eine ruhige und schweigende Unbewegtheit. Also kommt alles nur von außen.

Der Körper wird immer bewußter: Er besitzt eine sehr scharfe Wahrnehmung der Schwingungen, die von den alten Gewohnheiten, den alten Seinsweisen und dem Widerstand herrühren, im Unterschied zu jenen der Gegenwart der Wahren Schwingung. Es ist also eine Frage der Dosierung und des Verhältnisses, und wenn die Menge, die Gesamtsumme der alten Schwingungen, Gewohnheiten und Reaktionen zu groß ist, so bewirkt dies eine Störung, die nur durch Unbewegtheit und Konzentration überwunden werden kann, wodurch man eine so klare und intensive Wahrnehmung von der Zerbrechlichkeit des Gleichgewichts und des Daseins gewinnt. Und dann dahinter: eine Pracht. Die Pracht des göttlichen Lichts, des göttlichen Willens, des göttlichen Bewußtseins, der ewigen Antriebskraft.

---

1 Satprem hatte Mutter dieses *Entretien* für das nächste *Bulletin* vorgelesen.

11. Juni 1966

*(Das Gespräch dreht sich zunächst um das Buch, an dem
Satprem schreibt und das Mutter nachts „diktiert", welcher Text
von Satprem aber schlecht empfangen wird.)*

Du, ich schreibe weiterhin! Es ist unglaublich! Das ist mir noch nie
passiert.

Phantastische Dinge ...

Geht es voran bei dir?

Nicht sonderlich, und schon gar nicht schnell.

Schreibst du chronologisch oder fängst du mit dem Schluß an?

*Nein, nein, ich schreibe immer chronologisch ... Es geht aber
nicht gut, und es kommt überhaupt nicht mühelos. Ich frage
mich, wo die Blockade liegt.*

Dies geschieht aus folgendem Grund: Wenn man zu schreiben
beginnt, begibt man sich in die mentale Atmosphäre, in eine menschliche mentale Atmosphäre. Der Übergang geschieht beinahe unmerklich, man ist so sehr daran gewöhnt, in einer menschlich mentalen
Atmosphäre zu denken, sich auszudrücken und zu fühlen ... eine
Atmosphäre, die, verglichen mit dem menschlichen Individuum,
immerhin sehr weit, komplex und geschmeidig ist (diejenigen, die
sich darin bewegen, haben bereits den Eindruck einer höheren Intelligenz und eines außergewöhnlichen Verständnisses usw.). Aber vom
Standpunkt der Wahrheit aus gesehen ist das derart künstlich und
KONVENTIONELL! Eine sehr dauerhafte Konvention, die je nach Zeiten
und Epochen leichten Veränderungen unterworfen ist, aber doch eine
Art Dauerhaftigkeit hat. Auf mich wirkt das wie ... *(Mutter macht eine
Kreisbewegung um ihren Kopf)* eine Kugel, in der man sich befindet, die
zwar hell ist, aber so künstlich.

Gerade heute morgen hatte ich eine ganze Reihe von Erfahrungen zum Thema Egoismus. Ich erinnere mich, wie jemand in meiner
Anwesenheit mit Sri Aurobindo sprach (vor vielen Jahren) und über
einen Dritten sagte: „Ach, der ist ein Egoist!" Sri Aurobindo lächelte
und antwortete: „Ein Egoist?" (ich übersetze natürlich) „Aber der
größte Egoist ist doch das Göttliche, denn Ihm gehört alles, und Er
sieht alles in Beziehung zu Sich selbst." Ich fand das ziemlich gewagt.
Und ausgerechnet heute morgen (es war übrigens nicht das erste Mal)
spürte ich plötzlich, wie falsch diese ganze Vorstellung von Egoismus
ist, diese ganze Mißbilligung des Selbstsüchtigen, und zugleich all

diese Nuancen von Nachsicht und Verständnis – diese ganze Welt ist so falsch, so starr und außerhalb der Wahrheit. Außerhalb der Wahrheit nicht in dem Sinne, daß das Gegenteil wahr wäre, das nicht. Diese „moralinhaltig-mentale" Vorstellung, die so selbstverständlich hingenommen wird, daß kein Mensch sie in Frage stellt – wie meilenweit von der Wahrheit entfernt das doch liegt.

Aber die Erfahrung von heute morgen war lichtvoll, weil ich in der Wahrheit LEBTE. Ich hatte die Erfahrung von beidem – der wahren und der konventionellen Atmosphäre. Eine Konvention, die nicht an Ort oder Zeit gebunden ist. Vielmehr sind es Konventionen, die vom menschlichen Bewußtsein GESCHAFFEN werden und je nach Bedarf fast unmerklich variieren und sich verändern, die aber doch eine wirkliche Konvention sind. Auf mich wirkte das wie eine Seifenblase – riesengroß, so groß wie die Erde selbst, sogar noch größer.

Zugleich hatte ich auch die Erfahrung (eine Erfahrung, die ich sehr oft habe), daß, wenn man im Licht lebt, das Verstehen vollkommen ist. Nichts, was sich widerspiegelt oder sich selbst sieht ... etwas, das IST, das existiert: ein lebendiges Licht. Sobald man es ausdrücken will, wird es zur Seifenblase und fällt ins Konventionelle zurück, auch wenn man gar nichts sagt oder es nur sich selbst sagt. Wenn man so verharrt *(Geste der Reglosigkeit, nach oben gewandt)*, dann ist es DAS. Sobald man es aber ausdrücken oder gar aufschreiben will, dann ist es so, als zöge es sich in die Seifenblase zurück und würde konventionell. Das geht so weit, daß es mir in diesen Tagen sehr schwer fällt, etwas zu schreiben, wenn ich aktiv bin, so belanglos, trocken und entstellt kommt mir das vor.

Nachts hingegen ... *(lachend)*, sozusagen als Reaktion, diktiere ich alle möglichen Sachen. Ich erinnere mich bloß nicht daran, was ich diktiere, es geschieht gänzlich woanders.

Ich fühle diese Künstlichkeit ständig.

Ja.

Ständig. Ich weiß nicht, ich warte, ich hoffe auf irgend etwas, das rein oder wahr ist. Aber ständig spüre ich diese Künstlichkeit.

Genau.

Vielleicht steht die Lösung vor der Tür. Das ist immer so. Wir werden ja sehen.

(Schweigen)

Wenn man da wieder heraustritt, ist das wunderbar. Es ist ... als tauchte man in eine grenzenlose Weite, eine lichte Weite, voll lebendigen Lichts. So lebendig, mächtig, aktiv! Einfach wunderbar. Und dann kommt einem alles andere so armselig vor, puh!

Ja.

Also ... *(lachend)* vielleicht stehen wir unmittelbar davor, auf die Lösung zu stoßen.

*
* *

(Etwas später geht es um die Frage, ob man den Text des letzten Gesprächs vom 8. Juni 1966 als Anhang zum fünfzehn Jahre älteren Entretien vom 19. April 1951 veröffentlichen soll. Satprem äußert seine Zweifel wegen der völligen Verschiedenheit der beiden Texte.)

Auf jeden Fall muß man das bringen *(das Gespräch vom 8. Juni),* das ist sehr wichtig. Und sehr nützlich. Das müssen die Leute wissen.

Ich hatte den Eindruck, als lägen Welten zwischen den beiden ...

Das macht nichts.

Gerade dadurch erhält man einen kleinen Einblick in den Yoga – den materiellen Yoga. Das, was er eigentlich bedeutet.

Verstehst du, das Endergebnis ist so wunderbar, daß alles, was die Leute bis dahin kannten, selbst jene, die völlig einzigartige und außergewöhnliche Erfahrungen gemacht haben, im Vergleich dazu verblaßt.

Und der Körper beginnt, dies wahrzunehmen; dadurch fängt er auch an zu spüren, daß, wie hart er auch immer auf die Probe gestellt wird (was man auf englisch *ordeal* nennt), der Preis für die Sache nicht zu hoch ist.

Er ist bereit. Er ist bereit, alles zu ertragen, um DAS zu erlangen ... etwas, das jegliches Verständnis übersteigt. Es gibt eine Fülle an Erfahrungen, die nirgends sonst gelebt werden können außer hier *(im Körper).* Das ist etwas, das über einen kommt *(massive Geste, die das ganze Wesen ergreift).* Wie ich schon sagte, eine Absolutheit an Aufrichtigkeit. Man IST einfach.

Natürlich haben wir noch einen langen Weg zu gehen, und der Weg ... Ich weiß nicht ... gewisse Leute können sich vielleicht unterwegs mit

Blumen schmücken, aber ... auf jeden Fall scheint mir das nicht der direkteste Weg zu sein!

15. Juni 1966

Mental herrscht Flaute.

Auch ich habe den Eindruck, mental in einem schlaffen Zustand zu sein. Ich habe den Eindruck einer völligen Stumpfheit.

Was willst du noch mehr?!

Ja, aber so kann ich nicht schreiben!

Hör mal zu, Sri Aurobindo schrieb den ganzen *Arya* während ich weiß nicht welcher Zeit, fünf Jahre glaube ich, ohne einen einzigen Gedanken im Kopf.

Ich „denke" ja nicht. Aber ich habe Gedanken der physischen, materiellen Welt – das materielle Mental, das schon.

Aha. Dieses ist also in Bewegung?

Ja, aber alles andere funktioniert nicht mehr. Eine Art Stumpfheit. Ich würde mich nicht darüber beklagen, wenn ich nicht schreiben müßte.

Für mich trifft das Gegenteil zu. Hier [materiell] ist alles wie betäubt – nein, nicht betäubt, sondern ... ich bin wie in etwas, das die Menschen Traum nennen. Aber es ist kein Traum, eher eine innere Wahrnehmung, aber ohne Gedanken, im Bereich ... wo?... Ja, der Wahrnehmung, des Bewußtseins, aber eines Bewußtseins, das sich nicht intellektuell äußert. Eine Art Rhythmus *(Mutter bezeichnet die Bewegung eines sehr weichen und harmonischen Pendels)*, etwas Materielles. Was früher immer rotierte und sich endlos wiederholte (unerträglich) – ach, das ist jetzt so angenehm, so überaus angenehm! Dort *(Geste über dem Kopf)* existiert DAS, und es wird ungeheuerlich, weißt du, vom Standpunkt der Handlung, der Wahrnehmung aus gesehen.

Bei mir ist es nicht gerade Stumpfsinn, aber ...

Du hast dich wohl in der Tür geirrt.

In der Tür geirrt?

Ja *(lachend).* Du hast die falsche Tür geöffnet.

Vielleicht ist das, was du schreiben willst, sehr menschlich? Ich meine, ganz auf das menschliche Bewußtsein bezogen: menschliche Reaktionen, menschliche Wahrnehmungen, denn dort ... All das kommt mir so unnütz vor, so vergeblich, uninteressant und absurd, und in neunundneunzig von hundert Fällen lügenhaft und falsch. Also bin ich vielleicht dafür verantwortlich! Mir kommt es abstoßend vor, jetzt wo es diese Art Sanftheit gibt ... diese Süße ... nichts Einschläferndes, es hat nichts mit Trägheit zu tun, eine Art ... *(dieselbe Geste des Pendels),* als ließe man sich von einer Strömung tragen, aber von einer Strömung aus Licht. Seit dies existiert, kommen mir alle menschlichen Geschichten, alle ihre Geschichten aus allen Bereichen, von der Politik bis hin zum künstlerischen Schaffen, ach, so schrecklich inhaltslos vor – und so lächerlich aufgeregt.

Meine Idee (falls ich überhaupt eine Idee habe) und das, was mich weiterschreiben läßt, ist die, daß ich alles, was ich auf intellektuelle Weise gesagt habe, was sich an das intellektuelle Bewußtsein der Menschen wendet, gern auf eine tiefgründigere Weise sagen würde, die einen Rhythmus besitzt (man nennt dies Poesie, aber ich verstehe nichts von „Poesie"). Ich wünsche mir nur, einen inneren Rhythmus zum Ausdruck zu bringen, eine andere, tiefere Wesensschicht als die rein intellektuelle zu berühren. Das Abenteuer des Bewußtseins wendet sich an das intellektuelle Bewußtsein der Menschen, damit sie verstehen. Aber eigentlich würde ich gern etwas anderes berühren. Dasselbe mit einem inneren Rhythmus sagen ... Bilder.

Vielleicht ist das der Grund, vielleicht bin ich auch dafür verantwortlich?

Auf jeden Fall stehe ich außerhalb, ich bin nicht da.

Du bist nicht dort, ja, aber das ist so, weil du bei mir bist! *(Mutter lacht)*

18. Juni 1966

Warum haben die Menschen bloß etwas so Starres wie die Sprachen erschaffen? ... Sie sind absichtlich so eng und begrenzt. Und ich glaube, gerade dies hat die Möglichkeit der Intuition im Menschen aufgelöst, denn ...

Er wird gezwungen, so eng zu werden, um sich verständlich zu machen. Man hat den Eindruck, man könnte einem Genie gegenübersitzen und hätte immer noch keine Möglichkeit, miteinander zu kommunizieren, außer so *(Geste oberhalb des Kopfes, eine Kommunikation über die höheren Ebenen)*.

Man fragt sich jetzt, wie man mit anderen Sonnensystemen kommunizieren könnte ... Aber selbst unsere Art zu denken basiert auf unserer Form, wir zählen eins, zwei, drei, vier, fünf mit unseren Fingern, dann sagen wir: eins, zwei, drei, vier, fünf. Andere wieder gebrauchen andere Wörter, doch wenn man fünf Dinge hinstellt, verstehen sie. Aber können Delphine zum Beispiel zählen? Sie haben keine Hände, keine Füße – *(lachend)* sie haben nur eins-zwei-drei-vier-fünf Delphine!

Das wäre interessant zu wissen.

Und nichts gestattet uns die Annahme, daß auf anderen Systemen, Milliarden von Lichtjahren von uns entfernt, dieselbe oder eine analoge Form herrscht wie bei uns. Es könnten Kugeln sein, es kann alles mögliche sein.

Es gibt nur eins, EINE Schwingung, die wirklich universell zu sein scheint, und zwar die Schwingung der Liebe. Ich meine damit nicht ihre Manifestation, nein, ganz und gar nicht! Sondern dieses Etwas, das die reine Liebe ist. Das scheint mir universell zu sein.

Aber sobald man dies ausdrücken will, ist es vorbei.

Ob die Schwingungen der dortigen Wesen wohl den unseren gleichen?

Ich weiß nicht ... Ich weiß es nicht.

Warum sollte sich der Herr wiederholen?

Verschiedene Formen, natürlich – aber die Schwingungen?

Ich sage dir doch, es gibt nur diese eine Schwingung, die wesentlich und ursprünglich genug zu sein scheint, um wirklich universell zu sein.

Diese Schwingung der Notwendigkeit, sich zu vereinigen, und gleichzeitig die Freude daran.

Und im Kern besteht eine Identität der Schwingung – das WIEDERER-KENNEN der Identität der Schwingung.

25. Juni 1966

Heute morgen gegen fünf Uhr bist du gekommen und hast mir alle möglichen Dinge erzählt.

Ach ja?

Hast du geschlafen?

Wahrscheinlich.

Ich war jedenfalls wach, ich machte meine Gänge – meine Japa-Gänge. Da kamst du und sprachst mit mir. Du fragtest mich sogar *(lachend)*: „Hast du heute nacht Sri Aurobindo gesehen?" Ich erzählte dir dann allerlei, aber ich sagte auch: „So werde ich dir heute morgen nichts mehr zu erzählen haben!" Und jetzt erzähle ich dir all dies. Nichts Sensationelles letzte Nacht. Es war eine Nacht tiefer Ruhe. Mehr kann ich dir also nicht berichten. Aber es war amüsant, und ich sagte: „Aha, du bist also bewußt, du kommst, um dich mit mir zu unterhalten." Dabei warst du gar nicht bewußt. Das heißt für mich, daß dies [das äußere Wesen Satprems] nicht bewußt war, das andere aber sehr wohl: du kamst, um dich mit mir zu unterhalten.

Ich bin überhaupt nicht bewußt.

Merkwürdig.

Manchmal gibt es, je nach den Handlungen und dem Leben, das man geführt hat, Zwischenbereiche *(Mutter deutet einen schmalen Streifen an)*, die unentwickelt geblieben sind und so etwas wie ein Polster bilden: das Bewußtsein dringt nicht durch. Ich hatte auch so eines; aber sobald ich Théon traf, erklärte er mir das. Er sagte: „Dein … *(Mutter sucht nach Worten)* nervöser Zwischenbereich (glaube ich), zwischen dem Vital und dem Physischen, ist nicht entwickelt." Ein Polster also, und das Bewußtsein dringt nicht durch. So arbeitete ich sechs bis zehn Monate beharrlich daran, es zu entwickeln – keinerlei Ergebnis. Dann verreiste ich (vielleicht habe ich dir das schon erzählt), ich ging aufs Land. Eines Tages legte ich mich ins Gras, und plötzlich, paff! kam es von überall her, das Bewußtsein war erwacht. Und es war wirklich blockiert gewesen: eine Unmenge Dinge hatte ich deswegen nie empfangen. Aber es bedeutete harte Arbeit.

Was könnte ich also tun?

Damals hätte ich dir in allen Einzelheiten antworten können; heute weiß ich es nicht mehr so genau. Aber das beste ist eine kleine Konzentration vor dem Schlafengehen mit der Absicht, bewußt zu bleiben. Allein das. Eine Art Aspiration, bewußt zu bleiben.

Aber ich gehe nie einfach nur so schlafen, ich schlafe immer erst nach einer Meditation ein.

Ja, deshalb besuchst du mich ja auch, und deshalb sehe ich dich. Aber es fehlt noch ein kleines Verbindungsstück.

Damals, als ich voll im Okkultismus war, hätte ich dir genaue Details geben können, doch heute erinnere ich mich nicht mehr daran. Dies aber weiß ich noch (etwas, das ich behalten habe): Aspiration. Eine Sehnsucht danach ... Du weißt, wenn man um eine bestimmte Uhrzeit aufwachen will und sich sagt: „Ich will um soundsoviel Uhr aufwachen", dann klappt das sehr gut; nun, es ist dasselbe Prinzip. Anstatt sich eine bestimmte Uhrzeit zu setzen, beschließt man, daß man sich erinnert, daß man bewußt bleibt und sich an das erinnert, was passiert. Das kann durchaus funktionieren. Und dann, wie ich immer sage, nicht abrupt aufwachen, d.h. nicht aus dem Bett springen, sondern eine Zeitlang ganz still liegenbleiben. Mir passiert das heute noch: wenn ich aufwache und abrupt aufstehe, dauert es einen Augenblick, bis ich in meine Konzentration zurückfinde und die Erinnerung kommt.

Diese beiden Dinge genügen, mehr braucht es nicht.

*
* *

(Etwas später geht es um eine europäische Schülerin, die gern im „Kunsthandwerksbetrieb" des Ashrams mithelfen möchte. Wir haben dieses Gesprächsfragment belassen, weil es, obwohl sehr prosaisch, einen guten Einblick in manche Dinge gibt.)

Diese „Cottage Industry" stellt keine sehr schönen Sachen her ... Sie würde also gern wissen, ob du möchtest, daß sie dort arbeitet, oder ob sie lieber etwas Unabhängiges unternehmen soll. Ich habe den Eindruck, sie hat ein kunsthandwerkliches Talent, das genutzt werden sollte.

Pavitra las mir ihren Brief vor. Ich sagte ihm spontan: „Ach, diese Frau ist mir zu perfekt." Verstehst du: „Ich mache das und das so gut, ich bin perfekt in diesem und jenem ..." Seitenlang ging das so, mein Kind! Und so sagte ich schließlich: „Sie ist mir zu perfekt."
Wahrscheinlich ist sie tüchtig.

Ja, und diese „Cottage Industry" hat viele Mittel, die nicht voll genutzt werden ...

Ich mische mich da nie ein ... seit langer Zeit nimmt das seinen Gang, und sie produzieren diese schrecklichen Sachen ...

Ja.

Ich habe nie etwas gesagt, weil ... wir sprechen nicht dieselbe Sprache. Aber vielleicht würde sich G [der Leiter des Betriebs] freuen, sie zu haben?

Es bräuchte nur deine Einwilligung. Wie soll man es G beibringen? Es bräuchte ein Wort von dir oder ...

O nein, ich kann nichts sagen. G muß selbst darum bitten. Sie müßte G ihre Hilfsbereitschaft bekunden, und er müßte ihr Angebot spontan annehmen; sonst funktioniert das nicht, mein Kind. Man würde mir nur mit einem höflichen Brief antworten.

Merkwürdig!

Nein, nein, das ist so. Die Menschheit ist so.
Wenn sie hingeht und ihr Interesse und eine kräftige Portion guten Willen bekundet, mag dies angehen. Sollte G mich fragen, ob ich einverstanden bin, werde ich natürlich ja sagen – aber es muß von ihm kommen. *(Mutter lacht)*

Sie könnte da etwas frische Luft hineinbringen ...

An ihrem Haus waren Reparaturen zu machen – aber sie wollte den Arbeitern unbedingt zeigen, wie es getan werden muß. Die Arbeiter zogen es vor, woanders zu arbeiten.
Alle haben das, alle: diese Arroganz der Europäer, ach!... Denn die Europäer haben eine gewisse Übung im Umgang mit der Materie und beherrschen sie in gewisser Weise. Das trifft zu. Sie sind zum Beispiel viel ordentlicher (ich meine natürlich im allgemeinen, es gibt immer Ausnahmen), sie haben eine gewisse Meisterschaft über die Materie,

die man hier nicht findet, und damit wähnen sie sich so überlegen, daß es widerlich ist.

Bei allen, die hierher kommen, ist das so, und ich gestehe, daß mich das ... Ich lasse sie jahrelang reden, bis ihnen schlagartig aufgeht, daß sie bei all ihrer Überlegenheit doch unterlegen sind. Dann – dann hat man eine Verständigungsgrundlage.

Siehst du?

Das ist wahr.

*
* *

Dann geht Mutter zur Übersetzung von Savitri über

Ich lasse mich immer vom Klang führen ...

Weißt du, daß Sunil Musik zu *Savitri* komponiert hat und sie mir Anfang Juli vorspielen wird? Ich glaube nicht, daß er Publikum dabeihaben will, es ist rein privat, denn es soll erst 1968 aufgeführt werden – im Februar 1968. Er wird mir nur ein kleines Stück vorspielen, um zu sehen, ob das so geht. Aber ich dachte, das würde dich interessieren. Ich werde meine Fenster weit offenlassen.

Ich mag seine Musik sehr.

O ja. Nicht nur einmal – sehr oft, wenn ich seine Musik höre, öffnet sich eine Tür in die Region der universellen Harmonie, in den Bereich, wo man den Ursprung der Klänge hört, und mit außerordentlich viel Gefühl und Intensität. Etwas, das einen aus sich selbst herausholt *(Mutter macht eine Geste abrupten Losreißens).* Es ist das erste Mal, daß mir so etwas beim Anhören von Musik passiert – sonst erlebe ich das nur, wenn ich ganz allein bin. Die meiste Musik ist der Erde viel näher, aber diese ist etwas sehr Hohes und Universelles, von enormer Kraft: eine Schöpferkraft. Wie gesagt, seine Musik öffnet das Tor.

Einige Leute haben inzwischen seine Musik gehört, und in Rußland, Frankreich und den Vereinigten Staaten haben sie alle gleichzeitig um Erlaubnis gebeten, sie zu vervielfältigen und zu verbreiten. Sonderbar, sie kennen einander nicht, haben aber alle denselben Eindruck gewonnen: das ist Musik von morgen. Ich habe jenen, die gefragt haben, geantwortet: „Ein bißchen Geduld, in zwei Jahren werden wir euch ein musikalisches Monument geben." Es ist viel besser, mit einem Meisterwerk anzufangen, weil das unmittelbar den Rang absteckt; sonst könnte man denken, es seien einfach kleine Inspirationen – das nicht: etwas, das einem einen Schlag versetzt und einen dazu bringt, sich zu verneigen.

140

Ich rezitiere die Verse (auf englisch, natürlich), und er komponiert die Musik dazu. Wahrscheinlich sind die Worte mit der Musik vermischt, wie er das immer macht. Meine Rezitation besteht einfach aus einer möglichst klaren Aussprache mit dem vollen Verständnis dessen, was gesagt wird, OHNE JEDE INTONATION. Ich glaube, das ist mir gelungen, denn mit einer Woche Abstand (ich lese nicht jeden Tag) ist das Timbre der Stimme immer gleichbleibend.

Alle Musik, die ich früher gern zu hören pflegte, erscheint mir heute blaß.

Nicht wahr? Sie kommt einem nichtssagend vor.

Ja, flach.

Künstlich und ganz flach. Alle Stücke, die ich einmal wunderbar fand – aus, vorbei.

29. Juni 1966

Heute morgen erhielt ich den Brief eines kleinen Mädchens, das mich fragt: „Was ist Bewußtsein? Ich habe meine Lehrer gefragt; sie haben geantwortet, das sei sehr schwer zu erklären!" *(Mutter lacht)* Nun fragt sie mich. Und seit sie mich das gefragt hat, schaue ich. Wie kann man es ausdrücken?
Weißt du vielleicht, wie man das erklären kann? Denn man gebraucht Worte, die gar nichts aussagen.

Spontan würde ich sagen: Es ist das Feuer oder der Atem, der die ganze Welt trägt. Es ist das Feuer, das alles lebendig macht: das die Lunge arbeiten, das Meer anschwellen läßt ...

Nicht schlecht!

Was würdest du sagen?

Ich habe folgendes gefunden: Es ist die Ursache der Existenz – Ursache und Wirkung zugleich. Aber das ist es noch nicht.
Deine Erklärung ist poetischer, literarischer, aber ich bin trotzdem nicht sicher, ob es das ist.

141

Es ist die Substanz der Welt, das, was die Welt ausmacht.

Ja. Wenn man sagen würde: „Ohne Bewußtsein keine Welt", so ist das viel wahrer, aber das erklärt es nicht. Das war meine erste Reaktion: ohne Bewußtsein keine Welt und keine Existenz.

Es ist der Atem, die Kraft oder das Feuer, welche die Welt tragen – die sie sein lassen.

Nicht schlecht. Das müssen wir aufschreiben!

Aber nein! Du mußt es finden.

Ich muß diesem Kind antworten.

Sonst bleibt man in Abstraktionen stecken.

Ja, und mit diesen Abstraktionen gebraucht man Worte, die etwas anderes bedeuten, das ist alles.

Aber wie nimmst du das Bewußtsein wahr?

Ohne Bewußtsein kann man überhaupt nicht empfinden. Das Bewußtsein ist tatsächlich die Basis aller Dinge.

(Mutter betrachtet den Brief des Kindes und reicht ihn Satprem)

Liebe Mutter,
Ich würde gern wissen: „Was ist Bewußtsein?" Ich fragte einen Lehrer. Man hat mir geantwortet: „Das ist sehr schwer zu erklären."
Ich möchte deinen Segen, damit ich meine Prüfungen gut bestehe.
Nimm meine *Pranams*[1] entgegen.

Dein kleines Mädchen

Ohne Bewußtsein kein Dasein, das ist vollkommen wahr, doch das erklärt nicht, was Bewußtsein ist. Aber deine Erklärung ist jedenfalls ziemlich poetisch.
In der indischen Philosophie kommt die Existenz vor dem Bewußtsein. Sie sagen: Sat-Chit-Ananda[2]. Wenn wir also sagen: Chit-Sat-Ananda ... stimmt das nicht.

---

1 *Pranam*: Gruß
2 Sat-Chit-Ananda: Sein-Bewußtsein-Glückseligkeit

*Ja, das stimmt nicht. Die Rishis sagten immer, das Feuer, „Agni",
sei die fundamentale Substanz.*

Aber ist das Feuer Bewußtsein?

*Ja, es wird zu Bewußtsein – es ist Bewußtsein. Es ist die
Bewußtseins-Kraft. Die Rishis sagten: „Selbst im Stein ist es da,
selbst in den Wassern ist es da."*

Aber als ich diese Erfahrung von den Pulsationen der Liebe hatte,
die die Welt erschufen, war die Pulsation zuerst da, und erst danach
das Bewußtsein – das Bewußtsein der Pulsation.

Das heißt, man könnte es so definieren: Als das … das … (ich weiß
nie, welches Wort ich gebrauchen soll!) sich Seiner Selbst bewußt
wurde, erschuf es die Welt.

*In den Upanischaden heißt es, das Tapas[1] habe die Welt erschaf-
fen.*

Ja, Tapas, das ist die Macht.

Es ist auch das Feuer.

Nein, Tapas ist die Macht.

Chit-Tapas ist Hitze.

Man sagt: Sat, Chit-Tapas, Ananda. Sie bringen Chit-Tapas zusammen. Und zwar zuerst Chit, dann Tapas. Das ist die schöpferische
Kraft des Bewußtseins.

*Aber Sri Aurobindo sagt immer: „Bewußtseins-Kraft", untrenn-
bar. Man kann das eine nicht vom anderen trennen. Es gibt kein
Bewußtsein ohne Kraft, und es gibt keine Kraft ohne Bewußtsein – Bewußtseins-Kraft. Das ist die Welt!*

Auf jeden Fall ist dies sehr unphilosophisch. Es so auszudrücken,
ist sehr kindlich, und doch ist es viel wahrer als die metaphysischen
Phrasen: Als der Herr sich Seiner Selbst bewußt wurde, erschuf das
die Welt.

Schreiben wir also deine Definition für die Kleine auf.

*Nein, zuerst deine Definition, das ist das erste Stadium! Und
dann das zweite Stadium: das menschliche.*

(Mutter lacht und schreibt:)

---

1 *Tapas*: Energie oder Hitze, oder auch: Konzentration der Macht des Bewußtseins

„Als der Herr sich Seiner Selbst bewußt wurde, erschuf das die Welt."

Und jetzt das zweite. Du bist an der Reihe!

Nein, es liegt an dir.

Nein, nein! Laß es mich hören.

Ich weiß nicht ... Das Bewußtsein ist der Atem oder das Feuer, das alles trägt.

Aber wenn ich „Feuer" sage, werden sie sofort sagen: „Aha! Bewußtsein ist also Feuer!"

Der Atem, der alles trägt, der alles atmen läßt?

(Mutter schreibt:)

„Bewußtsein ist der Atem, der das Leben von allem ist."

Nein ...

„der alles zum Leben erweckt."

Verstehst du, das wird von Klasse zu Klasse gehen, durch die ganze Schule. *(Lachend)* Ich weiß schon, was passieren wird.

„Bewußtsein ist der Atem, der alles zum Leben erweckt."

So!
Sie hat Glück, die Kleine.
Kinder sind amüsant!

*
* *

(Wenig später betrachtet Mutter einen Stapel englischer Texte, die ins Französische übersetzt werden müssen)

Es wäre viel leichter, wenn diese Sachen in großen Buchstaben geschrieben wären ... Das mit meinen Augen ist schade ... Ich verliere viel Zeit dadurch. Ich bin gezwungen nachzufragen oder muß eine Lupe nehmen. Was ich früher in drei Minuten erledigen konnte, dazu brauche ich heute eine halbe Stunde. Aber um meine Sicht wiederzugewinnen (das wäre möglich, es ist nichts beschädigt, nur abgenutzt), müßte ich viel Zeit darauf verwenden: Übungen, Konzentrationen ... Ich habe nicht die Zeit dazu.

Aber wie prompt das Bewußtsein doch war, als ich noch sehen konnte!... Mit den Augen der anderen finde ich nichts. Es war so praktisch.

Nun ...

Man muß Geduld haben. Es nützt nichts zu jammern. Entweder ich unternehme etwas, oder ich kümmere mich nicht darum. Und ich habe keine Zeit, etwas zu unternehmen, also warte ich darauf, daß mir das Sehen wiedergegeben wird.

Juli

6. Juli 1966

(Aphorismen)

118 – Die Liebe zur Einsamkeit ist ein Zeichen für einen Hang zur Erkenntnis; doch man dringt nur zur Erkenntnis durch, wenn man die Einsamkeit unveränderlich, unwandelbar und überall wahrnimmt, in der Menschenmenge, in der Schlacht und auf dem Marktplatz.

119 – Wenn du wahrnehmen kannst, daß nicht DU etwas tust, selbst wenn du große Dinge vollbringst und ungeheure Ergebnisse erzielst, so wisse, daß Gott sein Siegel von deinen Augenlidern genommen hat.

120 – Wenn du wahrnehmen kannst, daß du Revolutionen auslöst, selbst wenn du allein, reglos und ohne Worte auf dem Berggipfel sitzt, so hast du die göttliche Schau und bist frei von den äußeren Erscheinungen.

121 – Die Liebe zur Tatenlosigkeit ist Torheit – die Verachtung von Tatenlosigkeit ist Torheit: es gibt keine Tatenlosigkeit. Der träge Stein auf dem Sand, den du gedankenverloren mit dem Fuß fortstößt, hat sich auf den ganzen Erdball ausgewirkt.

Interessant! Das ist genau die Erfahrung, die ich in diesen Tagen hatte – gestern und vorgestern. Die Empfindung einer unwiderstehlichen Macht, die alles beherrscht: die Welt, die Dinge, die Menschen, alles, alles – ohne daß man sich materiell rühren müßte. Und daß diese materielle Überaktivität nur wie der Schaum ist, der sich auf dem Wasser bildet, wenn es sehr schnell fließt – der Schaum auf der Oberfläche; doch darunter fließt die Kraft wie eine mächtige Strömung.

Mehr gibt es dazu nicht zu sagen.

Man kehrt immer wieder zu diesem Punkt zurück: Wissen ist gut; reden ist gut; tun ist gut; doch SEIN – das ist das einzige, das Macht hat.

(Schweigen)

Diese Erfahrung kam im Zusammenhang mit Auroville. Verstehst du, die Leute fangen an, unruhig zu werden, weil es nicht „schnell geht". Da hatte ich diese Vision von der göttlichen Formation, der göttlichen Schöpfung darunter: allmächtig, unwiderstehlich, ohne Rücksicht auf den ganzen äußeren Tumult.

9. Juli 1966

V stellte mir eine Frage im Hinblick auf die Amerikaner und Vietnam; ich antwortete ihm folgendes *(Mutter sieht sehr vergnügt aus und reicht Satprem den Text ihrer Antwort):*

Frage

Sind die Anwesenheit und die Intervention der Amerikaner in Vietnam gerechtfertigt?

Mutters Antwort

Von welchem Standpunkt aus stellst du diese Frage?
Wenn es aus politischer Sicht geschieht – Politik ist eine grobe Falschheit, und ich befasse mich nicht damit.
Wenn es aus moralischer Sicht geschieht – Moral ist der Schild, den die gewöhnlichen Menschen hochhalten, um sich vor der Wahrheit zu schützen.
Wenn es aus spiritueller Sicht geschieht – einzig der Göttliche Wille ist gerechtfertigt, und eben Ihn verdrehen und verzerren die Menschen in all ihren Handlungen.

*
* *

Etwas später

Ich hätte eine Frage zum letzten „Aphorismus" ... Am Anfang sagtest du, trotz dieser unnützen Überaktivität der Menschen fließe darunter die große Strömung der unwiderstehlichen Macht, die trotz allem, trotz der Menschen die Dinge TUT ...

Und deine Frage?

Um sich auszudrücken, ist diese große Strömung der Macht doch auf Instrumente angewiesen?

Auf ein Gehirn.

Aber nicht nur auf ein Gehirn. Diese Macht kann sich wie in der Vergangenheit mental oder übermental ausdrücken; sie kann sich vital durch die Kraft ausdrücken; sie kann sich durch die Muskeln ausdrücken. Aber wie kann sie sich (da du so oft von der „materiellen Macht" sprichst) physisch ausdrücken, rein und direkt? Welcher Unterschied besteht zwischen der Handlung oben und der wahren Handlung hier?

Jedesmal, wenn ich mir dieser Macht bewußt wurde, war die Erfahrung ähnlich. Der Wille von oben drückt sich durch eine Schwingung aus, die sicherlich den Aspekt einer vitalen Macht annimmt, aber im Subtilphysischen wirkt. Man hat die Wahrnehmung einer gewissen Schwingungsqualität, die schwer zu beschreiben ist, die aber den Eindruck von etwas Geballtem (nicht Zerstückeltem) verleiht, etwas, das dichter als die Luft scheint und extrem homogen ist, golden lichthaft, mit einer UNGEHEUREN Antriebskraft, und das einen bestimmten Willen zum Ausdruck bringt (ganz anders als ein menschlicher Wille, es gleicht eher der Schau als dem Denken: wie eine Sicht, die sich aufdrängt, um realisiert zu werden), in einem der materiellen Materie sehr nahen, aber nur für die innere Schau sichtbaren Bereich. Und DAS, diese Schwingung, übt einen Druck auf die Menschen, Dinge und Umstände aus, um sie ihrer Vision gemäß zu gestalten. Unwiderstehlich. Selbst diejenigen Menschen, die das Gegenteil glauben und das Gegenteil wollen, tun unweigerlich das Gewollte, ohne es zu wollen; selbst die Dinge, die ihrer Natur nach widerstrebend sind, werden umgedreht.

Für die nationalen Ereignisse, die Beziehungen unter den Nationen, die globalen Umstände, wirkt das dauernd, unablässig, wie eine UNGEHEURE Macht. Und wenn man selbst in Einheit mit dem Göttlichen Willen ist, ohne Einmischung des Denkens und aller Konzeptionen und Vorstellungen, dann folgt man. Man sieht, und man weiß.

Der Widerstand der Trägheit im Bewußtsein der Menschen und in der Materie bewirkt, daß diese Aktion, anstatt direkt und vollkommen harmonisch zu sein, konfus und voller Widersprüche, Schocks und Konflikte wird. Statt daß sich alles sozusagen „normal" ordnet, fließend (wie es sein sollte), führt diese ganze Trägheit, die Widerstand leistet und aufbegehrt, dazu, daß die Dinge in einer verwickelten Bewegung miteinander kollidieren, und so entstehen die Unordnung und die Zerstörungen, die nur durch den Widerstand notwendig werden und NICHT UNERLÄSSLICH wären, die nicht hätten sein müssen – oder vielmehr, die nicht hätten sein dürfen. Denn dieser Wille, diese Macht ist eine Macht von vollkommener Harmonie, in der jedes Ding seinen Platz hat, und sie organisiert alles wunderbar. Das kommt wie eine absolut lichthafte und vollkommene Organisation, die man sehen kann, wenn man die Schau hat. Aber wenn DAS herabkommt und auf die Materie drückt, dann beginnt alles zu brodeln und Widerstand zu leisten. Diese Unordnung, Verwirrung und Zerstörung dann dem göttlichen Handeln, der göttlichen Macht zuschreiben zu wollen, ist eine weitere menschliche Dummheit. Nur die Trägheit (ganz zu schweigen von der Böswilligkeit) ERZEUGT die Katastrophe. Nicht, daß die Katastrophe gewollt wäre, sie war nicht einmal vorgesehen, nein, sie wird durch den Widerstand ERZEUGT.

Dazu kommt noch die Vision vom Wirken der Gnade, die eingreift und die Schäden überall da, wo es möglich ist, abschwächt, das heißt, überall da, wo sie angenommen wird. Und das erklärt, daß die Aspiration, der Glaube, das totale Vertrauen des irdischen, menschlichen Elements eine Macht der Harmonisierung haben, weil sie der Gnade erlauben, einzugreifen und die Konsequenzen des blinden Widerstands ungeschehen zu machen.

Das ist eine ganz klare Vision, deutlich bis in alle Einzelheiten.

Wenn man wollte, könnte man Prophezeiungen abgeben und sagen, was man sieht. Doch da ist eine Art übergeordnetes Mitgefühl, das diese Prophezeiungen verhindert, weil das Wort der Wahrheit eine Macht zur Manifestation hat, und die Folgen des Widerstands auszudrücken, würde diesen Zustand konkreter werden lassen und das Wirken der Gnade schmälern. Deshalb kann man nichts sagen, selbst wenn man sieht, ja, man DARF NICHTS sagen.

Ganz gewiß wollte Sri Aurobindo sagen, daß genau diese Macht oder Kraft alles tut – alles. Wenn man sie sieht und eins mit ihr ist, weiß man zugleich, und man weiß, daß Das wirklich das einzige ist, was handelt oder erschafft, alles andere ist das Ergebnis des Bereichs oder der Welt oder der Materie oder der Substanz, in der Das wirkt – das Ergebnis des Widerstands, doch es ist nicht das Wirken selbst. Und sich mit Dem zu vereinigen, bedeutet, sich mit dem Wirken zu vereinigen. Sich mit dem zu vereinigen, was unten ist, bedeutet, sich dem Widerstand anzuschließen.

Und dann zappeln sie und regen sich und machen und tun und wollen und denken und machen Pläne ... und stellen sich vor, daß sie etwas tun – dabei leisten sie nur Widerstand.

Später (ein bißchen später) werde ich Beispiele für ganz kleine Dinge geben können, die aufzeigen, wie die Kraft wirkt und was sich dazwischenstellt und damit vermischt, oder was von dieser Kraft angetrieben wird, ihre Bewegung jedoch verzerrt, sowie das Resultat, das heißt die physische Erscheinung, wie wir sie sehen. Selbst ein Beispiel für eine winzige, für die Welt absolut unwichtige Sache gibt einen klaren Hinweis von der Art, wie alles hier geschieht und entstellt wird.

Das gilt für alles, alles, und die ganze Zeit über. So ist das. Und wenn man dann den Yoga der Zellen macht, merkt man, daß es dasselbe ist: einerseits die Kraft, die wirkt, und dann ... *(Mutter lacht)* was der Körper aus diesem Wirken macht.

(Schweigen)

Sofort kommt das Warum und das Wie. Aber das entstammt dem Bereich der mentalen Neugier, denn die wichtige Tatsache ist, den Widerstand aufzuheben, damit das Universum zu dem wird, was es sein soll: der Ausdruck einer harmonischen, leuchtenden, wunderbaren Macht von unvergleichlicher Schönheit. Hinterher, wenn der Widerstand aufgehört hat und man aus Neugier wissen will, warum er da war ... wird dies keinerlei Bedeutung mehr haben. Aber jetzt kann man das Heilmittel nicht durch die Suche nach dem Warum finden, sondern nur dadurch, daß man die wahre Position einnimmt. Das ist das einzige, was zählt.

Der Widerstand löst sich auf durch die totale Überantwortung, die totale Selbsthingabe, in allen Zellen, wenn man das kann.

Die Zellen beginnen diese mächtige Freude zu empfinden, nur noch durch den Herrn zu sein, für den Herrn, im Herrn ...

Wenn sich das überall durchgesetzt hat, dann wird es gut sein.

23. Juli 1966

... Wir erhalten weiterhin eine Menge Briefe von Leuten wegen des Artikels in der Zeitschrift *Planète*, oder von solchen, die dein Buch gelesen haben. Und viele von ihnen möchten kommen. Das ist ernster!... Aber auf jeden Fall schicken wir ihnen Informationsmaterial. Meistens sagen wir ihnen, daß sie sich vorbereiten müssen. Und viele schicke ich nach Auroville: vielleicht ist das die eigentliche Raison d'être von Auroville.

27. Juli 1966

Heute hat Jyotin, der Gärtner, Geburtstag. Schau, was er mir gebracht hat!... *(Mutter reicht Satprem eine doppelte rosafarbene Lotosblüte).* Wunderschön.

Der Tag, an dem der Mensch so sein wird ...

Genau! Genau dies dachte ich mir auch. Wenn man das sieht, fühlt man unsere Unzulänglichkeit. *(Mutter betrachtet weiter die Blume)* Wunderschön, nicht wahr?

Der Mensch ist wahrhaftig kein *improvement* [keine Verbesserung] ... voller Elend, Häßlichkeiten, während das hier so offenkundig und spontan ist.

Ja, in den letzten Tagen wurde das Bewußtsein heftig bedrängt. Alles Gemeine, Schäbige, Häßliche, ach, so Armselige und Ohnmächtige, all das ... eine solche Lawine!... Dieser arme Körper weinte über seine Unfähigkeit, irgend etwas Höheres zum Ausdruck zu bringen. Die Antwort darauf war sehr einfach, sehr klar, sehr stark, und dann kam die Erfahrung: Die einzige Lösung der Schwierigkeit – *the only way out* – ist, die göttliche Liebe zu WERDEN. Gleichzeitig war diese Erfahrung eine Weile zugegen (sie hielt ziemlich lange an, über eine halbe Stunde). Dann versteht man, daß alles, durch das man hindurch muß, alle diese Prüfungen, alles Leiden, das ganze Elend, nichts ist im Vergleich zur Erfahrung dessen, was sein wird (und was ist). Aber wir sind noch unfähig, das heißt, die Zellen haben noch keine Kraft. Sie fangen an, eine Fähigkeit zum Sein zu entwickeln, aber sie haben nicht die Kraft, Das zu bewahren – „Das" kann noch nicht bleiben ...

Und Das hat eine so außergewöhnliche Macht, alles Bestehende zu transformieren! Alle unsere Vorstellungen (und das wurde sichtbar) von Wundern, von einem wunderbaren Wandel, alle Wunder, von denen erzählt wurde, all dies wirkt wie Kindergeplapper dagegen – es ist nichts. Nichts! Alles, was man versucht, alles, was man anstrebt, all das ... Kindereien.

Eines war jedoch klar: es ist noch nicht bereit.

Und es war so außergewöhnlich, daß die Zellen den Eindruck bekamen, sie könnten nicht mehr weiterleben ohne ... ohne Das. Dies war ihr Eindruck: Das – oder die Auflösung. Und als Das wegging ... Es ist nicht versehentlich weggegangen, sondern willentlich, mit der klaren Regung: „Keine Phantasien jetzt, es gilt, sich darauf vorzubereiten, damit Das bleiben kann!" Es war derart kategorisch *(Geste, wie ein Befehl von oben)*, da gab es nichts zu diskutieren. Als Das wegging, war es wie ein Ersticken. Dann kam der Befehl, mit der Wucht einer Mauer: „Keine Träumereien – vorbereiten!"

Dann wird man wieder vernünftig, und es kommt einem vor wie ... ach!

Die Gewißheit ist da, die aus der Erfahrung entstandene Gewißheit: Wenn Das einmal da ist, wird ... Oder besser gesagt, wenn Das hier gegenwärtig ist (da Es eine Zeitlang da war), dann sind alle wunderbaren Dinge, die man erfahren konnte, wenn man aufsteigt, hinausgeht und den Körper verläßt, nichts. Nichts. All das hat nicht diese konkrete Realität. Wenn man die Erfahrungen dort oben hat, lebt man darin, und alles andere erscheint trübe und nutzlos im Vergleich dazu, aber selbst diese Erfahrungen erscheinen einem undeutlich im Vergleich zu HIER. Die Welt wurde wirklich dafür erschaffen: um diesem wesentlichen Bewußtsein etwas so Konkretes und Solides, etwas so Reales und ungeheuer Mächtiges hinzuzufügen.

Dem körperlichen Bewußtsein erscheint das allerdings lang. Da oben passiert es offensichtlich mit einem Lächeln, aber für den Körper ... Und was ziemlich merkwürdig ist: im Körper besteht nicht diese Freude an einer erinnerten Erfahrung. Man genießt die Erinnerung an Erfahrungen, die sich da oben ereignen, aber hier ist das nicht so. Es ist nicht dasselbe. Der Körper könnte sagen: „Es nützt mir überhaupt nichts, mich zu erinnern: ich will es haben." Denn überall, wo das Mental ins Spiel kommt, hat die Erinnerung einen Reiz, aber dort nicht. Im Gegenteil, die Aspiration, das Bedürfnis zu sein, wird intensiviert. Und das Leben erscheint einem als etwas so Dummes, Falsches, Künstliches und Sinnloses, ohne ... „Was soll dieser ganze Blödsinn, den wir die ganze Zeit leben!" Und dennoch, als das da war, wurde nichts zerstört – alles blieb, nur war es etwas ganz anderes.

Später ... (Mutter scheint etwas sagen zu wollen, läßt es dann aber sein) ... später.

Nein, dies ließ mich etwas verstehen, aber es ist etwas sehr ... (wie soll ich sagen?) sehr Persönliches ... Als Sri Aurobindo ging, wußte ich, daß ich die Verbindung mit dem psychischen Wesen abtrennen mußte, sonst wäre ich mit ihm gegangen; und da ich ihm versprochen hatte, zu bleiben und diese Arbeit fortzusetzen, mußte ich das tun: ich habe buchstäblich die Tür zum Psychischen verschlossen und mir gesagt: „Vorläufig existiert das nicht mehr." Zehn Jahre war das so. Danach fing es langsam, langsam an, sich wieder zu öffnen – erschreckend. Aber ich war bereit. Es fing an, sich wieder zu öffnen. Diese Erfahrung hatte mich überrascht. Ich fragte mich, warum es so gewesen war, warum ich diesen Befehl erhalten hatte und ausführen mußte. Und als der Körper die Erfahrung der Identifikation mit der göttlichen Liebe hatte *(in den letzten Tagen)*, und sie dann wieder wegging, standen die Zellen einem analogen Phänomen gegenüber *(wie jenes, das sich bei Sri Aurobindos Fortgang ereignete)*, das ihnen befohlen wurde. Da verstand ich, warum die ganze materielle Welt verschlossen ist: damit sie OHNE die Erfahrung *(der göttlichen Liebe)* sein kann. Natürlich hatte ich verstanden, daß ich angehalten wurde, mich vom Psychischen abzutrennen, weil ... es war wirklich unmöglich, ich konnte äußerlich ohne Sri Aurobindos Gegenwart nicht weiterleben. Nun, die Zellen verstanden, daß sie weiterleben und ihr Leben ohne die Gegenwart der göttlichen Liebe führen mußten. Und genauso trug es sich in der Welt zu: es war ein für die Entstehung und Entwicklung der materiellen Welt notwendiges Phänomen.

Aber vielleicht nähert sich ... Wir nähern uns dem Augenblick, wo sich das wieder öffnen kann.

(Schweigen)

Erinnerst du dich? Ich weiß nicht mehr, ob es ein Brief oder ein Artikel von Sri Aurobindo war, in dem er von der Manifestation der göttlichen Liebe spricht. Er sagte: „Zuallererst muß sich die Wahrheit durchsetzen, sonst kommt es zu Katastrophen ..." Das verstehe ich sehr gut.

Aber das dauert. *(Mutter lacht)*

Da oben dauert nichts lange. Aber schließlich ist es unsere Aufgabe, hier zu sein und es hier zu schaffen.

Bei dieser Gelegenheit erhielt ich auch eine Antwort zum Thema Tod. „Man" hatte mir gesagt: „Aber sie wollen alle sterben, weil sie nicht den Mut zum Sein haben, ehe Das sich manifestiert hat." Ich sah – ich sah ganz deutlich, daß das stimmt.

Die Macht des Todes besteht darin, daß sie alle sterben wollen! Nicht so sehr in ihrem aktiven Denken, sondern in der tiefen Empfindung des Körpers. Weil sie nicht den Mut haben, ohne Das zu sein – es braucht großen Mut.

So begann alles mit einer totalen Unwissenheit und einer allgemeinen Dummheit, mit der Teilnahme an allem, was dieses Leben äußerlich ist (als ob dies etwas Wunderbares wäre). Doch sobald man etwas weiser wird, hört es auf, wunderbar zu sein. Das meinte ich mit dieser Blume *(Lotos)*: Wenn man eine Blume betrachten kann, einen so spontanen Ausdruck der wunderbaren göttlichen Liebe, ach, und so frei von Komplikationen, dann versteht man, wie weit dieser Weg noch ist – alle diese Bindungen und Verhaftungen, dieses ganze Gewicht, das man unnützen Dingen beimißt, während doch eine spontane und natürliche Schönheit herrschen sollte.

156

Wenn die Welt zu früh verstünde, dann würde im Grunde kein
Mensch mehr bleiben wollen. Das ist es doch.

Ja, genau, das ist es!

Wenn man zu früh wüßte und den Gegensatz zwischen dem, was
ist, und dem, was sein sollte, sähe, dann würde man nicht den Mut
aufbringen. Man muß ... man muß wirklich ein Held sein – ein Held.
Ich versichere dir, ich sehe dies: Diese Zellen sind heldenhaft. Und
sie „wissen" nicht im mentalen Sinn. Nur ihre Anbetung rettet sie.
Verstehst du: „Was Du willst, Herr, was Du willst, was Du willst ..." mit
der Schlichtheit eines offenen Kinderherzens: „Was Du willst, was Du
willst, was Du willst." Dann geht es. Aber ohne das ist es nicht möglich.
Es ist nicht möglich zu wissen, was sie wissen, und weiterhin zu sein,
wenn Das nicht da ist. Verstehst du, mit der Empfindung: „Dir dienen,
was Du willst, was Du willst ... alles, was Du willst ...", diskussionslos,
ohne alles, selbst ohne Gefühl, nichts: „Was Du willst, was Du willst
..."

Das ist die einzige Kraft, es gibt keine andere.

Einige müssen es ja tun, nicht wahr? Sonst würde es niemals
geschehen.

Und in dem Augenblick[1] (ein etwas schwieriger Moment) gab es im
Bewußtsein ... wie ein Schwert weißen Lichts, das sich durch nichts
erschüttern läßt und das den Zellen die Empfindung verlieh: „Was!
Aber ihr müßtet doch in einer Ekstase der Freude sein, jetzt, wo ihr
wißt, was sein wird" – was bereits DA ist, im Prinzip.

Aber es bewirkte eine Art Loslösung gegenüber den Gesten, gegenüber dem Äußeren, als wäre das Leben nicht ganz real – und zugleich
doch real, aber die wahre Realität fehlte ... Der Eindruck dieser
Präsenz ist da, das ist konstant. Das ist immerhin schon etwas, dies
schafft ein starkes Gegengewicht zur Empfindung und Wahrnehmung
der ganzen Verzerrung. Und es besteht sogar ein nachdrückliches
Bestreben dieser Präsenz, auf daß allein Das existieren möge und die
Wirklichkeit der Wahrnehmung dessen, was nicht sein soll, mehr und
mehr abgeschwächt werde. Es wird eine große Kraft im Wesen aufsteigen, wenn die Wahrnehmung dessen, was nicht sein sollte, gedämpft
und ausgelöscht wird wie etwas weit Entferntes, Inexistentes.

Genau das wird zur Zeit vorbereitet.

Was die Arbeit etwas erschwert, ist die Tatsache, daß sie nicht auf
das hier *(Mutters Körper)* begrenzt ist; sie umfaßt alles und jedes, was
um mich herum ist ... und dies auf eine beträchtliche Entfernung.

---

1 In dem Augenblick, wo die göttliche Liebe den Körper verließ.

Denn der Kontakt im Denken ist beinahe perfekt begründet: es ist unmöglich, daß jemand [an Mutter] denkt, ohne eine Antwort im Bewußtsein zu erhalten – eine Reaktion, eine Wahrnehmung. Stell dir also vor, was dies bedeutet ... Ziemlich umfangreich und kompliziert.

Es gibt so etwas wie Abstufungen oder Stadien – Stadien der Reaktion im Bewußtsein; Abstufungen, Stadien, entsprechend dem Stand der Entwicklung und des Bewußtseins. Das entspricht – nun, nicht gerade einer riesengroßen, aber doch einer recht ansehnlichen Menge von Menschen. In dieser Wahrnehmung ist die Erde nicht sehr groß.

Und da ist eine Genauigkeit des Details für winzige Dinge, zum Beispiel das, was sich im Bewußtsein eines Individuums abspielt, oder die Reaktion auf gewisse Ereignisse. Das ist überaus präzise. Doch immer besteht ein Verbot, von den Dingen zu sprechen, um ihnen keine Macht zur Konkretisierung zu geben.

Aber so geht die Arbeit voran, auf allen Ebenen (es gibt sogar Ebenen unter den Füßen), andauernd, ohne Unterbruch, Tag und Nacht.

*
* *

Etwas später

Wir erhalten weiterhin haufenweise Briefe. Leute wollen scharenweise kommen und stellen Fragen. Es wird einen Riesenanlauf geben – einige organisieren sogar Charterflüge! Deshalb sagte ich gestern: „Wir werden einen jährlichen Direktflug haben: Paris – Auroville." Sie wollen einen Flugplatz bauen. Man verhandelt bereits mit der Regierung über das Gelände: es ist riesig, man könnte vier oder fünf Flugplätze daraus machen! Es wird eine Landebahn in Auroville geben: Paris – Auroville! *(Mutter sieht sehr vergnügt aus)*

Es scheint, daß es 1972 ein neues Flugzeug geben wird, das die Strecke Paris-Indien in vier Stunden schafft (Paris – Auroville)! Das heißt, wenn man abends in Paris startet, landet man hier bei Tagesanbruch (man verliert ja Zeit, wenn man in diese Richtung reist). Und wenn man hier mittags abfliegt, kommt man um zehn Uhr morgens in Paris an – zwei Stunden vor dem Abflug.

> *Am Ende wird man so schnell sein, daß man am Vorabend seiner Abreise ankommt!*

Vier Stunden ist schnell.

> *Was für ein großartiger Fortschritt!... Ich bin rückständig, weißt du. Wozu soll das gut sein, so schnell zu sein!*

Es ist interessant.

Glaubst du wirklich, daß das zu irgend etwas gut ist?

(Mutter lacht … Schweigen) Es passieren schon ziemlich merkwürdige Dinge. Aber darüber werde ich sprechen, wenn ich meine Beobachtungen abgeschlossen habe.

In ein oder zwei Jahren werde ich dazu etwas zu sagen haben.

30. Juli 1966

Ich glaube, man ist dabei, mir beizubringen (das heißt mich zu lehren), warum man stirbt.

Es gibt viele Arten zu sterben, die von den verschiedenen Bewußtseinsebenen abhängen, und es gibt viele Ursachen *(Geste der Abstufungen)*, aber in jedem Bereich gibt es so etwas wie eine essentielle Ursache, die den Tod zugleich notwendig, unerläßlich und unausweichlich macht. Und physisch, d.h. materiell, in den Körperzellen, ist es, als ob … *(Mutter macht eine streifende Geste)* man ganz dicht davorstünde, das Geheimnis zu finden, warum es ein Ende gibt, warum die Auflösung bei der Unfähigkeit, der Transformationsbewegung zu folgen, unerläßlich wird.

Dies kam als Folge einer rein physischen, äußerst schmerzhaften Attacke oder Krise, in deren Verlauf ich eine Art Offenbarung erlebte, warum die Zellen ihre Organisation verlieren. Erst gestern ist das passiert, und es muß sich ein bißchen setzen, bevor es sich beschreiben läßt. Aber ich persönlich hatte ganz stark den Eindruck, daß ich damit ein höchstes Geheimnis über die physische Auflösung berührte.

Wenn das ganz klar wird (ich weiß nicht, wieviele Erfahrungen nötig sind, bis es ganz klar ist), aber wenn das völlig klar ist, dann …

Ich glaube, man bringt mir das jetzt bei.

Ein gefährliches Spiel!

Ja … Aber es kann nur geschehen, was geschehen soll, nicht wahr? Ich muß nur durchhalten, das ist alles!

Und wenn ich nicht durchhalte, dann heißt das, daß ich nicht fähig bin, diese Arbeit zu tun; wenn ich nicht fähig bin, sie zu tun, so setzt das der ganzen Geschichte ein Ende.

Doch es geschieht nur, was geschehen muß.

Nein, nein, die Überzeugung wird absolut, daß man nur sterben kann, wenn man sterben muß. Man stirbt nicht zufällig.

Nie?

Nie *(Mutter spricht kategorisch)*, NIE-MALS!

Es gibt überhaupt keinen Zufall?

Was der Mensch Zufall nennt: niemals. Es mag wie ein Zufall aussehen, aber dies scheint nur so.

August

3. August 1966

Gibt's was Neues?

Da war etwas, das dich interessieren könnte *(Mutter sucht ein Papier)*.

Mich interessiert, was du machst.

Was ...?

Was du machst.

Mein Kind, ich mache Entdeckungen.

Wenn das Mental aktiv ist, oder besser gesagt, solange das Mental aktiv ist ... Wenn man sein Leben der Sache gewidmet hat und vollständig davon überzeugt ist, daß dies die einzige Daseinsberechtigung bildet, neigt man zur Vorstellung, wenn man für das Göttliche arbeite, nehme das ganze Wesen daran teil, und wenn man sich nach Fortschritt sehne, sei das ganze Wesen daran beteiligt. Sobald alle Widersprüche im Vital und im Mental aufgelöst sind und alles in Einklang und Harmonie ist, ist man zufrieden. Man glaubt, einen Sieg davongetragen zu haben. Aber jetzt ... jetzt, wo die Körperzellen selber den Wunsch und die Sehnsucht haben, sind sie gezwungen festzustellen, daß das Leiden, die Schwierigkeiten, die Gegensätze, die Komplikationen ausschließlich dazu da sind, damit sie vollständig, absolut und UNAUFHÖRLICH in ihrer Sehnsucht verbleiben können.

Das ist äußerst interessant.

Kürzlich erzählte ich dir von jenen Augenblicken, die ich erlebte, die wirklich Augenblicke der Verwirklichung waren *(der göttlichen Liebe)*; da sah ich klar, daß es wieder wegging, weil „es" nicht bleiben konnte, und ich wollte unverzüglich wissen, warum es nicht bleiben konnte. Einfach zu sagen: „Die Dinge sind noch nicht bereit ... es ist noch nicht soweit", ist nichtssagend. Dann beobachteten die Zellen selbst so eine Art ... etwas zwischen Betäubung, Schläfrigkeit, Lähmung und Gleichgültigkeit, und man verwechselt diesen Zustand mit dem des Friedens, der Ruhe und der Annahme. Aber in Wirklichkeit ... in Wirklichkeit ist es eine Art Tamas [Trägheit]. Und aus diesem Grund kann es so lange dauern, daß es unserem Bewußtsein fast wie eine Ewigkeit erscheint. Dann war da noch diese Erfahrung, von der ich schon gesprochen habe *(die schmerzhafte Krise)*. Sie wiederholte sich in einer anderen Form (dieselbe Form wiederholt sich nie), und dort sahen die Zellen, daß diese Art Intensität, dieser glühende Wille, der sie ergreift, dieses Konkrete in der Hingabe des Selbst, im *surrender*, nicht existiert, wenn alles gut läuft (was man gewöhnlich als „Gutgehen" bezeichnet, das

163

heißt, wenn man seinen Körper nicht spürt, wenn es keinerlei Schwierigkeiten gibt und alles seinen normalen Gang nimmt).

Es war beinahe eine Enttäuschung für diese Zellen, die sich für sehr beflissen hielten (!) und die sich darüber klar werden mußten, daß allein dieser Halbschlaf für all das verantwortlich war, was man gewöhnlich Krankheit nennt – aber ich glaube nicht mehr an Krankheiten. Immer weniger. Alles, was kommt, ist eine spezielle Form von Unordnung, Widerstand, Unverständnis oder Unfähigkeit – dies gehört alles zum Bereich des Widerstands. Es handelt sich nicht eigentlich um einen absichtlichen Widerstand *(in Mutters Zellen)*, nicht um das, was man gewöhnlich als bösen Willen bezeichnet (ich hoffe es jedenfalls! Sollte dies trotzdem der Fall sein, dann haben ihn die Zellen zumindest noch nicht bemerkt). Diese Dinge kommen vielmehr als deutliche Hinweise auf die verschiedenen Punkte *(der Arbeit oder des Widerstands in Mutters Körper)*, und das drückt sich dann durch das aus, was man Schmerz nennt, oder durch eine Empfindung von Unordnung oder ein Unbehagen. Ein Unbehagen, d.h. eine Empfindung von Unordnung oder Disharmonie, ist viel schwerer zu ertragen als ein durchdringender Schmerz, viel schwerer. Es ist wie etwas, das knirscht und knarrt, das klemmt und seinen Platz nicht mehr findet. All dies nennt man im gewöhnlichen Bewußtsein oder aus menschlicher Sicht „Krankheiten".

Bleibt noch das Phänomen der Ansteckung durch Viren oder Bakterien, aber dort zeigt die Erfahrung, daß die Phänomene psychologischer Störungen – jeglicher psychologischer Störung – von derselben Natur zu sein scheinen wie die Ansteckung durch eine Krankheit und alle Viren und Bakterien (wie z.B. die Pest, die Cholera usw.). Es gibt eine psychologische Ansteckung psychologischer Zustände: Zustände der Rebellion oder der Gewalt, der Wut und der DEPRESSION sind auf dieselbe Weise ansteckend; es handelt sich um ein analoges Phänomen, folglich kann man es meistern. Es ist nur eine Frage der Worte. Man mag dies Krankheit nennen (aber die psychischen Zustände kann man auch als Krankheit bezeichnen) oder wie man will, es ist nur eine Frage der Worte, es ist dieselbe Sache: eine Öffnung gegenüber der Unordnung oder der Revolte. Wie man es auch nennen mag, es liegt nur in einem anderen Schwingungsbereich. Der Charakter aber ist identisch.

Und dann macht man außergewöhnliche Entdeckungen – wie jede Erfahrung immer zwei Seiten hat. Zum Beispiel die Stille einer Vision, die umfassend genug ist, um sich nicht durch winzig kleine Punkte stören zu lassen, und die – ich hätte beinahe gesagt, „scheinbar", aber es scheint nicht so, sondern IST so – das Ergebnis eines Bewußtseinswachstums und einer Identifikation mit den höheren Regionen ist, und auf der anderen Seite jene scheinbare Unempfindsamkeit, die wie die Negation des göttlichen Mitgefühls aussieht: An einem gewissen Punkt sieht man, wie beide Seiten wahr geworden sind und nicht nur gleichzeitig, sondern in EINEM existieren können. Erst vorgestern hatte ich die ganz konkrete Erfahrung einer äußerst intensiven Woge göttlichen Mitgefühls (angesichts einer dieser „psychologischen Ansteckungen"), und ich konnte folgendes beobachten: Wenn diesem Mitgefühl erlaubt wird, sich auf einer bestimmten Ebene zu manifestieren, wird es zu einem Gefühl, das diese unerschütterliche Stille stören und trüben kann. Aber wenn es sich in seiner eigentlichen Wahrheit manifestiert (es sind nicht einmal „Ebenen", sondern unmerkliche Nuancen), behält es seine ganze Wirkkraft und Fähigkeit zu effektiver Hilfe und verändert die unerschütterliche Ruhe der ewigen Sicht in keiner Weise.

All dies sind Erfahrungen von Nuancen (oder Nuancen der Erfahrung, ich weiß nicht genau), die nur im physischen Bewußtsein notwendig und konkret werden. Dies ergibt dann eine Vollkommenheit der Verwirklichung – eine Vollkommenheit im allerwinzigsten Detail –, die keine der Verwirklichungen in den höheren Bereichen hat. Ich bin dabei zu lernen, was genau die physische Verwirklichung an Konkretem, Exaktem und Vollkommenem zur umfassenden Verwirklichung beiträgt und wie all dies ineinander verwoben ist, sich verbindet und ergänzt – einfach wunderbar!

Gleichzeitig wird mir in kleinen Schritten der wahre Gebrauch demonstriert, den man von der mentalen Aktivität machen muß. Die Aufgabe des Mentals ist leicht zu begreifen: Es dient zur Ausbildung, dem Erwachen usw. Es ist jedoch nicht etwas, das nach Erfüllung seiner Pflicht und seines Zwecks verschwinden wird: Es wird auf seine eigene Weise benutzt werden, aber auf seine wahre Weise und an seinem wahren Platz. Und das wird außerordentlich interessant ... Zum Beispiel diese Idee, daß man ist, was man denkt, und daß Wissen Macht bedeutet – nun, das scheint während des Übergangs von einem Bewußtseinszustand in den anderen eine vorübergehende Notwendigkeit zu sein, aber wie gesagt, es ist nicht etwas, das verschwindet, wenn die andere Sache verwirklicht ist. Es wird genutzt werden, an seinem Platz. Nach der Erfahrung der Einheit erscheint das Mental ja unnütz: der direkte Kontakt, die direkte Handlung kommen ohne es aus. Doch an seinem wahren Platz und nach seiner wahren Weise agierend, lediglich seinen Platz wahrend (einen Platz nicht der Notwendigkeit und auch nicht der Nützlichkeit, sondern der Verfeinerung der Handlung), wird es überaus interessant. Wenn man das Ganze als wachsende Bewußtwerdung seiner selbst ansieht, dann stellt das Mental eine Bereicherung dar – es bereichert das Ganze. Und wenn jedes Ding an seinem Platz ist, wird alles so harmonisch und einfach, von einer so vollständigen und vollkommenen Einfachheit, in der alles genutzt wird.

Bei alldem besteht eine besondere Konzentration auf das Warum und das Wie des Todes – es scheint, als wäre dies beinahe der Schlüssel zum Problem, zum Verständnis ... Vor vielen, vielen Jahren, als Sri Aurobindo noch da war, kam eines Tages eine Art strahlende, gebieterische Offenbarung: „Man stirbt nur, wenn man zu sterben wählt." Ich sagte Sri Aurobindo: „Ich sah dies, ich ERFUHR es." Er sagte: „Ja, das stimmt." Worauf ich ihn fragte: „Immer, unter allen Umständen?" Er darauf: „Immer." Nur ist es einem nicht bewußt, die Menschen sind nicht bewußt, doch es ist so. Jetzt beginne ich zu verstehen! Erfahrungen und Beispiele zeigen mir alle Einzelheiten der inneren Körperschwingungen, und ich sehe: Es handelt sich um eine Wahl, die fast immer unbewußt ist, aber in bestimmten Individuen bewußt sein kann. Ich spreche nicht von Gefühlsangelegenheiten sondern vom Körper, von den Zellen, die die Auflösung akzeptieren. Es gibt einen Willen dort *(Mutter zeigt nach oben)* und einen hier *(unten)*. Dieser Wille ... sein Ursprung liegt in der Wahrheit des Wesens, aber es scheint (und das ist wunderbar), als sei die letzte Entscheidung der freien Wahl der Zellen überlassen.

Ich spreche keineswegs vom physischen, vitalen oder psychischen Bewußtsein, ganz und gar nicht: es geht hier um das Bewußtsein der Zellen.

Dies ist der gegenwärtige Stand: es kann so sein *(Mutter zeigt nach oben)* oder so *(nach unten)*. So bedeutet es Auflösung, und so bedeutet es Fortsetzung und Fortschritt – eine Fortsetzung mit dem unerläßlichen Fortschritt. Es gibt ein Bewußtsein der Zellen (ein Bewußtsein, das beobachtet und das, einmal erwacht, ein wunderbarer Zeuge ist), und dieses Bewußtsein macht so oder so *(dieselbe Geste)*. Dies drückt sich dann entweder durch den Willen, durchzuhalten und fortzubestehen, oder durch das Bedürfnis nach Auflösung und Ruhe aus. Wenn die Zellen erfüllt sind von diesem Licht – diesem goldenen Licht, diesem Glanz der göttlichen Liebe –, herrscht so etwas wie ein Hunger oder ein Verlangen, an Diesem Etwas teilzuhaben, das alles aufhebt, was bei diesem Durchhalten schwierig sein kann. All dies verschwindet und wird zu etwas Herrlichem. Nun ...

Genau das lerne ich gerade.

(Schweigen)

Aber um genau beobachten zu können, was sich im Zellbereich ereignet – dies wird parallel dazu ausgearbeitet –, muß man absolut frei und unabhängig vom Einfluß anderer Menschen sein. Und das ist extrem schwierig wegen dieser Gewohnheit der Vermischung ... Das Empfindungsvermögen der Zellen hat Mühe damit. Man muß also die ganze Zeit dafür Sorge tragen, daß dieses Empfinden allein der Sehnsucht nach dem Höchsten gilt; dies ist das einzige Mittel, die einzige Lösung. Immerzu muß man dies tun, jedesmal wenn man den Einfluß des Kontakts mit anderen spürt. Verstehst du, wenn man im gewöhnlichen Leben Einflüsse von sich fernhalten will, bricht man den Kontakt ab; doch diese ganze Bewegung des Abstandnehmens, des Rückzugs und der Isolation – all diese psychologischen Regungen (durch eine materielle Isolierung im Physischen; aber auch im Vital, im Psychischen und im Mental, überall läuft es auf ein Abschneiden, ein Abtrennen hinaus), all dies ist falsch; es widerspricht der Wahrheit. Die Wahrheit ist ... *(umfassende Geste)* das Gefühl der Einheit. Und dennoch muß man für die zellulare Arbeit, für die Transformation der Zellen, zu einer Isolierung gelangen, die nicht im Widerspruch zur essentiellen Einheit steht. Und das ist schwierig, es ist eine sehr heikle, minutiöse und mikroskopische Arbeit. Aber es kommt zum Beispiel vor, daß man jemanden berührt, ihn an der Hand nimmt und die Einheit nur in der tiefen Wahrheit stattfindet, während äußerlich lediglich ein Nebeneinander der Zellen zustandekommt.

Die Arbeit ist wirklich sehr intensiv.

6. August 1966

V geht nach Kalkutta, um „Mechaniker" zu werden[1].

Bist du damit einverstanden?

Meine erste Reaktion war, das dumm zu finden. Aber er schrieb mir noch einmal, um mir zu sagen, daß die Leute in der Werkstatt ganz begeistert seien und ihn sehr dazu ermutigt hätten. Er freue sich sehr, denn dies sei für ihn eine Gelegenheit, all das zu lernen, was er noch nicht wisse usw. Ein Brief von mehreren Seiten. Daraufhin schrieb ich ihm: „Geh nach Kalkutta!"

---

1 Ein junger Schüler, der als Kind in den Ashram kam und ihn seitdem noch nie verließ.

Weißt du, alle brauchen sie eine Lektion, um zu lernen; ohne die Schule des Lebens können sie nicht lernen. Ich persönlich versuche, ihnen diese Lektion zu ersparen – wenn es eine innere Öffnung gäbe, würden sie verstehen. Aber es ist zwecklos. Sie brauchen die Lektion, also sollen sie sie haben. Das spielt keine Rolle.

Er wird seine Lektion lernen, er wird selber sehen.

Sie sind hier seit Kindesbeinen, und man stand ihnen so weit wie möglich bei. In der Woche zuvor schrieb er mir noch: „Wie kommt es, daß wir die einzigartige Chance nicht zu nutzen wissen, die uns gegeben wird?" Und drei oder vier Tage später ... *(Mutter lacht)* schickt er mir das! *Hopeless* [hoffnungslos]! Sie stecken völlig im Bann der Materie.

Wenn Menschen hierherkommen, die wissen, was das Leben ist, bemerken sie den Unterschied unmittelbar. Aber für diejenigen, die von Kind auf hier sind, ist alles ganz natürlich. Der Zustand hier erscheint ihnen völlig natürlich, sie sehen nur die Unannehmlichkeiten daran. Und sie wissen nicht, was das Leben in der Welt ist, also kommt es ihnen wie etwas Wunderbares vor – lassen wir sie gehen, dann werden sie sehen, was es ist!

Es ist zu einfach, deshalb schlafen sie ein.

Ja, genau, es ist zu einfach.

Aber ich habe mehrere Junge gesehen, die sagten: „Ja, aber das sieht man doch: die Menschen werden zu Automaten, sie tun alles mechanisch und verlieren ihre Aspiration."

Das bedeutet, sie sind noch zu tamasisch, um ohne den Druck und die Schwierigkeiten des Lebens auszukommen. Man möchte ihnen eine Gelegenheit geben – das war meine ursprüngliche Idee: Denjenigen, die eine Aspiration haben, die Gelegenheit zu bieten, sich um nichts anderes als „darum" kümmern zu müssen – doch sie schlafen ein.

Aber diese Feststellung hast du in bezug auf den Körper auch gemacht! Du sagtest, wenn es keine Krankheiten, keine Schwierigkeiten gäbe ...

(Mutter lacht) Ja, wahrscheinlich ist dies dasselbe.

(Mutter geht in Kontemplation und vergißt die Zeit)

10. August 1966

Sie haben mich um eine „Sternenbotschaft" gebeten. Und dann: „Hast du für die Weihnachtsausgabe eine Botschaft über den neuen Menschen?"[1]

Sie sagten: „Welche Botschaft können wir senden? Es wird zweihundert Jahre dauern, ehe sie ihr Ziel erreicht." Die Botschaft, die man von hier absendet, kommt erst in zweihundert Jahren auf dem Stern an. Und wer sagt uns denn, ob die auf dem Stern Französisch oder Englisch verstehen? Es ist sogar sehr wahrscheinlich, daß sie es nicht verstehen ... Sie wollen Signale senden wie „=1" und glauben, daß dies verstanden wird – daß die dort verstehen, wie intelligent wir sind! *(Mutter lacht ironisch)*

Ich erinnere mich nicht mehr an die Botschaft, die ich ihnen gab.

Aber eine Botschaft für den neuen Menschen ... Was soll ich ihnen sagen?... Was ist das eigentlich, der neue Mensch? Weißt du, was der neue Mensch ist?... Der Mensch ist immer neu!

Es wird kein intelligenter Mensch sein.

Nun, um so besser!

Um so besser.

Man könnte sagen: die Rückkehr zu Instinkt und Impulsen, doch werden es göttliche Impulse sein.

Und noch ein Fortschritt (das wäre wirklich ein Fortschritt): die stille Kommunikation von Bewußtsein zu Bewußtsein, ohne Worte. Das wäre schön: ein bißchen Schweigen.

(Schweigen)

Letztes Mal[2] wurde mir klar, daß ich vielleicht seit Monaten keine so stille Kontemplation mehr hatte – so sehr haben sie mich mit Arbeit überhäuft. Eine Arbeit, die daraus besteht, Geburtstagskarten zu schreiben, Autogramme zu geben, Leute zu empfangen ... Am Montagnachmittag habe ich dreizehn „Geburtstage" gesehen; gestern waren es zwölf; morgen sind es noch einmal zwölf. Verstehst du, die Zahl der Menschen nimmt zu, sie kommen von überallher; manche kommen zu ihrem Geburtstag sogar aus Afrika oder Amerika ... Insgesamt sind es ungefähr zweitausend pro Jahr – wieviele macht das pro Tag?

---

1 Eine Anspielung auf die Zeitschrift „=1".
2 Im Verlauf des letzten Gesprächs ging Mutter in eine tiefe Trance und vergaß die Zeit vollkommen.

Da ist ein Polytechniker, der mit R *(dem Architekten des zukünftigen Auroville)* und einer ganzen Gruppe hierher kam. Insgesamt waren sie neun. Dieser Polytechniker schickte mir einen Zettel: „Sind Sie Gott?"

Ich hatte den Mann zwei Tage zuvor gesehen. Er ist ganz in Ordnung. Wenn ich ihn nicht gesehen hätte, hätte ich seine Frage nicht beantwortet. Da ich ihn aber gesehen hatte, schien mir, er müsse aus einer katholischen Familie stammen, um die Frage so zu formulieren. Also antwortete ich ihm: „Diese Frage kann man ALLEN Menschen stellen, und die Antwort lautet: potentiell ja." In Anbetracht seines guten Willens fügte ich hinzu: „Genau dieser Aufgabe muß sich jeder Mensch widmen."

Seither hat er nichts mehr von sich hören lassen.

Da ist noch ein anderer, ein Kommunist. Ein Russe, der in Paris lebt. Er fragte mich, ob sich die Arbeiter von Auroville nicht treffen und über die Notwendigkeit eines „Moralkodexes" *(Mutter lacht)* diskutieren sollten! (Es scheint, er verwickelt sie alle bis drei Uhr nachts in Diskussionen.) Ich antwortete ihm *(lachend)*, daß die Moral vom Blickwinkel der Wahrheit aus nur einen sehr relativen Wert hat: daß sie je nach Land, Klima und Zeitalter verschieden ist. Auch sagte ich ihm, daß Diskussionen normalerweise steril und unproduktiv sind. Aber um nicht nur kritisch zu sein, sagte ich ihm, es genüge, wenn sich jeder bemühe, vollkommen aufrichtig, geradeheraus und guten Willens zu sein; dies liefere eine völlig ausreichende Basis für die Arbeit ... Der Arme!

Und du, wie geht es dir?... Was machen wir?... Wie letztes Mal *(Meditation)*? Aber das ist gefährlich! Ich wußte überhaupt nicht mehr, wieviel Uhr es ist oder sonstwas.

Was hast du letztes Mal gespürt?

Ich spüre immer eine große ruhige Unendlichkeit – das Land des Ursprungs.

Ja, das war ... Nichts existierte mehr außer dieser grenzenlosen leuchtenden Unendlichkeit. Aber das Besondere daran war dieses Funkeln: ein diamantenes Gestäub wie von Millionen kleiner funkelnder, glitzernder Diamanten, ach, so hell und leuchtend! In einer Unendlichkeit blendenden Lichts, und trotzdem funkelten sie. Und dann ein Friede, eine solche Ruhe ... eine ruhige Glückseligkeit und der Eindruck: so läßt sich leben.

Zeitlos. Das Zeitgefühl löste sich auf.

Es ist lange her, seit ich das hatte.

(Mutter geht in Meditation)

Das ist sehr lustig: du hast da *(in Höhe der Brust)* eine große, sich neigende Lotosknospe, die ganz von einem golden schimmernden Licht umgeben ist, gefolgt von einer weiteren Lichtreihe – drei, vier, fünf Lichtreihen in verschiedenen Farben. Da, nach vorn geneigt.

(Mutter geht wieder in Kontemplation)

Sehr viele Menschen (ich glaube, man nennt sie gewöhnlich Intellektuelle) können nicht zwischen Denken und Bewußtsein unterscheiden: Wenn sie nicht denken, sind sie unbewußt! (Das fügt sich gut zu dem, was ich dir vorhin über den neuen Menschen sagte.) Für sie ist Bewußtsein gleichbedeutend mit Worten. Lustig ...

Es ist noch ein weiter, weiter Weg bis zum Erscheinen des neuen Menschen[1].

13. August 1966

Du weißt, daß sehr viele Leute wegen Auroville gekommen sind ... Anstatt zu arbeiten, verbringen sie ihre Zeit mit Diskussionen und Geschwätz. Dann schicken sie mir auch noch Briefe. Ihr ganzes mentales Ego ist in Aufruhr. Hast du sie gesehen?

Nein. Ich fürchte, „herbeigezogen" zu werden!

Sie beginnen schon, über die politische Situation der Stadt zu diskutieren, noch ehe der erste Stein gelegt ist! Und einer von ihnen, dieser überzeugte Kommunist (es ist der mit der meisten Energie und der größten Tatkraft) ist empört: Gestern schrieb er mir, er könne nicht an einer Sache teilnehmen, die nicht „rein demokratisch" sei. Daraufhin antwortete ich ihm folgendes *(Mutter reicht Satprem ihren Zettel)*:

„Auroville muß im Dienste der Wahrheit stehen, jenseits aller sozialen, politischen und religiösen Überzeugungen."

Ich sagte ihm noch viel mehr *(Geste mentaler Kommunikation)*, aber vor allem bestand ich auf der Tatsache, daß es besser wäre, die Stadt

---

1 Nachdem Satprem gegangen war, verharrte Mutter noch lange in einem Schweigen, dann wandte sie sich zu Sujata und sagte: „Merkwürdig, sehr merkwürdig: ich habe noch nie eine Lotosknospe gesehen, die sich verneigt." Dann, als Sujata sie verständnislos anschaute, fügte Mutter hinzu: „Der Herz-Lotos ist sonst immer nach oben gewandt; das ist die Aspiration. Hier neigt er sich der Erde zu."

erst einmal zu bauen. Anschließend sehe man dann weiter. Er sagte mir nämlich, er sei dafür, das demokratische System beizubehalten, bis man „etwas Besseres" gefunden habe. Beinahe hätte ich ihm geantwortet: „Wer sagt Ihnen denn, daß wir nichts Besseres gefunden haben?" Aber ich habe nichts gesagt.

Ich schrieb auch an J. Er hatte mich um eine Botschaft für seine Schule gebeten *(Mutter reicht einen zweiten Zettel)*:

> „Wer lebt, um der Wahrheit zu dienen, wird von keinem einzigen äußeren Umstand behelligt."

(Mutter sieht müde aus ...)

15. August 1966

(Botschaft zu Sri Aurobindos Geburtstag:)

„Die Aufgabe der größten spirituellen Sucher Indiens besteht heute weder in einem ausschließlichen Verharren im blinden Trott des materiellen Daseins noch in einer Flucht in ein namenloses Schweigen, um den Schwierigkeiten des Lebens in der Welt zu entkommen, es geht vielmehr darum, den Frieden und das Licht und die Macht einer größeren göttlichen Wahrheit und eines göttlichen Bewußtseins herabzubringen, um das Leben zu transformieren. Hier, inmitten eines solchen über viele Jahre hinweg mit ungeteilter Zielstrebigkeit verfolgten Bestrebens, unter ständiger Wahrung eines alles begründenden Friedens und in der Erkenntnis der stetig näherkommenden Herabkunft dieses Lichts und dieser Macht wird der Weg immer deutlicher. Man erkennt die Bereitschaft der indischen Seele, die Fülle ihres Erbes anzutreten, und sieht das Nahen einer unvergleichlichen Größe, wenn von Indiens Boden der Ruf erschallen wird, der die Menschheit zum Gipfel ihrer Bestimmung führt."

Sri Aurobindo

17. August 1966

... Ich kann nichts mehr sehen.

Meine Art zu sehen ist ein sehr interessantes Phänomen – ich kann nicht sagen, daß ich nicht mehr sehe. Sehr interessant: Auf einmal kommt etwas (eine Sache oder ein Gesicht oder ein Brief oder ...) klar, scharf, beinahe leuchtend. Eine Minute später ist alles vernebelt. Es ist, als sagte man mir: „Dies ist es wert, gesehen zu werden." Also schaue ich hin. Und in anderen Fällen: *(lachend)* „Um das da kümmere dich nicht!"

Am 15. ist dieser junge kommunistische Architekt abgereist, weil er fand, daß man „die Moralgesetze nicht genügend achte". Wörtlich! Er reiste ab. Aber seine Gedanken kommen weiterhin die ganze Zeit – nicht „Gedanken": etwas von hier *(Herz)* kommt immerzu. Er muß es sehr bedauern, daß er abgereist ist. Und dann, am Nachmittag des 15., kam es sehr aufgewühlt von ihm: „Wie kann man die Wahrheit wissen? Was ist die Wahrheit? Wie kann man sie erfahren?..." Sri Aurobindo war da, und er sagte mir AUF FRANZÖSISCH (!):

> „Die Wahrheit läßt sich nicht in Worten ausdrücken, doch sie kann gelebt werden, wenn man rein und plastisch genug ist. „

Gut, nicht? Und die ganze Zeit über war ganz stark die Wahrnehmung da: sich ständig von der Wahrheit leiten lassen, einfach so.

„Rein" bedeutet frei vom Ego, frei von allem Verlangen, aller Vorliebe, von jeglicher Idee: all das muß weg. Man muß flexibel sein und sich führen lassen.

Gleichzeitig gab er mir die Erfahrung.

Ich habe es ins Englische übersetzt – Sri Aurobindo spricht zu mir auf französisch, und ich übersetze es ins Englische! Lustig.

*
* *

Nach einer Meditation

Kommst du mit deinem Buch voran?[1]

Ich diktiere immer noch weiter oder höre zu. Sehr interessant. Allerdings gibt es keine Kontinuität: ein Satz, eine Szene, zwei, drei Worte ... Merkwürdig. Wie auf einer Leinwand. Und als du das letzte Mal vorgelesen hast, erkannte ich in dem Vorgelesenen (wie soll ich sagen?) Eindrücke wieder, Eindrücke von Bildern und Worten. Aber es hat keine Reihenfolge für mich; etwas zieht vorüber, wie hinter

---

1 Beim letzten Mal hatte Satprem Mutter einige Seiten aus dem *Sannyasin* vorgelesen.

einer Leinwand, und in manchen Augenblicken gibt es, tack! einen Kontakt: ich höre Worte oder sage Worte, ich sehe ein Bild. Dabei sehe ich, daß es hinter der Leinwand weitergeht. Das spielt sich immer an einem immens weiten Ort ab, einem Ort ohne Ende, der sehr ruhig ist, sehr hell. Eine ganz reine Atmosphäre, vollkommen ruhig. Und etwas scheint von dort tropfenweise herabzukommen.

Sehr interessant.

Das passiert vor allem nachts. Manchmal auch tagsüber, aber nicht lange. Nachts jedoch ziemlich lange.

Noch jetzt, während wir meditierten, stellte sich sofort dasselbe Phänomen ein. Als es kam, hörte ich auf zu meditieren. Ich war in einer ganz stillen Kontemplation, und plötzlich fing das an. *(Mutter lacht)* Da habe ich aufgehört.

19. August 1966

(Mutter nimmt ihre Übersetzung
des Dialogs mit dem Tod wieder auf)

Think not to plant on earth the living Truth (Savitri, X.IV.646)
Glaub nicht, du könntest die lebendige Wahrheit auf Erden einpflanzen.

Genau dies tue ich, mein Lieber.

(Mutter wendet sich lächelnd an Satprem)

Glaubst du, daß er mich hört?

Think not to plant on earth the living Truth
Or make of Matter's world the home of God;
Truth comes not there but only the thought of Truth,
God is not there but only the name of God.[1]

(Mutter verharrt nachdenklich)

---

1 Glaub nicht, du könntest die lebendige Wahrheit auf Erden einpflanzen
oder die materielle Welt zu Gottes Heim machen!
Denn nicht die Wahrheit kommt hierher, sondern nur ihr Gedanke.
Nicht Gott ist hier, vielmehr nur Gottes Name. *(Savitri,* dt. Ausgabe S. 660)

Nach Sri Aurobindo stellt das materialistische Denken im Grunde genommen das Evangelium des Todes dar, nicht wahr?

Sehr interessant.

(Schweigen)

Im Grunde ist es das. Es heißt, *Savitri* sei ein „Epos". *Savitri* ist also das Epos des Sieges über den Tod.

(Schweigen)

Sehr interessant. In den letzten Tagen habe ich all diese Dinge wieder beinahe jede Minute gelebt, und dies in großem Maßstab. Nicht auf einem persönlichen Niveau, sondern global.

Dieser letzte Vers, dieses Argument, war so konkret: „Nein, das ist nicht Gott, sondern nur sein Name." Das war erst gestern oder vorgestern. Und dann ... *(Mutter erinnert sich an ihre Erfahrung)* Seltsamerweise haben die Siege über diese Argumente denselben ausbruchartigen Charakter wie jene Ausbrüche der Liebe, die ich da oben erlebte. Denselben Charakter – und sie erschüttern den Widerstand. Und das, was hervorbricht, ist Liebe: die wahre Liebe.

Sehr interessant.

Von überallher, aus jedem Winkel kommt Widerstand auf. Und je mehr Widerstand sich erhebt, desto mehr wird Das zwingend.

In solchen Augenblicken spürt man allerdings das zerbrechliche Gleichgewicht des materiellen Lebens ... Ach, das ist alles so interessant! Wenn ich das eines Tages sagen kann, wird es sich lohnen.

24. August 1966

(Normalerweise trifft Satprem Mutter um zehn Uhr morgens. Allmählich wurde diese Zeit jedoch auf 10 Uhr 30 verschoben, und an diesem Morgen verließen die Sekretäre das Zimmer erst um 10 Uhr 45. Aufgrund der „äußerst dringenden" oder „sehr wichtigen" Mitteilungen wurden Mutters Gespräche mit Satprem seit einem Jahr immer spärlicher, wie diese Agenda zeigt. Die Situation wird sich bis zum Schluß noch weiter verschlimmern, bis Mutter, überwältigt und erschöpft, Satprem nur noch einige

wenige Augenblicke lang nach zwölf Uhr sehen kann. Und dann
wird sich die Tür ganz schließen.)

Es ist völlig absurd! Wenn ich nicht laut geworden wäre, hätten sie
mich noch eine weitere halbe Stunde festgehalten ... Ein idiotisches
Leben. Ich fange mit einer Arbeit an, wenn ich schon damit fertig sein
sollte. Nachmittags ist es dasselbe ... An manchen Tagen sind es 45
bis 50 Leute. Kürzlich empfing ich an einem Tag 75 Leute, ohne die
gerechnet, die sowieso jeden Tag kommen. Um mich zu trösten, habe
ich mich an die Zeit erinnert, als ich auf dem Sportplatz zweitausend
Leute sah ... aber das dauerte nur eine Stunde.

Kaum ist ein Kind krank, bringen sie es zu mir. Ist es taubstumm,
bringen sie es zu mir. Ist es ein bißchen blöde, bringen sie es zu mir.
Hat es epileptische Anfälle, bringen sie es zu mir. Und dann werfen sie
es mir *(lachend)* buchstäblich auf den Schoß mit der Idee, ich werde
es heilen!

Zur Belohnung ... *(Mutter weist lachend in eine Zimmerecke, in der
eine Reihe neuer Regenschirme steht)* habe ich Regenschirme bekommen – willst du einen Regenschirm?

Zum Schutz gegen Lawinen? Nein, ich habe schon einen.

(Mutter lacht herzhaft und fährt dann fort) Während ich esse, bringen sie mir Geburtstagskarten zum Unterschreiben, zusammen mit
dem Essen. Beim Frühstück esse ich ein bißchen, dann schreibe ich
die Karten, dann esse ich wieder ein bißchen, darauf bittet man mich
um Termine ... so ist das.

Du bräuchtest jemanden, der für Ordnung sorgt.

Ich glaube, sie würden ihn rauswerfen.

Ein sehr klares Indiz dafür, daß sie mehr unter dem Einfluß der
Leute stehen als unter dem des Göttlichen. Denn immerhin gestaltet
dies die Arbeit etwas schwierig. Ich habe die ganze Zeit den Eindruck,
daß ich, statt dem Willen von oben Folge zu leisten, gezwungen bin,
mich dem Ansturm der von außen kommenden Willensregungen zu
beugen, und es gibt nichts auf der Welt, was mich mehr ermüdet. Ich
kann ohne Unterbrechung arbeiten, wenn es von oben kommt; aber
diese Dinge, die im Widerspruch zum Rhythmus stehen, sind schrecklich ermüdend. Ich bin in einem Zustand nervöser Erschöpfung – nicht
„nervös" im üblichen Sinne, denn das ist völlig unter Kontrolle. Es
sind vielmehr die Nerven selbst, die müde sind. Wenn ich ein, zwei
Minuten wirkliche Ruhe habe, dann kommt alles wieder in Ordnung.
Aber mit dieser ganzen Lawine sich aufdrängender minderwertiger

Willenskräfte fangen die Nerven an zu vibrieren und zu schmerzen. Sie sind furchtbar dumm!

*
* *

(Anfang und Ende des folgenden Gesprächs konnten wegen einer mechanischen Panne nicht aufgezeichnet werden, nur der mittlere Teil, den wir hier wiedergeben. Es handelte sich dabei um eine Erfahrung Mutters. Sie beschrieb den Ort, an dem Satprem sich gewöhnlich nachts „ausruht" und von dem er die Atmosphäre für sein gegenwärtiges Buch bezieht: ein in Farbe und Substanz sehr harmonischer Ort. Dann erzählt Sujata Mutter einen Traum, den sie vor ein paar Tagen hatte:)

Als du an diesen Ort der Harmonie gingst, spieltest du da Musik? Ich habe dich nämlich gesehen, wie du Musik für ihn spieltest.

Ach, das ist etwas anderes. Es ist möglich, ich weiß nicht ... Aber in der letzten oder vorletzten Nacht hatte ich plötzlich den Eindruck, daß mir jemand sagte: „Das beste Mittel, dir zu helfen, ist nicht Meditation sondern Musik." Dann war es, als ob ich Harmonien erschaffen hätte und sie dir für dein Buch schickte.

(Sich an Sujata wendend:) Wann hattest du den Traum?

Vorgestern.

Dies war vor zwei oder drei Tagen. Versteht ihr, ich dachte an die Ungewißheit und die mangelnde Regelmäßigkeit unserer Treffen *(wegen der Lawine der Sekretäre)* und fragte mich: „Was tun?" Denn wir haben Arbeit zu erledigen, und sie muß getan werden, aber davon abgesehen haben wir für nichts mehr Zeit. Da sagte „man" mir, daß dir vielleicht Musik helfen könnte. Aber ich bin völlig außer Übung, und da ich nicht mehr materiell spielen kann, dachte ich mir: „Ich kann ihn mit musikalischen Wellen in Verbindung bringen." Denn die sind ununterbrochen da – wirklich wunderbar. Vielleicht führte mich das an diesen Ort *(wo Satprem sich ausruht)*, was *(sich an Sujata wendend)* deinen Traum auslöste. Sicherlich gab mir das diese Erfahrung ... Die Musik fiel mir nicht besonders auf, aber es war ein äußerst harmonischer Ort: die Atmosphäre war harmonisch, die Farben waren harmonisch, die Klänge waren harmonisch. Folglich muß es dort Musik gegeben haben.

Aber ich erinnere mich, daß mir beim Aufwachen einfiel, daß ich zum letzten Mal an deinem Geburtstag gespielt habe.

Sunil bat mich, für ihn zu spielen; ich sagte ihm, daß ich nicht mehr spiele: „Ich kann nicht mehr spielen, meine Hände sind aus der Übung." Ich kann das, was kommt, nicht mehr umsetzen. Ich höre die Musik zwar, aber ich kann sie nicht mehr umsetzen. Wie etwas, das vergessen wurde. Da meinte er, das mache nichts, selbst wenn ich nur ein paar Noten spiele, drei, vier Noten, würde das genügen. Es ist mir aber schon aufgefallen, daß ich das erste Mal nach einer langen Unterbrechung viel besser spiele als sonst. Verstehst du, ich bemühe mich immer darum, daß etwas anderes durch mich hindurch spielt, weil ich es selber nicht mehr kann. Seit wann? Seit mindestens sechzig Jahren spiele ich nur noch ganz gelegentlich, und so ist das ganze Können der Hände weg. Sie sind ungeschickt, sie können nicht mehr spielen. Ich bin lediglich bestrebt, daß sich jemand anderer dieser Hände bedient, sei es ein musikalischer Geist oder eine musikalische Wesenheit. Und im allgemeinen gelingt das beim ersten Mal recht gut. Danach fangen die Hände wieder an und wollen es „selbst versuchen", und dann ist es aus. Es muß absolut plastisch sein, ohne persönlichen Willen.

Auf dieser elektrischen Orgel konnte ich nie sehr gut spielen; auf meiner großen Orgel, die ich vorher hatte, ging es viel besser, es war viel einfacher für mich. Diese hier ist sehr kompliziert und so mechanisch – sehr mechanisch. Ein bißchen zu mechanisch modern, und sie reagiert nicht so gut auf den vitalen Einfluß wie meine alte Orgel. Die mußte ich mit den Füßen bedienen, und die Füße brachten eine solche Kraft hinein! Durch das Betätigen der Blasebälge wurde eine solch kraftvolle Schwingung erzeugt. An diese hier hätte ich mich gewöhnen müssen, um sie zum Schwingen zu bringen. Sie kommt mir wie eine hohle Schale vor, es steckt keine Seele dahinter – wie eine leere Hülse. Weißt du, der Resonanzboden ist sehr aufnahmefähig. Bei einem Klavier spricht alles an: der Resonanzboden, die Tasten, die Saiten. Sie reagieren auf die Kraft. Man kann sie sogar zum Schwingen bringen, ohne die Tasten zu berühren. Dieser elektrische Apparat hingegen ist nur eine leere Hülle …

27. August 1966

(Mutter zeigt Satprem den Text einer Notiz,
die sie für die Schüler geschrieben hat:)

„Jedesmal, wenn ihr unter dem Antrieb der Falschheit handelt, wirkt dies auf meinen Körper wie ein Schlag."

*
* *

Hast du nichts zu erzählen?

Du solltest erzählen.

Nein. Immer nehme ich mir vor, nicht zu reden.

Warum?

Weil das die Erfahrung verwässert.
Auch das hier sind nur Worte. *(Mutter zeigt auf den Stapel der „Entretiens» für das nächste Bulletin)*

Ja, aber …

Wir leben in Worten.

Nun ja, gezwungenermaßen!

Leider.

Solange die Welt sich nicht ändert …

Nein, man kann nicht ohne Worte denken, aber man kann ohne Worte wissen. Die Phänomene des Bewußtseins, die sich nicht in Worten ausdrücken, sind IMMER von weitaus höherer Qualität.

Ja, aber um dies anderen zu übermitteln, ist man auf Worte angewiesen.

Das ist ja das Dumme daran! Wenn ich ihnen meine Antwort zukommen lassen könnte, ohne dafür Worte zu gebrauchen, wäre das so wertvoll, und außerdem würde es viel Zeit sparen. Aber es gibt nicht einen unter tausend, der so empfängt. Es gibt welche, aber nicht viele.

*
* *

179

(Mutter nimmt einen Brief vom Tisch)

Was sagt er?

(Satprem liest einen ellenlangen Brief.) Er fragt: „Soll ich mein Auto für weniger als 35 000 Rupien verkaufen? Kann ich das »I Ging« befragen und mich in sein Studium vertiefen? ..."

Was befragen?

Das „I Ging". Kenne ich nicht. Ein chinesischer Name.

Ach ja, das ist gerade sehr in Mode. Es ist ein Buch, in dem man auf jede beliebige Frage eine Antwort findet. Aber das Denken verdreht natürlich alle Worte, die man liest.

Doch schau dir das an! Ich habe einen ganzen Stapel solcher Briefe. Kaum ein oder zwei fragen wirklich etwas, das nur ich allein beantworten kann. Im Grunde sollte man mich nur solche Dinge fragen. Was soll das sonst?... Sie wollen sich bloß hinter meiner Antwort verstecken und sagen können: „Ja, aber Sie haben mir doch selber gesagt, daß ..." – „Soll ich zum Arzt gehen? Soll ich mich operieren lassen? Soll ich diese Stelle annehmen, die man mir angeboten hat? Soll ich ein neues Geschäft aufmachen? Soll ich diesen Mann heiraten?..." Und wenn dann etwas schief geht, heißt es: „Aber Sie haben mir doch gesagt ..."

Er kann das *I Ging* befragen – aber es wird ihm nichts anderes sagen als das, was er schon im Kopf hat. Sie basteln sich die Sätze zurecht, um das hineinzulesen, was in ihrem Kopf ist.

Hör zu, mein Kind, wir müßten irgendwie einen Weg finden ... Was können wir tun? Ich habe Arbeit, die wir zusammen tun können, viel Arbeit. In den letzten Tagen habe ich darüber nachgedacht, es gibt viel zu tun. Aber wir haben nicht die Zeit dazu – so wie es ist, lohnt es sich nicht, wir haben gerade genug Zeit, um ein bißchen miteinander zu plaudern, mehr nicht.

Nun ...

31. August 1966

Ganz früh heute morgen hielt ich dir eine lange Rede. Du schliefst noch. Hast du nichts gehört?

Was hast du gesagt?

Ach, es war sehr lang ...

Nichts Persönliches. Ich sagte dir, wie die wahre Bewegung verzerrt wird, und führte Beispiele dazu an. Sehr interessante Beispiele, es sieht nach nichts aus, ist aber etwas ganz Wesentliches, denn auf diese Weise verkehrt sich die Wahrheit in Lüge. Und es ist so subtil, daß man es mental nicht verstehen kann, wenn man nicht selber die Erfahrung hat. Diese Erfahrung erklärte ich dir mit zwei Beispielen, die ich dir sehr genau schilderte ... Jetzt erinnere ich mich nicht mehr an die Worte.

Du erinnerst dich nicht?

Die Worte waren von der Art, die einfach so kommt, als Ganzes. Wenn ich jetzt danach suche, ist es nicht mehr dasselbe. Wenn das wiederkommt, werde ich es dir sagen.

Ich habe oft die Erfahrung gemacht (auf einer anderen Ebene, glaube ich), als ob die Strömung sich aus einem unerklärlichen Grund umkehrte: Die Dinge hören auf, harmonisch zu sein, und man weiß nicht warum.

Das Warum ist sehr einfach: es ist immer die Trennung – das Individuum trennt sich ab. Immer. Entsprechend der Natur des einzelnen ist mehr oder weniger Egoismus daran beteiligt, aber immer ist es die Abtrennung. Jetzt sehe ich die falsche Bewegung: Sie tritt ein, wenn das Bewußtsein in eine alte Gewohnheit zurückfällt. Und da es eine sehr alte Gewohnheit ist, hat man nicht den Eindruck abzustürzen. Eine winzig kleine Bewegung *(Mutter dreht etwas zwischen Daumen und Zeigefinger)*.

Ich weiß – heute morgen war das sehr klar.

Verstehst du, alles ist das Wirken des Höchsten, um die Rückkehr des individuellen Bewußtseins zum ursprünglichen Bewußtsein, zum Höchsten Bewußtsein, zu beschleunigen. Und durch das Individuum verwandelt sich der Druck der Kraft, akzeptiert zu werden, in einen Willen, sich verständlich zu machen (ich weiß nicht, ob du mir folgen kannst). Und darin besteht eben die Entstellung. Das ist äußerst subtil. Mit „Willen" meine ich natürlich den menschlichen Willen. Der Druck der Kraft *(Mutter legt die rechte Hand flach auf die linke)* will sich verständlich machen durch das Bewußtsein *(die linke Hand darunter)*, der Druck der Kraft auf das Bewußtsein, um es zu transformieren, verwandelt sich im dazwischenstehenden Individuum in einen Willen, sich verständlich zu machen.

Noch etwas: Es gibt instinktiv, das heißt beinahe unterbewußt, fast unfreiwillig, nicht einen Willen, auch kein Bestreben, nicht einmal eine Neugier, vielmehr eine Art Gewohnheit der Beobachtung. Die Gewohnheit, die Wirkung auf andere zu beobachten – nicht bloß das, was sie denken, fühlen oder meinen, nein, so grob ist es nicht, denn sobald es dieses Ausmaß annimmt, muß man darüber lächeln. Es ist eine Art Gewohnheit, jeden Umstand nicht nur so zu betrachten, wie man ihn selbst sieht, sondern zugleich so, wie ihn auch die anderen sehen. Es ist keine „Besorgnis", aber man legt sich in der Reaktion des Bewußtseins automatisch Rechenschaft darüber ab, was die anderen spüren, denken, ihre Reaktionen – nicht unbedingt ihre Meinung, aber doch die Empfindung ihrer Reaktion. Es ist eine Art Gewohnheit. Und das ist die trügerische Verdrehung des Gefühls der Einheit. Verstehst du, wir sind EINS, und im verdrehten Bewußtsein drückt sich das aus durch eine Feststellung, eine Beobachtung (ich spreche nicht von Leuten, die sich um sich selbst sorgen und für die das Bedeutung hat, nein, es liegt an der Funktionsweise des Bewußtseins). Diese Bewegung der Beobachtung hat ihren Platz, aber in dieser Form ist es ein trügerischer Platz. Dies ist so subtil ... Das Gefühl der Einheit beinhaltet, daß jede Regung des Bewußtseins auf alles zurückwirkt, auf alle Bewußtseine, weil es nur ein Bewußtsein gibt; nur die Entstellungen sind anders. Diese Entstellungen ergeben also die Vielfalt.

(Schweigen)

Noch etwas anderes: Es herrscht eine intensive und konstante Aspiration nach Einheit. Es fängt immer mit Hingabe an, der spontanen Hingabe an den Höchsten. Aber dann vermengt sich damit ... (wie soll man das ausdrücken?) die Erwartung (ist es eine Erwartung?). Es ist fast nur eine Feststellung ... es ist keine Sorge, vielmehr eine Erwartung – ja, *expectation* wäre das treffende Wort – des Resultats. Das heißt, in diesem großen Willen und Streben nach der Manifestation der Harmonie, der Liebe in der Wahrheit, in diesem Hunger des ganzen Wesens nach Dem, was am Ursprung dieser Harmonie liegt, in die Bewegung der Aspiration mischt sich die Wahrnehmung (es ist mehr als Wahrnehmung: eine Erwartung), die Erwartung des Ergebnisses, und dadurch wird es verfälscht *(dieselbe Geste der Verdrehung)*.

Was ich da sage, ist keineswegs etwas, was ich „sehe", sondern etwas, das ich während meines Morgenganges um halb fünf erlebt habe. Nacheinander kamen diese verschiedenen Erfahrungen, und schließlich ergab sich eine sehr klare und deutliche Wahrnehmung des Augenblicks, wo die wahre Erfahrung ... *(dieselbe Geste der Verdrehung)* sich verfälscht. Es ist nichts Heftiges, nichts Dramatisches, überhaupt nicht, aber ... es ist ganz klar der Unterschied zwischen dem Unendlichen und Ewigen, Allmächtigen, und wie sich dieses in die Individualität, in die individuelle Begrenztheit verwandelt. Für das gewöhnliche Bewußtsein, das normale Bewußtsein – das heißt, das beschränkte, persönliche Bewußtsein – ist die Erfahrung selbst wunderbar, doch man ist „Empfänger", „derjenige, der die Erfahrung hat". Und genau darum geht es: um den Unterschied zwischen der [reinen] Erfahrung und dann plötzlich „demjenigen, der die Erfahrung hat". Und sobald diese „Person, die die Erfahrung hat", ins Spiel kommt, ist alles aus, das verzerrt alles. Alles wird verzerrt, aber nicht dramatisch, verstehst du. Dies ist der Unterschied zwischen Wahrheit und Unwahrheit. Eine Unwahrheit (wie kann ich das erklären?) ... Es ist der Unterschied zwischen Leben und Tod, der Unterschied zwischen Wirklichkeit und Illusion. Und das eine IST, während das andere ... sich daran erinnert, gewesen zu sein, oder nur noch beobachtet.

Das ist wirklich äußerst subtil. Aber es ist unermeßlich. Unermeßlich und total.

Heute morgen lebte dieser Körper die Wahrheit wiederholt mehrere Sekunden lang (Sekunden, die auch Ewigkeiten gewesen sein können). Wenn alles dafür bereit wäre, daß sich „das" festigen könnte, dann wäre dies offensichtlich die Allmacht.

Das war eine so deutliche, offensichtliche und greifbare Erklärung, die zeigte, wie dies die ganze Zeit geschieht. Die ganze Zeit, ständig und überall. Wenn man nicht die Erfahrung hat, kann man den Unterschied überhaupt nicht verstehen, auf keinerlei Weise; alle Worte sind nur Annäherungen. Doch in den Augenblicken, wo das wahr ist ... *(Mutter lächelt glückselig)* Auch weiß man nicht, ob es lange gedauert hat oder nicht: diese Begriffe sind dort inexistent. Und das Wunderbarste daran ist, daß es nichts aufhebt! Alles ist da, und es zerstört nichts. Es ist nur ein Bewußtseinsphänomen. Denn in solch einem Moment wird alles, was ist, wahr, folglich ... Ich meine, es hebt nichts an der Manifestation auf, man hat nicht einmal die Empfindung, daß es die Falschheit aufhebt: sie existiert einfach nicht, es gibt sie nicht. Alles kann genauso bleiben, wie es ist; es ist nur noch eine Frage der Wahl. Alles wird zu einer Frage der Wahl: man wählt so, oder man wählt so. Und in einer solch hellen Freude, in einer Schönheit, Harmonie und einer Fülle lichten Bewußtseins, in der es überhaupt nichts Dunkles und Unklares mehr gibt; all das existiert nicht mehr. Und es geht dabei um eine eigentliche Wahl zwischen Leben und Tod, zwischen Bewußtsein und dem Unbewußten (ich meine damit nicht das, was wir Unbewußtheit nennen, nicht die Unbewußtheit des Steines). Bis man „das" erlebt hat, weiß man nicht, was Bewußtsein ist.

Könnte man dies in Worte fassen, ach wie schön das wäre – in so einem Augenblick verstehe ich die Dichter! Es ist, als sagte diese unsagbare Gegenwart: „Siehst du, ich war die ganze Zeit über da, und du hast es nicht gewußt." All dies wird tief in den Zellen erlebt: „Siehst du, immer war ich da, und du wußtest es nicht." Und so ... *(Mutter verharrt in einer lächelnden Kontemplation)* Ein ganz kleines Nichts – das alles verändert.

So kann gar ein Toter wieder lebendig werden. Durch diese Veränderung.

Das Mental dramatisiert alles, und deshalb versteht es nichts. Natürlich war es nützlich, um die Materie zu verfeinern, sie geschmeidiger zu machen, sie vorzubereiten – um das Leben geschmeidiger zu machen, die Materie zu verfeinern. Aber es hat einen Hang zum Drama, und aus diesem Grund versteht es nichts. Heftige Gefühlsaufwallungen und Komplikationen sind sein Spiel, sein Vergnügen. Wahrscheinlich, weil es sie brauchte. Aber wenn die Zeit gekommen ist, wenn man bereit ist für die Erfahrung, muß man das wirklich fallenlassen.

(Schweigen)

Und gleich danach kam diese so friedvolle Gewißheit, daß alles notwendig war – alles, alles. Vom Wunderbarsten im menschlichen Bewußtsein bis hin zum Schrecklichsten und Abstoßendsten – alles war notwendig. Auf eine ganz merkwürdige Weise werden all diese Dinge, all diese Erfahrungen, dieses ganze Leben unwirklich – unwirklich, ja schlimmer noch als ein Schauspiel, das man sich selbst vorspielt: einfach unwirklich. Und genau diese Unwirklichkeit war für das Bewußtsein erforderlich. Alle Werturteile sind rein menschlich – rein menschlich, weil sie das Maß, die Proportion verändern. Sogar das physische Leiden, das materielle Leiden, etwas, das sich am schwersten als illusorisch entlarven läßt, ist eine jämmerliche Komödie, die man sich selbst und den Zellen vorspielt. Und ich spreche aus Erfahrung, mit überzeugenden Beispielen. Sehr interessant!

September

3. September 1966

Sujata bräuchte deinen Schutz. Seit sechs Monaten bekommt sie andauernd Schläge.

(Sich an Sujata wendend): Wer versetzt dir Schläge?

Sie hat mindestens vier auf die Hände bekommen und kann nicht mehr tippen.

Schläge von wem?

Sie stößt sich selbst, oder beim Basketball.

Stößt du dich selbst, oder stoßen dich die anderen?

Beides.

Wir werden dich davor schützen ... *(Mutter zieht einen dreifachen Kreis um Sujatas Hände),* so.

Das ist auch eine Gewohnheit. Nichts als Gewohnheiten: in der Natur spielende Kräfte. Man muß eine innere Bewegung machen *(Mutter macht eine winzige Geste der Abtrennung),* um die Gewohnheit zu durchbrechen.

Manchmal hat man den Eindruck, als verfolge einen eine kleine Kraft.

Ja, genau.

*
* *

(Kurz darauf geht es um ein früheres Entretien vom 28. April 1951, in dem Mutter davon spricht, den Körper zu erwecken, aber nicht durch Ausübung von Zwang auf das Vital, sondern durch die Mitarbeit des Körpers selbst. Auch ist darin die Rede von der Notwendigkeit einer plastischen Physis, um sich allen Veränderungen anpassen zu können.)

Ich verbrachte mehrere Stunden in dieser Erfahrung: Wie der Körper mechanisch an seine genaue Weise, die Dinge zu tun, gebunden ist, und wie nötig er es hat, das Licht zu empfangen, um zu allem bereit zu sein. Er muß spontan und aufrichtig sagen können: „Dein Wille, Herr, allein Dein Wille ..." Aber er akzeptiert dies von nichts und niemandem als vom Herrn. Sonst ist da nichts zu machen.

Das ist sehr interessant für mich. Einmal mehr stelle ich fest, daß ich stets die Erfahrung von dem mache, was ich kurz danach höre oder was mir vorgelesen wird.

Merkwürdig, wie eine innere Vorbereitung.

*
* *

Etwas später

Gestern nachmittag und heute morgen wurde mir ausführlich demonstriert, wie das Mental für das Spiel des Göttlichen einen gewissen Wandel in der Evolution der Materie bewirkte und ermöglichte und wie die Zurückweisung des Mentals EINZIG als Mittel zum Fortschritt und zur Evolution zweckmäßig ist und wie es erst voll genutzt werden kann, wenn das neue Wesen, das umfassende göttliche Wesen, sich manifestieren wird. Sehr interessant. Eine Demonstration.

Dies ist eine Fortsetzung der Demonstration, die zeigte, daß ALLES, was geschah, notwendig war *(siehe Gespräch vom 31. August, S. 181).*

Aber man kann dies erst wirklich verstehen, wenn man sich des Mentals entledigt hat. Solange man noch daran gebunden ist, versteht man nichts.

Das kommt Schritt für Schritt ...

Die meiste Zeit vergeht damit, die Materie vorzubereiten, diese zellulare Materie, so wie sie jetzt organisiert ist *(seit dem Erwachen des Mentals der Zellen bei Mutter),* um sie flexibel und stark genug werden zu lassen, damit sie die göttliche Kraft ertragen und manifestieren kann. Dies braucht viel Zeit ... Und das erklärt alles – alles findet seine Erklärung. An dem Tag, wo man das im Detail beschreiben kann, wird es wirklich interessant sein.

Und es gibt einen kleinen Anfang davon, wie dieses Wesen sein wird, das Sri Aurobindo „supramental" nennt – die nächste Schöpfung. Ein kleiner Beginn. Und wie Sri Aurobindo sagte: eine Erklärung, die von innen nach außen kommt. Das Äußere, die Oberfläche, hat nur eine sehr zweitrangige Bedeutung und kommt erst ganz am Ende, wenn alles bereit ist. Doch es fängt von innen nach außen an, und es beginnt auf eine ziemlich genaue und interessante Weise.

Viel Zeit ...

7. September 1966

Ich habe alle Hoffnung aufgegeben, je pünktlich zu sein ... Es nützt alles nichts, jeden Tag ist es dasselbe.

Und sie *(die Sekretäre)* lassen mich arbeiten wie einen Sträfling; nicht, daß ich einfach ruhig dasitzen und ihnen bloß zuhören würde ...

Und es ist kein böser Wille – ach, wenn dem so wäre, kein Problem, ich würde sie einfach hinauswerfen!

Ich hatte vor, ihnen einen Brief zu schicken, ich habe ihnen sogar einen geschrieben, den ich nicht abgeschickt habe[1]. Ich bedaure, daß ich dies nicht getan habe, er hätte etwas bewirkt.

Das glaube ich nicht! Ich glaube es nicht, weil ich ihnen selber schon alles gesagt habe, was es zu sagen gab. Ich sagte ihnen sogar, daß mich das krank mache ... Sie haben nicht die Kraft zu widerstehen: es ist die Strömung der äußeren Welt, und sie haben nicht die Kraft zu widerstehen.

Ich tue alles so schnell ich kann, nicht, daß ich einschlafen würde!... Könnte man mit der Transformation ... die Macht erlangen, diese ganze Arbeit in weniger Zeit zu tun?

Vielleicht hätte man die Macht, den Leuten verständlich zu machen, daß sie deine Zeit nicht vergeuden dürfen.

Ihre Vorstellung von dem, was nützlich ist, entspricht nicht der meinigen.

*
* *

(Kurz darauf arrangiert Mutter Blumen und legt eine für den Schatzmeister des Ashrams beiseite)

Ich habe auch kein Geld mehr. Ich schulde ihm 15 000 Rupien, und der arme Mann muß alle Mieten bezahlen ... Überall habe ich Schulden! *(Mutter lacht)*

So stehen die Dinge. Doch es macht nichts!

---

1 In diesem nie abgeschickten Brief versuchte Satprem unbefangen, den Sekretären verständlich zu machen, daß diese Gespräche mit Mutter für die ganze Welt von Bedeutung sein könnten und daß, wenn Mutter mit einer Stunde Verspätung zu diesen Gesprächen käme, erschöpft durch eine Flut von unnützen Trivialitäten und kleinen persönlichen Angelegenheiten, dies keine günstige Atmosphäre sei, um den Faden ihrer Erfahrung wieder aufzunehmen. Satprem erkannte jedoch bald die Zwecklosigkeit der Betonung dieser offensichtlichen Tatsache; man hätte ihn schlichtweg beschuldigt, sich als Günstling aufspielen zu wollen.

Wenn wir früher Geldschwierigkeiten hatten, bekam ich stets Geld von hier oder dort, das war leicht: ich nahm das Geld, und wenn welches einging, legte ich es wieder zurück. Aber jetzt funktioniert das nicht mehr. Amrita schulde ich 20000 Rupien, H schulde ich 13000 Rupien, dem Schatzmeister schulde ich 15000 Rupien. Aber das macht nichts, ich messe dem keine große Bedeutung bei.

Wir haben ein ungeheures Budget: das Budget eines kleinen Dorfes – nein, eher einer kleinen Stadt. 2,6 Millionen Rupien[1] im Jahr, verstehst du? Und alle Leute, die mir früher Geld gaben (Geschäftsleute und so weiter), sind durch die ach so glänzenden Maßnahmen der Regierung ruiniert worden. Also können sie mir kein Geld mehr geben. Sie geben, was sie können, sie sind sehr nett und geben sich große Mühe, aber …

Die einzigen, die mir noch Geld geben könnten, wären die Schwindler! *(Mutter lacht)* Die haben viel Geld, von überallher zusammengestohlen – aber sie wollen nicht damit herausrücken.

Macht nichts, das ist nur eine Phase.

Es bläst eine Art Wind, wie ein großer Sturm von Verwirrung; eine sehr dunkle Verwirrung, bar jeglichen Verständnisses. Es scheint, daß alle Einsicht, Klarsicht, ja sogar der gesunde Menschenverstand verschwunden sind. Doch das ist eine Phase und wird vorübergehen.

Reichtum hängt nicht von der Menge des Geldes ab, die man hat. Es ist eine Frage des Verhältnisses zwischen diesem Geld und den Unkosten, die man abdecken muß. Armen Teufeln, die keinerlei Verpflichtungen außer für sich und ihre Familie haben, würde ich ungemein reich erscheinen. Ich bekomme tausend Rupien am Tag – aber ich brauche siebentausend! Ich muß siebentausend bezahlen und erhalte tausend. Das ist das Verhältnis.

Du mußt irgendwie auf die Schwindler einwirken!

(Mutter lacht) Weißt du, viele Leute verstecken ihr Geld in Mauerritzen oder verbergen es hinter Vorhängen oder Tapeten. Ein Vermögen, zig Millionen Rupien sind in Mauerritzen versteckt! Dann plagen sie sich fürchterlich, ängstigen sich halb zu Tode und befürchten ständig eine Polizeirazzia. Dabei würden sie recht angesehene Leute, wenn sie es nur hergäben! Sie bräuchten keine Angst mehr zu haben und könnten ein friedliches Leben führen … Ich könnte sagen, es handle sich um anonyme Spenden, wie in den Tempeln. Das wäre eine Möglichkeit für sie, ehrliche Menschen zu werden, es wäre sehr vorteilhaft für sie. Aber sie kleben an ihrem Geld, mehr als an ihrem Leben. Schon öfter habe ich gesagt – ich kenne Leute, die ihr Geld in Mauerritzen

---

1 Damals ca. 250000 Euro

verstecken –, ich ließ durch Vermittler ausrichten, sie bräuchten es nur in einem Koffer vor meiner Tür abzustellen. Und ich würde einfach sagen, es handle sich um eine anonyme Spende, basta. Sie wären frei – nicht nur frei, sondern gar *(lächelnd)* gesegnet, weil es für die göttliche Arbeit ist ... Sie sind wirklich Gefangene, Gefangene ihres Geldes.

Recht interessant daran ist, daß bislang alle, die Gelegenheit gehabt hätten, mir Geld zu geben, sich aber dazu nicht aufraffen konnten, es ausnahmslos verloren haben. Es wurde ihnen weggenommen, sei es von der Regierung oder durch eine finanzielle oder industrielle Katastrophe – oder einfach von einem Dieb. Weg!

Vor sehr langer Zeit (Sri Aurobindo war noch hier) kam ein alter tamilischer Financier mit seiner Frau hierher. Er wurde sehr alt; seine Frau starb, und er blieb hier. Er gab Geld: er zahlte für seine Unkosten und machte kleine Geschenke; aber er war sehr reich. Als seine Frau starb, sagte er sich: „Ach, und wenn ich alles gäbe, was ich habe?" Dann kam er auf vernünftigere Gedanken: „Ach, man weiß nicht, der Ashram kann aufhören zu existieren ..." Und er ließ sein Geld bei Verwandten, die Bankiers oder so etwas waren, und ... pfft, alles weg! Da sagte er sich: „Wie dumm von mir! Wie man es auch dreht und wendet, jetzt habe ich nichts mehr. Hätte ich das Geld gegeben, hätte ich wenigstens das Verdienst, es verschenkt zu haben. Jetzt habe ich weder das Geld noch das Verdienst!" *(Mutter lacht)*

Ach, was bringst du da? *Entretiens* für das *Bulletin*? Worum geht es darin?

> *Ein Gespräch über Geld!*

Aha, siehst du!

> *(Satprem liest das Entretien vor,*
> *dann macht Mutter Bemerkungen dazu)*

Deshalb habe ich mit dir über Geld gesprochen – siehst du, wie das geht?

> *Ja, merkwürdig!*

Lustig.

Ich sage, es ist lustig, aber ich weiß es, es ist die ganze Zeit so. Die ganze Zeit, immerzu, mit allem. Ich bin in einem Zustand ... (wie soll ich sagen?) Ein Zustand kontemplativer Reglosigkeit, mit dieser Art konstanter Aspiration nach ... der Vollkommenheit, die man anstrebt: das, was wir in diese Welt hinabbringen wollen. Das ist alles. Und dann kommen von überallher alle möglichen Dinge *(Geste der Kommunikation)*: plötzlich denke ich an etwas, oder plötzlich erhalte ich eine Antwort auf etwas, ganz plötzlich ... Und sofort, wenn die Arbeit beendet ist, sehe ich: hier *(Geste zur Stirn)* blieb alles ruhig und unbewegt, nicht einmal beteiligt. Wie eine Sende-Empfangs-Vorrichtung bei einem Telefonapparat. Ich übertrage einfach. Dabei bin ich nicht einmal neugierig darauf zu erfahren, warum dies oder das gekommen ist. Es ist einfach so: es kommt und geht, die Antwort, die Übertragung geht hinaus, dann die Reaktion. Und dabei bleibt alles ruhig *(Geste zur Stirn)*. Ich weiß also, wie die Sache läuft, aber da ich mir nicht sage: „Moment! Das ist aus diesem oder jenem Grund so", ist es lustig, wenn der äußere Beweis eintritt *(wie bei diesem Gespräch über Geld)*.

Eine merkwürdige Sache ... Der Bewußtseinszustand der Körperzellen ist wie eine Art heftiger, ständiger Durst nach ... dem, was sein soll: die Schwingung der Harmonie, des Bewußtseins, des Lichts, der Schönheit und der Reinheit. Dies drückt sich nicht einmal in Worten aus, sondern ... eine Aspiration, nichts als eine Aspiration. Und dann *(in dieser schweigenden Aspiration)* kommt es dann so, von allen Seiten. Merkwürdig daran ist, daß es auch Schmerzen, Beschwerden, scheinbare Krankheiten gibt – all das kommt von außen. Und immer mit derselben Reaktion *(Geste der Herabkunft)*: das göttliche Bewußtsein, das göttliche Bewußtsein auf alles zu richten. Das Bewußtsein, das Frieden, Licht, Kraft in sich schließt ...

14. September 1966

122 – Wenn du nicht mehr das Spielzeug von Meinungen sein willst, sieh zuerst, inwieweit dein Gedanke wahr ist; dann studiere, inwieweit sein Gegenteil wahr ist; und schließlich entdecke die Ursache dieser Unterschiede und den Schlüssel zu Gottes Harmonie.

123 – Eine Meinung ist weder wahr noch falsch, sie ist nur nützlich im Leben oder unnütz ...

(Mutter lacht sehr)

... denn sie ist eine Schöpfung der Zeit, und mit der Zeit verliert sie ihre Wirksamkeit und ihren Wert. Erhebe dich über die Meinungen und suche die unvergängliche Weisheit.

124 – Bediene dich der Meinungen im Leben, aber lasse sie nicht deine Seele in Knechtschaft binden.

125 – Jedes Gesetz, so umfassend oder tyrannisch es auch sein mag, stößt irgendwann auf ein entgegengesetztes Gesetz, das seine Anwendung aufhalten, modifizieren, annullieren oder außer Kraft setzen kann.

(nach einem Schweigen)

Ich habe gerade versucht herauszufinden, wieso Meinungen nützlich sind ... Sri Aurobindo sagt, sie seien „nützlich oder unnütz" – in welchem Sinne kann eine Meinung nützlich sein?

Sie helfen vorübergehend beim Handeln.

Nein, das ist ja gerade das, was ich so bedauerlich finde: Die Leute handeln nach ihrer Meinung, und das taugt überhaupt nichts.

Vielleicht ist das alles, was sie haben!

(Lachend) Man kann also sagen, es ist lediglich ein Notbehelf.
Dauernd erhalte ich Briefe von Leuten, die irgend etwas tun oder nicht tun wollen und mir sagen: „Meine Meinung ist, daß dies stimmt und jenes nicht ..." Und immer, in neunundneunzig von hundert Fällen, ist es falsch, eine Dummheit.
Man gewinnt den sehr klaren Eindruck – jedenfalls klar sichtbar –, daß die entgegengesetzte Meinung genausoviel Wert hat und es nur eine Frage der Einstellung ist, weiter nichts. Auch spielen dabei natürlich die Vorlieben des Egos eine Rolle: Man hätte es lieber so, also ist man der Meinung, es sei so.

Aber solange man nicht das höhere Licht zum Handeln hat,
muß man sich der Meinungen bedienen.

Es wäre besser, Weisheit zu besitzen als eine Meinung. Weisheit heißt ja, alle Möglichkeiten, alle Aspekte einer Frage in Betracht zu ziehen und dann zu versuchen, so unegoistisch wie möglich zu sein und zum Beispiel im Falle einer Handlung zu sehen, welche der größten Anzahl Menschen von Nutzen sein kann oder am wenigsten zerstört, welche am konstruktivsten ist. Selbst wenn man das Ganze von einem Standpunkt ansieht, der nicht spirituell, sondern nur nützlich und unegoistisch ist, wäre es besser, der Weisheit entsprechend zu handeln und nicht gemäß seiner Meinung.

Ja, aber welches wäre die rechte Art vorzugehen, wenn man nicht das Licht hat, ohne seine Meinung oder sein Ego da hineinzumischen?

Ich glaube, dies wäre, alle Seiten des Problems zu betrachten, sie so unvoreingenommen wie möglich seinem Bewußtsein zu präsentieren und zu sehen, was das beste ist (falls möglich) oder das am wenigsten Schädliche, falls die Folgen unangenehm sind.

Ich wollte sagen: Welches ist die beste Einstellung? Eine Einstellung des Eingreifens oder eine Einstellung der Duldung? Welche ist besser?... Man fragt sich.

Genau darum geht es! Um einzugreifen, muß man sicher sein, daß man recht hat; man muß sicher sein, daß die eigene Vision der Dinge derjenigen der anderen oder des anderen überlegen ist, daß sie besser oder wahrer ist. Natürlich ist es immer weiser, nicht einzugreifen – die Leute greifen ohne Sinn und Verstand ein, einfach nur, weil es ihre Gewohnheit ist, anderen ihre Meinung aufzudrängen.

Selbst wenn man die Vision der wahren Sache hat, ist es selten weise zu intervenieren. Dies ist nur gerechtfertigt, wenn jemand etwas tun will, das notwendigerweise in eine Katastrophe münden wird. Und sogar in so einem Fall *(lachend)* ist ein Eingreifen nicht immer wirkungsvoll.

Im Grunde dürfte man nur eingreifen, wenn man absolut sicher ist, die Vision der Wahrheit zu haben. Und nicht nur das, sondern auch die klare Vision der Konsequenzen. Um in die Handlungen eines anderen einzugreifen, muß man ein Prophet sein – ein Prophet mit einem absoluten Wohlwollen und Mitgefühl. Man braucht sogar die Vision der Konsequenzen, die das Eingreifen in das Schicksal des anderen haben wird. Die Menschen geben einander dauernd Ratschläge: „Tu dies; mach das nicht!" Sie können sich gar nicht vorstellen, in welchem Ausmaß sie Verwirrung stiften und die Verwirrung und Unordnung damit noch steigern. Manchmal schaden sie gar der normalen Entwicklung des Individuums.

Ich betrachte Meinungen immer als gefährlich, und meistens sind sie wertlos.

Man dürfte sich eigentlich nicht in die Angelegenheiten eines anderen einmischen, es sei denn, man wäre unendlich viel weiser als der andere – natürlich hält man sich immer für weiser, aber ich meine auf eine objektive Art und nicht nach seiner eigenen Meinung: Wenn man mehr und besser sieht, wenn man selber außerhalb der blinden Leidenschaften, Wünsche und Reaktionen steht. Erst dann hat man das Recht, in das Leben eines anderen einzugreifen – auch wenn er einen darum bittet. Und wenn er einen nicht darum bittet, ist dies gleichbedeutend mit einer Einmischung in etwas, das einen nichts angeht.

(Mutter geht in eine lange Kontemplation;
dann öffnet sie plötzlich die Augen)

In deiner Atmosphäre habe ich gerade ein lustiges Bild gesehen – da oben. Es war wie ein sehr steiler Berghang, und jemand kletterte da hinauf, wie ein Symbol für den Menschen. Ein Wesen ... Merkwürdig, ich habe das schon mehrere Male gesehen: Wesen ohne Kleider, die aber nicht nackt sind. Und ich kann nicht verstehen, warum – was soll das bedeuten? Sie tragen keine Kleidung, sind aber nicht nackt ... Man sieht eine Form mit der Gestalt eines Menschen, und sie ist nicht nackt. Das ist schon das dritte Mal, daß ich dies sehe. Aber es passiert mit Menschen, die ihren Körper verlassen haben. Zum Beispiel Purani habe ich so gesehen. Er war nicht nackt und trug keine Kleider. Ich sah eine Körperform, blau und rosa (ich habe dir das schon erzählt, glaube ich). Und eben gerade sah ich einen Mann, die Gestalt eines Mannes (der dir übrigens ähnelte), der einen Hang hinaufkletterte. Er war nicht nackt und trug doch keine Kleidung ... Sie haben wohl eine Art Lichtkleid. Aber es erscheint nicht wie ein strahlendes Licht oder so etwas. Es ist wie eine Art Atmosphäre, oder wie die Aura: die Aura wird sichtbar. Diese Transparenz verbirgt die Form nicht, und trotzdem ist die Form nicht nackt. Das muß wohl die Aura sein: die sichtbar gewordene Aura.

So war das jedenfalls. Und dann der Himmel – ein weiter Himmel, der sich von unten bis oben wölbt (wie ein Bild), ein sehr klarer, lichter, reiner Himmel – mit unzähligen ... mit Hunderten von Dingen wie Vögeln, die auf ihn zuflogen, und er lockte sie mit einer Geste an. Die meisten waren hellblau und weiß. Von Zeit zu Zeit war eine Flügel- oder Kopfspitze etwas dunkel, aber dies war die Ausnahme ... Sie kamen zu Hunderten geflogen, und er lockte sie mit einer Geste an, um sie dann auf die Erde zu schicken (er stand auf einem steilen Hang), er schickte sie hinunter ins Tal. Und dort wurden sie ... *(Mutter lacht)* zu Meinungen. Sie wurden zu Meinungen! Es gab dunkle, helle, braune, blaue ...

Wie Vögel, die so hinunter auf die Erde flogen. Aber es war ein Bild – nein, kein Bild: es bewegte sich. Sehr amüsant!

Sie kamen von oben, leuchtend, zu Hunderten. Und dann sagte er: „So entstehen also Meinungen."

Er sah dir ähnlich. Du warst es nicht direkt, aber er sah dir ähnlich.

195

Sie kamen vom Himmel, einem grenzenlosen, lichtvollen, klaren Himmel, der weder blau noch weiß war, weder rosa noch ... einfach hell, hell. Und von diesem Himmel kamen sie ... ich sagte zu Hunderten, aber es waren Tausende, die daherflogen. Er stand da und empfing sie, dann machte er eine Handbewegung und schickte sie auf die Erde, und ... sie wurden zu Meinungen. Ich glaube, ich fing an zu lachen, es amüsierte mich.

Merkwürdig.

Und sie kamen alle in Scharen herab – das Tal sah man nicht.

Gut. Es kann also sein, daß die Meinungen von einem Lichthimmel stammen. *(Mutter lacht)*

Im Grunde sind Bilder viel ausdruckskräftiger als Worte!

Erinnerst du dich an die Zeichnung, die ich vom „Aufstieg zur Wahrheit" gemacht hatte? So war es auch hier: Da war dieser steile Fels, und dort kletterte er hinauf (mühelos übrigens). Und dann, nicht ganz oben, doch weitab von der Erde (die Erde sah man nicht mehr), empfing er all die Vögel und schickte sie nach unten. Ich sehe das Bild noch vor mir, es war schön.

Und dieses besondere Detail, das ich jetzt verstehe, ist die Aura, die sichtbar geworden war und als Kleidung diente. Verstehst du, die Aura wird zur Kleidung.

Das muß im Subtilphysischen sein, vielleicht ein wahres Physisches. Sri Aurobindo sagte einmal, das Subtilphysische sei viel wahrer als unseres. Dort sind die Dinge so, von einer sehr klaren Symbolik.

Und diese Vögel (die keine Vögel waren, aber Vögeln ähnelten) kamen in leuchtenden Formen, manchmal mit winzigen dunkleren Spuren hier und da, aber überwiegend hell. Ihre Form war sehr fließend. Es waren keine Farben, wie wir sie kennen, nicht weiß, nicht hellblau, eher wie die Essenz von Weiß und Blau, die Essenz der Farben. Ich weiß nicht, wie ich das erklären soll. Sie kamen, worauf er sie losschickte, und als sie durch seine Hände auf die Erde hinunterflogen *(lachend)* ... wurden sie braun, blau, grau ... alle möglichen Farben, und dies waren Meinungen.

Lustig.

17. September 1966

Was macht dein Buch?

Findest du, daß es zu langsam vorangeht? Möchtest du, daß es schneller geht?

Nein. Ich frage dich, weil ich gestern abend noch bis in die Nacht damit beschäftigt war. Aus diesem Grunde frage ich. Nachts sehe ich Dinge, ich höre Sätze und sehe Szenen, und dann ... Ich sage mir also, daß es vorangeht.

(Schweigen)

Eine neue Aktivität entwickelt sich ... Ich ertappe mich dabei, wie ich mit Menschen spreche, die ich meistens nicht kenne, und ich beschreibe eine Szene: sie können dies oder jenes veranlassen, man kann ihnen dies oder jenes vorschlagen, und schließlich kommt dies oder jenes dabei heraus – wie Szenen aus einem Buch oder einem Film. Tagsüber oder am nächsten Morgen sagt mir dann plötzlich jemand: „Ich habe eine Botschaft von Ihnen erhalten, Sie haben mir gesagt, ich solle jener Person schreiben und ihr das und das sagen ...“ Ich tue das nicht mental, nicht, daß ich denken würde: „Er muß dieser Person schreiben und jenes tun“, überhaupt nicht. Ich lebe – ich lebe eine Szene oder erzähle sie, und das wird dann von jemandem empfangen (an den ich überhaupt nicht denke). Es wird von irgend jemandem aufgefangen, wie eine Nachricht, in der ich Anweisungen gebe, dies oder jenes zu tun. Und das geschieht hier, in Frankreich, in Amerika, überall.

Lustig!

Jemand schrieb mir: „Sie haben mir gesagt ...“, und es handelt sich um eine meiner „Szenen“! Eine der Szenen, die ich erlebte – nicht erlebte: zugleich erlebte und erzeugte. Ich weiß nicht, wie ich das erklären soll. Es ist wie eine Arbeit der ... *(Mutter scheint eine unsichtbare Substanz zwischen ihren Fingen zu kneten, als ob sie sie formen wollte).*

Das bin nicht ich, verstehst du! Hier *(Mutter berührt ihre Stirn)*, Gott sei Dank, Herr, ich hoffe, daß das immer so weitergeht: ruhig und still, so still, ruhig und friedlich. Aber es kommt von allen Seiten *(Geste unzähliger Kommunikationen, die sich in dieses Schweigen ergießen).*

Auch Geschichten von Ländern, von Regierungen, da kenne ich das Ergebnis nicht – vielleicht erfahren wir das später.

Und in dieser Art Aktivität habe ich alle möglichen Kenntnisse, die ich gar nicht besitze. Manchmal gar ein medizinisches oder technisches

Wissen, das ich überhaupt nicht habe – dort aber schon, verstehst du, denn ich sage: „Dies ist so, jenes ist so ...“ Amüsant.

Und das bin nicht ich. Ich, wo bin „Ich“ denn überhaupt?... Auf jeden Fall ist es nicht das *(Mutter zwickt die Haut ihrer Hand)*. Armes Ding! Es hat weiterhin seine Aspiration und zugleich das Gefühl seines Unvermögens, seines Elends und seiner Ohnmacht, das auszudrükken, was ausgedrückt werden sollte, das Gefühl seiner Unwürdigkeit, ein Instrument des Göttlichen zu sein. Gleichzeitig hat es eine Art wachsender Gewißheit von ... (wie soll ich sagen?) von der Großmut der göttlichen Gegenwart, die so wunderbar ist in ihren Wirkungen, trotz des fast totalen Schwachsinns von alldem hier *(Mutter weist auf ihren eigenen Körper)*, das äußerlich von Dummheit durchsetzt ist, doch mit einer so brennend-intensiven, konstanten Aspiration und mit etwas Rührendem in seiner Demut und seinem Vertrauen, das seine Ohnmacht empfindet und zugleich diese wunderbare Macht, die da ist und nichts verlangt außer zu wirken – wenn man sie machen läßt. Das drückt sich in einer Art Film-Rückschau aller Schwierigkeiten des Körpers, seiner ganzen Ohnmacht, seiner Unfähigkeiten und Dunkelheiten aus, all dies läuft ab wie auf einer Leinwand, um aufgelöst zu werden. Und dann wohnt man der Auflösung ins Licht bei. Phantastisch!

Und der Eindruck, von einem ganz dünnen Faden gehalten zu werden, dem Faden ... nicht des Glaubens, es ist kein Glaube. Es ist eine Gewißheit, die jedoch zugleich eine Aspiration ist. Und die spürt – die spürt, daß da etwas absolut Neues und Junges ist in dieser verrotteten Atmosphäre von Ungläubigkeit, Dummheit und Böswilligkeit. Da ist nur dieser so dünne Faden, und es ist ein Wunder, daß ...

(Schweigen)

Selbst jene, die meinen, sie hätten den Glauben, wollen, daß alles für sie getan wird. Sie wollen, daß die höchste Macht, der Höchste, alles für sie tut TROTZ ihrer Ungläubigkeit, ihrer Dummheit und Unfähigkeit. Und das nennen sie dann Allmacht. Sie verstehen nicht einmal, daß diese Schwingung der Wahrheit, wenn sie sich durchsetzte, die Zerstörung von all dem, d.h. ihre eigene Zerstörung, bedeuten würde. Die Zerstörung dessen, was sie glauben zu sein.

Das Wunder ... das Wunder ist dieses unendliche Mitgefühl, dank dem nichts zerstört wird. Es wartet. Es ist da, mit seiner vollen Macht, seiner vollen Kraft, und ... bestätigt einfach seine Gegenwart, ohne sich aufzudrängen, um ... den Schaden auf ein Minimum zu reduzieren.

Ein wunderbares Mitgefühl. Wunderbar!

Und all diese Idioten nennen das Ohnmacht!

*
* *

(Etwas später schlägt Satprem vor, Mutters letzten Kommentar zu den Aphorismen im Ashram-Bulletin zu veröffentlichen, mitsamt der Vision der Vögel, die zu menschlichen „Meinungen" werden, und nur einige persönliche Kürzungen vorzunehmen.)

Die Leute werden sagen, ich fiele ins Kindheitsstadium zurück.

Aber keineswegs! Das ist sehr ausdruckskräftig.

(Lachend) Das Bild ist schön (ich habe es gerade nochmals gesehen). Das Bild ist sehr schön.
Nun gut.
Wiederholt es sich nicht zu häufig? Vier, fünf Mal dasselbe.

Nein, nein. Jedesmal fügst du ein Element hinzu. Ein guter Fluß.

Hast du denn nichts anderes, was wir für die „Notizen auf dem Weg" brauchen könnten?

Vielleicht. Ich muß noch einmal nachschauen. Ich glaube aber nicht.

Verstehst du, es erweckt den Eindruck von Kindergeschwätz, weil ... Die Schilderung dieser gegenwärtigen Erfahrungen ist in keiner Weise ein intellektueller Ausdruck, und für diejenigen, die nicht verstehen, daß dies die Erfahrung in der physischen Substanz, in den Zellen, in der materiellsten Form ist, hat es den Anschein von bloßem Kindergeschwätz. Das ist die Erfahrung, wie sie ein Kind haben mag, ohne die Komplikationen und Erklärungen als Folge der intellektuellen Entwicklung.
Und diese Einfachheit, diese Abwesenheit jeglicher Komplikation und Ausarbeitung verleiht den Dingen insofern einen großen Wert, als sie von vollkommener Aufrichtigkeit und Schlichtheit sind. In allem, was mental, vital, intellektuell ausgedrückt wird, steckt immer MEHR in der Form, im Wort, im Ausdruck – MEHR als in der Erfahrung –, es wird vervollständigt und aufgerundet. Was gesagt wird, ist mehr, als gesagt werden will. Dies hingegen ist eine vollkommen reine Erfahrung, in der die Worte als eine Art Schmälerung, Verringerung empfunden werden, die zugleich eine Kompliziertheit einführt, die in der Erfahrung gar nicht existiert. Die Erfahrung selbst ist ganz einfach und

199

schlicht: sie ist wirklich rein. Alles, was man sagt, ist so, als fügte man etwas hinzu, was ihre Reinheit und Einfachheit verringert.

Diese Dinge zu sagen, ist also gut für einen selbst, es ist auch gut für jemanden, der in demselben „Seelenzustand" ist. Aber für die Öffentlichkeit ... *(Mutter schüttelt den Kopf)* ist die Verständnislosigkeit vorprogrammiert.

Voilà.

21. September 1966

(Dieses Gespräch ergab sich aus einer persönlichen Frage Satprems; er fragte Mutter, ob er eine gewisse Geldsumme nicht ablehnen sollte, die ihm die französische Regierung anbot: eine Kriegsrente. Satprem beabsichtigte, diese Rente abzulehnen, weil er sich für kein Geld der Welt an eine Regierung oder ein Land gebunden fühlen wollte. Mutter riet ihm, dieses Geld für das göttliche Werk anzunehmen.)

Ich hatte eine Offenbarung, die eigentlich mehr der Kategorie der Visionen angehört.

Aus rein äußerlichen Gründen studierte ich gerade den beklagenswerten Zustand, in dem sich alle Länder befinden, die Verfassung der Erde, die wirklich schwierig und gefährlich ist, und dann zeigte mir eine umfassende Vision, wie die Nationen (die Menschen als Nationen) in zunehmend größerer Falschheit handeln und gehandelt haben und wie sie ihre ganze Schöpferkraft dazu verwendet haben, diese so entsetzlichen Zerstörungsmittel zu schaffen, mit der wirklich infantilen Vorstellung, sie seien so schrecklich, daß niemand sie benutzen würde. Doch sie wissen nicht (obwohl sie es eigentlich wissen müßten), daß die Dinge ein Bewußtsein und eine Kraft der Manifestation haben und daß all diese Zerstörungsmittel zum Gebrauch drängen. Und selbst wenn die Menschen sie nicht einsetzen wollen, wird sie eine stärkere Kraft als sie dazu drängen.

Als ich all das sah, diese bevorstehende Katastrophe, erhob sich eine Art Ruf oder Aspiration, etwas herabzuziehen, das diesen Irrtum zumindest neutralisieren könnte. Und es kam. Eine Antwort ... Ich kann nicht sagen, ich hätte sie mit meinen Ohren gehört, trotzdem war es so klar, stark und präzise, daß es nichts zu diskutieren gab. Ich bin gezwungen, das in Worte zu übertragen. In Worten ausgedrückt, könnte man sagen: „Dafür hast du Auroville erschaffen."

Und dann die klare Vision, daß Auroville ein Zentrum der Kraft und Schöpfung sein wird, mit ... (wie soll ich sagen?) dem Keim der Wahrheit. Wenn dieser ans Licht gelangen und sich entwickeln könnte, wäre bereits die Bewegung seines Wachstums eine Reaktion gegen die katastrophalen Konsequenzen des Rüstungswahnsinns.

Dies interessierte mich sehr, weil der Geburt von Auroville keinerlei Gedanke vorausging. Es war, wie immer, einfach eine Kraft, die wirkt, wie etwas Absolutes, das sich manifestiert, und dies war so stark *(als sich die Idee von Auroville Mutter zeigte)*, daß ich den Leuten sagen konnte: „Selbst wenn ihr es nicht glaubt, selbst wenn alle Umstände dagegenzusprechen scheinen, SO WEISS ICH DOCH, DASS AUROVILLE SEIN WIRD. Es kann in hundert oder in tausend Jahren sein, das weiß ich nicht, aber Auroville wird sein, weil es so beschlossen ist." Es war beschlossen – ganz einfach als Folge eines Befehls ausgeführt, ohne weiteres Nachdenken. Als „man" mir das erklärte (ich sage „man", aber du weißt, was ich meine), geschah das, um mir zu sagen: „Aus diesem Grund hast du Auroville gemacht. Du weißt nichts davon, aber es ist aus diesem Grunde ..." Denn es war die LETZTE HOFFNUNG, auf die unmittelbar bevorstehende Katastrophe zu reagieren. Wenn in allen Ländern ein Interesse für diese Schöpfung erwacht, wird dies ganz allmählich die Macht haben, dem Irrtum entgegenzuwirken, in dem sie stecken.

Das interessierte mich sehr, weil ich noch nie daran gedacht hatte.

Und natürlich verstand ich sofort, als man mir das zeigte. Ich spürte, welche unsichtbare Wirkung die Schöpfung von Auroville hat. Es ist keine materielle, äußere Handlung, sondern eine Wirkung im Unsichtbaren. Seit jenem Augenblick versuche ich, dies den Ländern begreiflich zu machen, natürlich nicht außen, denn sie halten sich für allzu schlau, als daß man ihnen auch nur das geringste beibringen könnte, sondern im Innern, im Unsichtbaren.

Das geschah erst vor kurzem, vor zwei oder drei Tagen. Dies war mir noch nie gesagt worden, hier war es aber ganz deutlich. Mit „gesagt" meine ich „gesehen", verstehst du, gezeigt *(wie ein präsentiertes Bild)*. Seither ist mein Interesse an Auroville beträchtlich gewachsen. Denn ich verstand, daß es nicht nur eine Schöpfung des Idealismus war, sondern ein absolut konkretes Phänomen mit der Hoffnung ... vielmehr dem Willen, den schrecklichen Auswirkungen dieses psychologischen Irrtums, dieses Glaubens, daß Angst einen aus der Gefahr erretten könne, zu begegnen und entgegenzuwirken. Angst zieht die Gefahr eher an, als daß sie einen rettet. Und all diese Länder, all diese

Regierungen begehen Dummheiten über Dummheiten wegen dieser Angst vor der Katastrophe.

All dies nur, um dir zu sagen, daß selbst dann, wenn die Nationen auch in sehr geringem Ausmaß *(wie dieses Geldangebot von der französischen Regierung)* am Werk Aurovilles mitarbeiten, ihnen das helfen wird. Es kann ihnen viel Gutes bringen, weitaus mehr, als es der Anschein ihrer Handlungen vermuten ließe.

> *Du sprichst von einer nahen Katastrophe. Wird es aber nicht einige Zeit brauchen, bis Auroville verwirklicht wird?*

Nein! Ich spreche von der Zusammenarbeit der Länder, um etwas zu ERSCHAFFEN. Es geht nicht um die fertige Schöpfung von Auroville, sondern um die Zusammenarbeit der Nationen bei der Erschaffung von etwas, das auf Wahrheit gegründet ist statt auf einem Wettstreit in der Schöpfung der Lüge. Nicht wenn es fertig ist: Wenn Auroville fertig ist, wird es eine Stadt unter vielen sein, und nur seine eigene Kapazität der Wahrheit wird Macht haben, aber dies ... bleibt abzuwarten.

Nein, es geht um ein gemeinsames Interesse daran, etwas zu bauen, das auf der Wahrheit basiert. Bis jetzt haben sie nur ein gemeinsames Interesse gezeigt (ohne verbindende Sympathie, versteht sich), auf der Basis der Lüge eine zerstörerische Macht zu erschaffen. Auroville hieße, etwas von dieser Kraft abzuleiten (von minimaler Quantität, aber um so höherer Qualität). Es ist wirklich eine Hoffnung – es basiert auf der Hoffnung: etwas zu schaffen, das ein Beginn von Harmonie sein soll.

Und zwar JETZT, sofort. Die Kraft der Ausbreitung ist viel größer, unverhältnismäßig größer als das ausstrahlende Zentrum *(Mutter)*, das aus globaler Sicht praktisch unbekannt und fast inexistent ist. Das Zentrum und die Macht seiner Ausstrahlung und Ausbreitung stehen in keinem Verhältnis zueinander, das ist ziemlich bemerkenswert: von überallher kommen Antworten *(auf Auroville)*. Antworten aus dem neuen Afrika, aus Frankreich, eine in Rußland, eine in Amerika, eine in Kanada und in einer Vielzahl von Ländern, in Italien ... wirklich überall. Und nicht nur Individuen: auch Gruppen, Tendenzen, Bewegungen, selbst in einzelnen Regierungen.

Am widerspenstigsten, und das ist von einer wunderbaren Ironie, zeigen sich: die Vereinten Nationen! Diese Leute sind ein bißchen von vorgestern, ach, sie stecken noch in der „materialistischen, antireligiösen" Bewegung. Sie machten eine abschätzige Bemerkung zur Auroville-Broschüre, indem sie sagten, es sei „mystisch", mit einer „religiösen" Tendenz. Was für eine hübsche Ironie!

Übrigens wurde der Streit zwischen Indien und Pakistan[1], sogar rein äußerlich, ganz klar unter dem Druck der Kräfte der Wahrheit ... (wie soll ich sagen?... mir kommen die Worte auf englisch:) *initiated and driven* [initiiert und angetrieben], um eine große „asiatische Föderation" zu schaffen, die eine Puffermacht gegen Rotchina und seine Bewegung bilden sollte. Eine Föderation, die eben die Rückkehr Pakistans mitsamt all seiner Gebiete erfordert hätte und die auch Nepal, Tibet, Burma und im Süden Ceylon einschließen sollte. Eine große Föderation mit einer autonomen, völlig freien Entwicklung all ihrer Mitglieder, die aber vereint gewesen wären durch eine gemeinsame Aspiration nach Frieden und ihren Kampf gegen die Invasion der Kräfte der Auflösung. Dies war ganz klar und gewollt – und nur das Eingreifen der Vereinten Nationen brachte alles zum Erliegen[2].

Offiziell sage ich nichts, denn ich habe ja schon gesagt und sage immer wieder, daß die Politik gänzlich auf Lüge basiert, und ich befasse mich nicht damit, d.h. ich mache keine Politik, ich will es nicht – aber ich kann klar sehen!... Man bat mich um meine Meinung, fragte mich nach meiner Sicht der Dinge und erbat Rat (von allen Seiten übrigens), und ich sagte: „Nein, ich befasse mich nicht mit Politik." Verstehst du, die ganze Diplomatie basiert vollkommen auf der GEWOLLTEN, absichtlichen Lüge; solange dem so ist, gibt es keine Hoffnung. Die Inspirationen werden immer von der falschen Seite kommen: die Inspirationen, Impulse, Ideen, alles kommt von der falschen Seite, was grobe Schnitzer für alle Beteiligten praktisch unvermeidlich macht. Einige wenige Individuen spüren und wissen dies und sind halbwegs verzweifelt, weil niemand auf sie hören will.

Unglücklicherweise sucht man entsprechend der heutigen Entwicklung die Unterstützung der UNESCO für Auroville. Ich persönlich wußte schon im voraus, daß diese Leute das nicht verstehen können, aber ... man versucht es halt. Denn es gibt überall Leute (das ist eine Art Aberglaube), die sagen: „Nein, ich spende nur Geld, wenn die UNESCO ihre Zustimmung und Ermutigung gibt" (ich spreche von jenen, deren Beitrag zählt), viele Leute also ...

Für mich ist das alles nur die Kruste, eine ganz oberflächliche Erfahrung – die Kruste. Die Dinge müssen sich darunter ereignen, unter dieser Kruste. Sie ist nur Schein.

Genau dies habe ich denjenigen gesagt, die sich um Auroville kümmern: „Diese Leute [die UNESCO] liegen zweihundert Jahre zurück, was

---

1 Es handelt sich um den Konflikt vom Vorjahr, im September 1965. Mutter hatte bei dieser Gelegenheit Indien offiziell ermutigt, bis zum letzten zu kämpfen.
2 Unter dem Druck der Vereinten Nationen gab Indien seinen strategischen Vorteil gegenüber Pakistan auf und „ergab sich" in Taschkent.

den Weg der Erde anbelangt, folglich besteht wenig Hoffnung, daß sie verstehen werden." Aber letztlich habe ich ihnen nicht untersagt, es zu versuchen. Ich erteile keine Ratschläge.

Solch unscheinbare Einzelheiten wie die, worüber wir gerade gesprochen haben *(das Renten-Angebot der französischen Regierung)* sind jedoch ein Hinweis: diese Länder arbeiten mit an der Wahrheit, ohne es zu wissen. Und das ist sehr gut, um so besser für sie. Es tut ihnen gut. Es macht nichts, wenn sie es nicht wissen *(lächelnd)*: sie kommen nur um die Freude, es getan zu haben, das ist alles.

(Schweigen)

Aber ich war die erste, die das sehr interessierte, weil es so kam *(Geste einer unwiderstehlichen Herabkunft)*, mit einer allmächtigen Autorität: „Deshalb ist Auroville geschaffen worden."

(Mutter geht in Kontemplation,
anschließend fährt sie fort:)

Man sieht alle möglichen lustigen Sachen vorüberziehen. Eben jetzt der Gedanke: „Ach, das ist ja ein umgekehrter Turm zu Babel." *(Mutter lacht)* Interessant. Sie hatten sich erst zusammengetan und dann bei seinem Bau zerstritten. Und jetzt haben sie sich zusammengefunden, um sich beim Bau zu vereinen. Siehst du: ein umgekehrter Turm zu Babel!

(Mutter hält einen Augenblick lang inne,
als sehe sie etwas)

Auf einmal sieht man ... Da ist ein gewisser Bereich, ein weiter und ewiger Bereich in der Erdatmosphäre, in dem die Dinge eine andere Bedeutung annehmen, die die Erscheinungen mitunter Lügen strafen, und man sieht eine riesige, enorme Strömung, die alle Umstände und Ereignisse einem einzigen Ziel entgegenträgt ... stets dasselbe Ziel und auf sehr unerwarteten Wegen. Alles wird sehr weit, und trotz des Grauens der Einzelheiten nimmt es im Ganzen einen sehr lächelnden Rhythmus an ...

Ich erinnere mich wieder, diese ganze Erfahrung kam, nachdem ich ein Buch gelesen hatte, das erst kürzlich in Indien auf englisch erschienen ist, mit dem Titel *The Roll of Honour*, in dem sich ein Foto und eine kurze Biographie aller findet, die im Kampf gegen die Engländer für Indiens Befreiung gefallen sind. Eine Menge Fotos (manchmal nur das Foto von der Polizei, unmittelbar nachdem sie getötet wurden und auf der Erde lagen). Und all dies brachte eine bestimmte Atmosphäre mit sich: die Atmosphäre jener selbstlosen Menschen guten Willens, die ein tragisches Schicksal erlitten. Das löste eine ähnliche Wirkung bei mir aus wie die Fotos über die Greueltaten der Deutschen während des Zweiten Weltkrieges. Es ist offensichtlich, daß diese Dinge unter dem direkten Einfluß bestimmter feindlicher Mächte stehen, aber wir wissen, daß diese Mächte in gewisser Weise die Erlaubnis haben, ihre Wirkung zu entfalten – genau durch diese Empfindung des Grauens –, um das Erwachen des Bewußtseins zu beschleunigen. Und diese sehr starke Erfahrung, ähnlich derjenigen beim Betrachten der Fotos über die Kriegsverbrechen der Deutschen in Frankreich, brachte mich mit der Schau des modernen irdisch-menschlichen Irrtums in Verbindung. (Dies ist ein neuzeitliches Phänomen: es hat in diesen letzten tausend Jahren angefangen und wird seit einem Jahrhundert immer akuter.) Und damit einhergehend die Aspiration, dem entgegenzuwirken: doch wie?... Was tun?... Und die Antwort: „Dafür hast du Auroville geschaffen."

Es ist eine Wahrnehmung der Kräfte, die direkt auf die materiellen Ereignisse einwirken – die Ereignisse sind illusorisch und trügerisch. Zum Beispiel der Mann, der beim Kampf um die Freiheit seines Landes ermordet wird, weil er ein Rebell ist, und der wie ein Besiegter aussieht, wie er da am Straßenrand liegt: doch er ist der eigentliche Sieger. Das ist es, das zeigt das genaue Verhältnis zwischen der Wahrheit und dem äußeren Anschein. Wenn man dann in dieses Bewußtsein eintritt, wo man das Spiel der Kräfte wahrnimmt und die Welt in diesem Licht sieht, ist es wirklich interessant. Als ich in diesem Zustand war, wurde mir gesagt oder deutlich gezeigt (es ist unausdrückbar, weil es ohne Worte geschah; aber es sind Fakten): „Deshalb hast du Auroville geschaffen ..." So wie mit diesem Foto[1].

Hier, das kannst du behalten!

*
* *

Eine Notiz von Mutter über Auroville:

Die Menschheit ist nicht die letzte Stufe der irdischen Schöpfung. Die Evolution geht weiter, und der Mensch wird übertroffen werden. Jeder muß selbst wissen, ob er am Erscheinen der neuen Art

---

1 Mutter wies dabei auf den im Sieg gefallenen Rebellen am Straßenrand, womit sie ausdrücken wollte, daß die bescheidene Erscheinung Aurovilles in keinem Verhältnis zu seiner wirklichen Rolle im Unsichtbaren steht.

teilnehmen will. Für diejenigen, die mit der Welt zufrieden sind, besteht offensichtlich kein Grund für die Existenz von Auroville.

24. September 1966

Antwortet die Erde? Gibt es wirklich eine Antwort, oder hast du das Gefühl, du arbeitest ganz allein?

Du meinst nicht die Menschen? Du meinst die Erde, die Welt der Mineralien, Pflanzen und Tiere?

Nein, ich meine die Menschen, die ganze Erde.

Ach, die Menschen, ja sicher – sogar eine ganz deutliche Antwort, merkwürdig deutlich, von allen Seiten. Ein Bedürfnis nach etwas – eine Unzufriedenheit mit dem, was ist, und das Bedürfnis nach etwas Höherem. Das ist überall deutlich sichtbar. Nicht in großen Zahlen, das glaube ich nicht, aber doch überall.

Es geht also vorwärts?

O ja, ausgesprochen. Es gibt Zeichen, von Zeit zu Zeit sogar eindrückliche Zeichen, daß etwas erwacht.

Mir scheint, daß sogar bei den Tieren etwas erwacht.

Wo ist denn das Hindernis? Besteht ein Hindernis?

Überall, wie ein Zusammenschluß der Lüge, um den Widerstand zu schüren.

28. September 1966

*(Die Sekretäre haben Mutter mit einer Stunde Verspätung
verlassen, so daß das Gespräch erst beginnt, als es hätte zu Ende
sein sollen.)*

Das ist ein Rekord! Ich habe so früh angefangen, und doch ist die
Arbeit noch nicht getan.

Nichts zu machen. Ich versuche alles, was in meiner Macht steht:
ich fange früher an, beeile mich morgens und mache die Arbeit so
geordnet wie möglich. Und eine Viertelstunde im voraus kündige ich
schon an: „Die Zeit ist um." – Nichts zu machen.

*Aber Stück für Stück wird alles verschluckt, und es bleibt keine
Zeit mehr übrig.*

So ist es.

Auch abends arbeite ich jetzt mitunter bis halb elf, und es war abge-
macht, daß ich mich vor neun Uhr zurückziehe ... Es bleibt keine Zeit
mehr. In meinem Fall heißt das nicht Schlaf: nachts widme ich mich
meiner eigentlichen Arbeit – ich kann es nicht mehr. Nachmittags
genauso, ich habe keine Zeit mehr. Ich sollte um halb zwölf essen:
Ich komme erst um halb eins dazu, und dann habe ich keine Zeit
mehr, weil ich danach meine Toilette machen und um drei Uhr wieder
anfangen muß. Nie bin ich um fünf Uhr fertig. Ich hatte die Zeit von
halb sechs bis halb sieben dafür reserviert, meine Ruhe zu haben –
unmöglich. Es verschlingt alle meine stillen Stunden. Und dabei wird
die Arbeit nicht einmal getan! Wäre sie getan, würde ich nichts sagen,
aber sie wird nicht getan, es ist immer noch mindestens doppelt so viel
zu tun – alle protestieren, alle beschweren sich.

Doch grollen nützt nichts.

Nein, aber allmählich bleibt keine Zeit mehr übrig.

Zudem habe ich keinen Sou mehr. Jeden Tag muß ich gewisse Zah-
lungen leisten – und ich habe keinen Sou mehr. Heute nachmittag
müßte ich dem armen, verschuldeten Amrita wie jeden Mittwoch seine
fünftausend Rupien geben. Aber ich habe nichts. So steht es, und das
macht die Dinge noch schlimmer. Wenn ich wenigstens einigerma-
ßen den Verpflichtungen nachkommen könnte, wäre das immerhin
schon etwas. Aber die Komplikationen kommen von allen Seiten. Dem
Schatzmeister schulde ich wahnsinnige Summen, und ich kann nicht
zahlen ... Auf allen Seiten habe ich Schulden – ich nehme das leicht, es
hindert mich nicht am Schlafen! Aber es ist eine Tatsache.

(Mutter reicht Satprem eine Rose) Hier, das ist der Frieden, mein Kind. Der Frieden. *(Lachend)* Ach, wenn du wüßtest, was hier für ein Frieden herrscht! *(Geste zur Stirn und darüber)* Ich erzähle Dinge, aber im Grunde … So will es der Herr. Vielleicht amüsiert es ihn, wenn die Leute ein langes Gesicht machen.

(Schweigen)

Ich habe einen Brief von einer Briefpartnerin erhalten. Sie stellt darin eine Frage über das Leiden.

Gut, sehen wir uns das an.

Sie schreibt folgendes: „Wir müssen aufhören, die Peiniger zu ermutigen, egal ob sie Menschen oder Tiere quälen. Ich möchte Sie bitten, mich zu lehren, wie man die Macht erlangt, die Leiden anderer durch Konzentration auf das Fluidum zu verringern, und wie man es anstellen kann, innerlich den Aggressoren Schlag für Schlag zurückzugeben, ohne Haß, aber unerbittlich … Ich bitte Sie, helfen Sie mir. Welches innere Opfer, welcher Verzicht ist notwendig? Wer wird mich die Kraft und die Gerechtigkeit lehren, um zu handeln und nicht immer das Schlechte triumphieren zu lassen? Das Leiden der anderen vergißt, negiert und bagatellisiert man nur allzuleicht. Das will ich nicht mehr, ich will nicht länger die Augen davor verschließen und mich bis zum nächsten Mal einlullen lassen … Was muß ich unternehmen?"

Wann hast du diesen Brief bekommen?

Vor zwei oder drei Tagen.

Aber hast du gestern beschlossen, ihn mir vorzulesen? Ich war nämlich den ganzen Tag über in diesem Geisteszustand, nicht mit denselben Worten, aber im gleichen Geisteszustand.

Schon seit vielen Tagen kommt die scharfe, intensive und deutliche Wahrnehmung, daß das Wirken der Kraft äußerlich das bewirkt, was man „Leiden" nennt, weil das die einzige Schwingungsart ist, die die Materie aus ihrer Trägheit aufrütteln kann.

Der höchste Frieden und die höchste Ruhe wurden zu Trägheit und Tamas verzerrt und entstellt, und da ihr Ursprung im wahren Frieden und der wahren Ruhe lag, bestand kein Grund, daß sich das ändere. Eine gewisse Schwingung des Erwachens – eines Wiedererwachens – war nötig, um aus diesem „Tamas", das nicht unmittelbar in Frieden übergehen konnte, herauszukommen. Es brauchte etwas, um das Tamas zu erschüttern, und äußerlich drückte sich das in Form von Leiden aus.

Ich meine hier das physische Leiden, denn alle anderen Leidensformen – vital, mental und emotional – basieren auf einem Fehlverhalten des Mentals, und dies ... kann man einfach der Lüge zuschreiben, fertig. Das physische Leiden jedoch ist wie ein Kind, das geschlagen wird, weil hier, in der Materie, die Lüge zu Unwissenheit wurde, das heißt, es ist kein böser Wille dafür verantwortlich. Alles in der Materie ist Trägheit und Unwissenheit: eine totale Unkenntnis der Wahrheit, des Ursprungs und der Möglichkeit, selbst eine Unkenntnis der Mittel, um materiell nicht leiden zu müssen. Diese Unwissenheit steckt überall in den Zellen, und allein die Erfahrung – die sich in diesem unentwickelten Bewußtsein als Leiden ausdrückt – kann sie erwecken und das Bedürfnis zu wissen und zu heilen, sowie die Aspiration, sich zu transformieren, ins Leben rufen.

Dies ist mir zur Gewißheit geworden, weil in all diesen Zellen eine Aspiration geboren wurde, die immer intensiver wird und die sich über den Widerstand wundert. Sie haben aber beobachtet, daß bei einer Störung der Funktion (das heißt, daß die Funktion, anstatt fließend, spontan und natürlich zu sein, zu einer mühsamen Anstrengung und einem Kampf mit etwas wird, das den Anschein eines bösen Willens erweckt, in Wirklichkeit aber lediglich ein unwissendes Zögern ist) – in so einem Moment verzehnfacht sich die Aspiration und das Rufen: die Aspiration wird konstant. Die Schwierigkeit liegt darin, in diesem Zustand der Intensität zu bleiben. Im allgemeinen fällt alles in eine Art Halbschlaf zurück, oder man läßt zumindest nach. Man nimmt die Dinge leicht, und nur wenn die innere Störung schmerzhaft wird, wächst die Intensität und hält an. Über Stunden hinweg wird der Ruf, die Aspiration, der Wille, sich mit dem Göttlichen zu vereinen, das Göttliche zu werden, ungeschwächt aufrechterhalten. Warum? Weil etwas da war, das man äußerlich eine physische Störung nennt, ein Leiden. Ohne Leiden hingegen gibt es lediglich hier und da ein kurzes Aufflackern, um dann wieder nachzulassen. Und dies ohne Ende ... Wenn wir den Lauf der Dinge beschleunigen wollen (im Verhältnis zu unserem Lebensrhythmus), dann ist dieser Peitschenhieb notwendig. Davon bin ich überzeugt, denn sobald man sich in sein inneres Wesen zurückzieht, begegnet man all dem mit Verachtung (für sich selbst).

Aber wenn dann auf einmal dieses wahre Mitgefühl der göttlichen Liebe kommt und man alle diese Dinge sieht, die so entsetzlich erscheinen, so abwegig, so absurd, diesen großen Schmerz, der auf allen Wesen liegt und sogar auf den Dingen ... Dann wird in diesem physischen Wesen die Aspiration geboren, zu lindern, zu heilen und dies aufzuheben. In dieser ursprünglichen Liebe ist etwas, das sich fortwährend als Eingreifen der Gnade äußert, eine Kraft, eine Sanftheit, etwas wie eine Schwingung des Trostes, die überallhin strömt, die ein erleuchtetes Bewußtsein aber steuern und auf bestimmte Punkte konzentrieren kann. Und in diesem Zusammenhang sah ich, welchen wahren Gebrauch man vom Denken machen kann: das Denken dient als Kanal, um diese Schwingung von Ort zu Ort zu tragen, überall dorthin, wo sie notwendig ist. Diese Kraft, diese Schwingung der Sanftheit ist auf eine statische Weise über der Welt da; sie drängt danach, empfangen zu werden, doch dabei handelt es sich um eine unpersönliche Aktion, und das Denken, das erleuchtete Denken, das hingegebene Denken, das nur noch ein Instrument ist und nicht mehr versucht, selber Dinge in Bewegung zu setzen, sondern vollauf damit zufrieden ist, vom höheren Bewußtsein bewegt zu werden – dieses Denken dient als Vermittler, um einen Kontakt, eine Verbindung herzustellen und zu veranlassen, daß diese unpersönliche Kraft überall dort handeln kann, wo es notwendig ist, an bestimmten Punkten.

(Schweigen)

Man kann ohne Einschränkung sagen, daß jedes Leiden immer mit seinem Heilmittel einhergeht. Man könnte sagen, daß die Heilung jedes Leidens mit dem Leiden koexistiert. Anstatt also ein Leiden als „unnütz" und „dumm" anzusehen, wie man normalerweise denkt, sieht man, daß der Fortschritt, die Evolution, die das Leiden notwendig machte und Ursache und Zweck des Leidens ist, das gewünschte Resultat erzielt, und zugleich wird das Leiden bei jenen, die sich öffnen und empfangen können, geheilt. Die drei Dinge: das Leiden als Mittel des Fortschritts, der Fortschritt selbst und die Heilung des Leidens sind koexistent und simultan, d.h. sie folgen nicht aufeinander, sondern bestehen gleichzeitig.

Wenn in dem Augenblick, wo die transformierende Aktion ein Leiden auslöst, im Leidenden die Aspiration, die nötige Öffnung besteht, wird das Heilmittel zur selben Zeit absorbiert, und die Wirkung ist total und vollständig: die Transformation mit der zu ihrem Erlangen notwendigen Handlung und zugleich die Heilung von der falschen, vom Widerstand erzeugten Empfindung. Und das Leiden wird ersetzt durch ... etwas, das auf dieser Erde nicht bekannt ist, das aber Freude, Wohlbefinden, Vertrauen und Sicherheit umfaßt. Es ist eine Super-Empfindung in vollkommenem Frieden, und sie ist ganz klar die einzige Sache, die ewig sein kann.

Diese Analyse drückt sehr unvollkommen aus, was man den „Gehalt" von Ananda nennen könnte.

Ich glaube, dies ist etwas, das teilweise und sehr flüchtig durch alle Zeitalter hindurch gespürt und erfahren wurde, das sich jetzt aber auf der Erde zu konzentrieren und beinahe zu konkretisieren beginnt. Doch die physische Materie hat in ihrer zellularen Form, man kann nicht sagen Furcht, auch nicht Angst, aber doch eine Art Zurückschrekken vor neuen Schwingungen, und dies raubt den Zellen natürlich ihre Empfänglichkeit und erweckt den Anschein eines Unbehagens (kein Leiden, aber doch ein Unbehagen). Wenn diese Besorgnis durch die Aspiration und den Willen und den Akt der totalen Überantwortung ausgeglichen und geheilt wird, dann entsteht ein höchstes Wohlsein.

All dies ist wie eine mikroskopische Studie der Bewußtseinsphänomene, unabhängig von jeglichen mentalen Interventionen. Die Notwendigkeit, Worte zu benutzen, um sich auszudrücken, bringt diese Intervention des Mentals mit sich; in der Erfahrung jedoch existiert sie nicht, was sehr interessant ist, weil die reine Erfahrung einen Wahrheits- und Wirklichkeitsgehalt besitzt, der verschwindet, sobald das Mental eingreift. Aus diesem Grund gibt es eine Essenz wahrer Wirklichkeit, die sich einfach nicht in Worte fassen läßt. Es ist derselbe Unterschied wie zwischen einem Individuum und seinem Portrait, einer Tatsache und der Geschichte darüber. So ist das immer. Hier ist es nur noch viel subtiler.

Um nun also auf diesen Brief zurückzukommen: Wenn man sich dieser Kraft bewußt ist – dieser Kraft, dieses Mitgefühls in seiner essentiellen Wirklichkeit – und sieht, wie sich diese durch das bewußte Individuum praktisch auswirken kann, dann hat man den Schlüssel zum Problem.

Ich hatte Erfahrungen …[1]

*
* *

(Einige Tage später nimmt Mutter in Nolinis Anwesenheit denselben Faden wieder auf und fügt hinzu:)

Es sollte einem auch das Mittel gegeben werden, sich zu öffnen.

(Nolini:) Diese Dame, die an Krebs litt (die Lungen waren beinahe weg), begann wunderbarerweise zu genesen. Es ist wirklich fast ein Wunder. Ihr Mann ist hier und sagt: „Ich bin Chirurg und habe mit vielen Fällen dieser Art zu tun gehabt, ich kenne das. Allmählich werden die Lungen fast völlig zersetzt. Dies gleicht also einem Wunder." Jetzt geht sie schon wieder umher.

---

1 Das Gespräch wird durch die Ankunft des Arztes unterbrochen.

Ach, wenn man „das" erfassen könnte, könnte alles geheilt werden.

Sie ist überwältigt, sie sagt: „Ich verstehe das nicht", und der Arzt weiß, worum es sich handelt, er hat schon oft versucht, so etwas zu operieren.

Es gibt mehrere solche Fälle.
Gut.

30. September 1966

Nach der Lektüre eines unveröffentlichten Briefes von Sri Aurobindo

... Obwohl Paulus bemerkenswerte mystische Erfahrungen und sicherlich ein sehr tiefes spirituelles Wissen hatte (eher tief als umfassend, glaube ich), würde ich nicht darauf schwören, daß er sich hier auf einen supramentalisierten Körper bezieht[1] (einen PHYSISCHEN supramentalisierten Körper). Vielleicht auf den supramentalen Körper oder einen anderen Lichtkörper in seiner eigenen Sphäre und Ursubstanz, von dem er manchmal spürte, wie er ihn einhüllte und seinen Körper des Todes, als den er die materielle Hülle verspürte, wie aufhob. Diese Stelle gibt wie viele andere Anlaß zu mehreren Interpretationen und könnte sich auf eine rein supraphysische Erfahrung beziehen. Die Idee einer Transformation des Körpers findet sich in diversen Über-lieferungen, aber ich bin niemals ganz sicher gewesen, ob es sich dabei um eine Veränderung in der Materie selbst handelt. In unserer Gegend gab es vor einiger Zeit einen Yogi, der das lehrte, aber er hoffte, im Licht aufzugehen, sobald die Verwandlung vollständig sein würde. Die Vishnuiten sprechen ebenfalls von einem göttlichen Körper, der diesen hier ersetzen wird, wenn die „Siddha" (Verwirklichung) erst vollständig ist. Aber noch

---

1 „Das Vergängliche muß sich ins Unvergängliche kleiden, und das Sterbliche muß sich ins Unsterbliche hüllen. Wenn das Vergängliche sich in Unvergänglichkeit gekleidet und das Sterbliche sich in Unsterblichkeit gehüllt hat, dann wird sich erfüllen, was geschrieben steht: Der Tod ist verschlungen vom Sieg."

(1. Kor. 53-54)

einmal: Handelt es sich um einen physischen göttlichen Körper oder einen supraphysischen? Was auch immer, nichts hindert einen daran zu vermuten, daß alle diese Ideen, Intuitionen und Erfahrungen die physische Transformation ankündigen, auch wenn sie sie nicht genau kennzeichnen.

Sri Aurobindo
24. Dezember 1930, XXIV.1237

Merkwürdig, in den letzten Tagen war dies wieder der Gegenstand meiner Meditationen (kein gesuchtes Thema: es drängt sich von oben auf). Denn bei diesem ganzen Übergang von der Pflanze zum Tier und vom Tier zum Menschen (vor allem vom Tier zum Menschen) sind die Unterschiede der Form im Grunde gering: Die eigentliche Transformation lag in der Intervention einer anders wirkenden Bewußtseinskraft. Alle Unterschiede zwischen dem Leben des Tieres und dem des Menschen stammen von der Intervention des Mentals, doch die Substanz ist im wesentlichen dieselbe und unterliegt denselben Gesetzen der Gestaltung und der Konstruktion. Es besteht zum Beispiel kein großer Unterschied zwischen einem Kalb, das sich im Bauch der Kuh bildet, und einem Kind im Bauch der Mutter. Ein einziger Unterschied besteht, und zwar jener der Intervention des Mentals. Aber wenn wir ein PHYSISCHES Wesen ins Auge fassen, d.h. so sichtbar, wie das Physische es jetzt ist, und von gleicher Dichte, dessen Körper aber zum Beispiel keinen Kreislauf und keine Knochen bräuchte (vor allem diese beiden Dinge: Skelett und Blutkreislauf), kann man sich das kaum vorstellen. Und solange wir so sind, mit diesem Blutkreislauf und dieser Herzfunktion, könnte man sich zwar die Erneuerung der Kraft und der Energie durch die Macht des Geistes, durch andere Mittel also als Nahrung, durchaus vorstellen, doch wie ist die Festigkeit und der Zusammenhalt des Körpers ohne ein Skelett denkbar?... Das wäre also eine unendlich größere Transformation als die vom Tier zum Menschen. Es wäre ein Übergang vom Menschen zu einem Wesen, das nicht mehr auf dieselbe Weise gebaut wäre, das nicht mehr auf dieselbe Weise funktionieren würde, das wie eine Verdichtung oder Konkretisierung von „Etwas" wäre. Bislang gibt es auf der physischen Ebene nichts Entsprechendes, es sei denn, die Wissenschaftler hätten etwas gefunden, von dem ich noch nichts weiß.

Man könnte sich vorstellen, daß ein Licht oder eine neue Kraft den Zellen eine Art spontanes Leben, eine spontane Kraft einhaucht.

Ja, das meine ich ja: die Ernährung kann verschwinden, das ist vorstellbar.

Aber der ganze Körper könnte von dieser Kraft belebt werden. Der Körper könnte zum Beispiel geschmeidig bleiben. Obwohl er weiterhin seinen Knochenbau hätte, könnte er geschmeidig bleiben, von der Geschmeidigkeit eines Kindes sein.

Aber ein Kleinkind kann sich ja genau deshalb nicht aufrecht halten! Es kann seinen Körper nicht belasten. Was würde den Knochenbau ersetzen, nur als Beispiel?

Es könnten dieselben Elemente sein, aber mit einer Geschmeidigkeit. Elemente, deren Festigkeit nicht von der Starrheit herrührt, sondern von der Kraft des Lichts, oder?

Ja, das ist möglich ... Ich will nur sagen, daß sich das vielleicht noch durch eine große Anzahl neuer Schöpfungen vollziehen wird. Der Übergang des Menschen zu diesem Wesen wird sich zum Beispiel vielleicht durch viele verschiedene Zwischenstadien vollziehen? Verstehst du, dieser Sprung erscheint mir ungeheuerlich.

Ich kann mir sehr wohl ein Wesen vorstellen, das die nötigen Kräfte durch eine spirituelle Macht, durch die Macht seines inneren Wesens absorbieren und sich erneuern und immer jung bleiben kann. Das ist sehr wohl denkbar. Vielleicht würde ihm dadurch sogar eine gewisse Geschmeidigkeit verliehen, so daß es seine Form bei Bedarf verändern könnte. Aber das völlige Verschwinden dieses Konstruktionssystems in einem Schritt, unmittelbar vom einen zum anderen, scheint ... ja, das scheint Etappen zu benötigen.

Offensichtlich ... es sei denn, es ereignet sich etwas, was wir gezwungenermaßen als „Wunder" bezeichnen müßten, weil wir es nicht verstehen – wie kann ein Körper wie der unserige etwas werden, das voll und ganz von einer höheren Kraft gebaut und angetrieben wird, ohne materielle Unterstützung?... Das hier *(Mutter zwickt ihre Haut)*, wie kann sich das in etwas anderes verwandeln?... Dies scheint unmöglich zu sein.

Es erscheint wie ein Wunder, aber ...

Ja, in all meinen Erfahrungen verstehe ich sehr gut die Möglichkeit, nicht mehr essen zu müssen: daß dieser ganze Prozeß verschwindet (oder die Methode der Aufnahme sich verändert, das ist möglich), aber wie kann sich die Struktur verwandeln?

Mir persönlich erscheint das nicht unmöglich.

Es erscheint dir nicht unmöglich?

Nein. Vielleicht ist das Einbildung, aber ich kann mir sehr gut vorstellen, wie eine spirituelle Macht in den Körper eintritt und eine Art leuchtendes Anschwellen bewirkt, so daß plötzlich alles wie eine Blume aufblüht. Dieser schrumpelige Körper entfaltet sich endlich, wird strahlend, geschmeidig und lichthaft.

Geschmeidig, plastisch – ich kann mir auch vorstellen, daß der Körper plastisch wird, d.h. daß die Form nicht mehr starr ist wie jetzt. All das kann man sich vorstellen, aber …

Ich kann mir das sehr gut als eine Art leuchtendes Erblühen vorstellen: das Licht muß diese Kraft haben. Ohne etwas an der jetzigen Struktur zu zerstören.

Aber sichtbar? Etwas, das man anfassen könnte?

Ja. Einfach durch ein Entfalten. Was geschlossen war, entfaltet sich wie eine Blume, das ist alles. Aber es ist immer noch die Struktur einer Blume, nur ist sie entfaltet und strahlt, ja?

Ja, aber … *(Mutter schüttelt den Kopf und verharrt einen Augenblick lang schweigend)* Mir fehlt die Erfahrung, ich weiß es nicht. Ich bin absolut davon überzeugt (weil ich Erfahrungen hatte, die es mir bewiesen haben), daß das Leben dieses Körpers – das Leben: das, was ihn sich bewegen und verwandeln läßt – durch eine Kraft ersetzt werden kann. Das heißt, es kann eine Art Unsterblichkeit geschaffen werden, und Abnutzung und Verschleiß können verschwinden. Diese beiden Dinge sind möglich: die Macht des Lebens kann kommen und die Abnutzung verschwinden. Und dies kann psychologisch erreicht werden, durch absoluten Gehorsam gegenüber dem göttlichen Impuls, was dazu führt, daß man in jedem Augenblick die nötige Kraft hat und das Notwendige tut – all dies sind Gewißheiten. Keine Hoffnung, keine Einbildung, sondern Gewißheiten. Nicht wahr, man muß den Körper erziehen und die Gewohnheiten langsam transformieren und verändern. Das ist möglich, all das ist möglich. Nur: Wieviel Zeit bräuchte man, um die Notwendigkeit des Skeletts aufzuheben (um nur bei diesem Problem zu bleiben)? Das scheint mir noch sehr weit entfernt zu sein. Das heißt, es sind noch viele Zwischenstadien erforderlich. Sri Aurobindo sagte, man könne das Leben beliebig verlängern. Das schon. Aber wir sind noch nicht aus etwas gebaut, das der Auflösung, der Notwendigkeit der Auflösung vollständig entgeht. Die Knochen sind sehr haltbar, das versteht sich, sie können sogar tausend Jahre halten, wenn die Umstände günstig sind, aber das ist keine GRUNDSÄTZ-LICHE Unsterblichkeit. Verstehst du, was ich meine?

Nein. Glaubst du, es müßte eine nicht-physische Substanz sein?

Ich weiß nicht, ob sie nicht-physisch ist, aber es ist eine Physis, die ich nicht kenne. Es ist nicht die Substanz, wie wir sie jetzt kennen, und schon gar nicht der Aufbau, wie wir ihn jetzt kennen.

Ich weiß nicht, aber wenn es ein PHYSISCHER Körper sein soll, wie Sri Aurobindo sagt, so will mir scheinen – obwohl das auch ein Traum sein mag –, daß er zum Beispiel wie eine Lotosknospe sein könnte: unser jetziger Körper ist wie eine kleine, harte, geschlossene Lotosknospe, und ... dann entfaltet sie sich und wird zur Blüte.

Ja, aber das, mein Kind, das ist ...

Was sollte dieses Licht nicht alles machen können mit den Elementen, die ihm zur Verfügung stehen? Es sind doch dieselben Dinge, dieselben Elemente, nur umgestaltet.

Aber pflanzliche Dinge sind nicht unsterblich.

Nein, das war nur ein Vergleich.

Aber genau das ist der springende Punkt!

Allein darum geht es. Ein ewiger Wandel, das ist begreiflich. Ich könnte mir sogar eine Blume vorstellen, die nicht welkt. Aber dieses Prinzip der Unsterblichkeit ... Das heißt im Grunde ein Leben, das der Notwendigkeit der Erneuerung entgeht: die ewige Kraft würde sich direkt und ewig manifestieren, und dabei wäre es immer noch ein physischer Körper *(Mutter berührt die Haut ihrer Hände)*.

Ich kann mir sehr wohl einen fortschreitenden Wandel vorstellen, und daß sich aus dieser Substanz etwas machen ließe, das sich von innen nach außen und auf ewig erneuert, das wäre dann die Unsterblichkeit. Nur scheint mir, daß zwischen dem, was jetzt ist, wie wir jetzt sind, und diesem anderen Lebensmodus viele Etappen erforderlich wären. Verstehst du, diese Zellen, mit all ihrem Bewußtsein und der Erfahrung, die sie mittlerweile haben – wenn man sie jetzt beispielsweise fragte: „Gibt es etwas, das ihr nicht tun könnt?", würden sie in aller Aufrichtigkeit antworten: „Nein. Was der Herr will, kann ich tun." Das ist ihr Bewußtseinszustand. Im Erscheinungsbild aber sieht es anders aus. Die persönliche Erfahrung stellt sich so dar: Alles, was ich mit der Gegenwart des Herrn tue, tue ich mühelos, ohne Schwierigkeiten, ohne Ermüdung, ohne Abnutzung, so *(Mutter breitet die Arme in einem weiten, harmonischen Rhythmus aus)*, nur ist dies noch immer allen Einflüssen von außen ausgesetzt, und der Körper ist gezwungen, Dinge zu tun, die nicht unmittelbar der Ausdruck der höchsten Eingebung sind, daher die Ermüdung, die Reibung ... Folglich wäre ein supramentaler Körper, der in einer Welt schwebt, die nicht die Erde ist, auch nicht das wahre!

Nein.

Man bräuchte etwas, das die Macht hätte, der Ansteckung zu widerstehen. Der Mensch kann der Ansteckung durch das Tier nicht widerstehen, er kann es nicht, er steht ständig in Beziehung damit. Wie wird dieses Wesen also vorgehen?... Es will einem scheinen, als werde es noch für lange, lange Zeit den Gesetzen der Ansteckung unterworfen sein.

Ich weiß nicht, aber mir erscheint es nicht unmöglich.

Nein?

Ich habe den Eindruck ... wenn diese Macht des Lichts da ist – was kann ihr etwas anhaben?

Aber die ganze Welt würde verschwinden! Das ist es doch, verstehst du?

Wenn Das kommt, wenn der Herr da ist, gibt es nicht einen unter tausend, für den das nicht entsetzlich wäre. Nicht in den Überlegungen, nicht im Denken: nein, im Fleisch. Nimm einmal an ... nimm an, es wäre so, und ein Wesen wäre die Verdichtung und der Ausdruck, eine Formel der höchsten Macht und des höchsten Lichts – was würde dann passieren!?

Nun ja, das ist das ganze Problem.

Ja.

Denn ich sehe die Schwierigkeit nicht in der Transformation an sich. Es scheint mir eher die Schwierigkeit der Welt zu sein.

Wenn sich alles zur gleichen Zeit transformieren könnte, dann ginge das, aber es sieht nicht danach aus. Wenn sich ein Wesen ganz allein transformiert ...

Ja, das wäre vielleicht unerträglich.

Ja!

Vielleicht liegt hier das ganze Problem.

217

Multipliziere tausendmal, was ganz kleine Kinder erleben (ich spreche von jenen, die bloß physische, menschliche Wesen sind, nicht von denen, die Reinkarnationen sind). Wenn sie bloß physische Wesen sind, können sie mir nicht nahekommen, mein Kind. Sie fangen an zu zittern und zu weinen. Und ich liebe sie doch und empfange sie mit all meiner Zärtlichkeit und Ruhe – sie fangen an zu zittern und haben Angst: es ist zu stark. Bei jenen hingegen, die etwas anderes in sich tragen, bei bewußten Wesen, verhält es sich anders: sie blühen auf und sind glücklich. Aber wenn nur eine äußere Substanz da ist ... Ich habe folgende Erfahrung gemacht: Ich lade die Atmosphäre auf, der Herr ist gegenwärtig – und ich habe gesehen, wie vierzig Jahre alte Menschen dort hineingingen und ... brrt! sich buchstäblich aus dem Staub machten, ungeachtet aller Gebote der Höflichkeit, und dies, nachdem sie darum gebeten hatten, kommen zu dürfen, verstehst du! Im Grunde war alles gegeben, damit sie sich anständig aufführen sollten – unmöglich, sie konnten es nicht.

Aber sogar für mich, der ich dich gut kenne und Erfahrung mit dir habe, gibt es mitunter Zeiten, wo es furchterregend ist.

Aha, siehst du!

Nicht Angst, aber ... ja wirklich ... furchterregend.

Ich lege dir keine Worte in den Mund.

Man weiß es besser – innerlich schon: es gibt nichts zu fürchten, trotzdem ...

Ja.

Trotzdem ist es sehr stark.

Nein, die Substanz selbst fürchtet sich.
Voilà.
Nimm also das Bewußtsein eines ganz kleinen Kindes, wenn du selbst schon ...

In deinen Augen ist manchmal ... da ist manchmal etwas ...

(Mutter lacht)

Oktober

5. Oktober 1966

Apropos finanzielle Situation muß ich dir eine kleine Geschichte erzählen, die Sonntag oder Montag passiert ist. Ich habe dir schon gesagt, daß die Situation völlig … Für ein gewöhnliches Bewußtsein ist sie kritisch. Ich erinnere mich nicht mehr an die konkreten Einzelheiten, aber ich mußte dringend etwas bezahlen – ich glaube, es war für die Arbeiter, weil sie Hunger hatten, sie hatten ihren Lohn nicht bekommen. Da überkam mich eine Art Mitgefühl für diese Leute, die kein Geld hatten, und doch konnte ich nichts tun, weil ich nichts hatte. Am Abend dann, als ich auf- und abging (während meiner Stunde für Meditation und Ruhe, in der Konzentration), bot ich all dies dar *(Geste nach oben)*, und in einer fast kindlichen Art sagte ich dem Herrn etwas – Er war da, verstehst du, ich war bei Ihm –, das sich in Worten ungefähr so anhören würde (ich rede zwar nicht, aber man kann das in Worte übertragen): „Ich weiß, daß Du bei mir bist und hinter allem stehst, überall, aber ich würde gern wissen, ob Dich das, was ich mache, die Arbeit, die ich mache, interessiert oder nicht! *(Mutter lacht)* Und wenn Dich das interessiert, nun, dann brauche ich dieses Geld."

Das kam einfach so, in einer völlig kindlichen Form, aber absolut lauter. Zwei Tage später, als ich das Geld unbedingt brauchte, als alles völlig unmöglich schien, kommt Amrita plötzlich zu mir und sagt: „Hier, Soundso hat einen Scheck in dieser Höhe geschickt!" – Genau die Summe, die ich brauchte. Und dieser Mann … ich glaube, es ist das erste Mal, daß er Geld geschickt hat. Völlig unerwartet, ein absolutes Wunder – ein Wunder wie für Kinder. Genau im richtigen Moment die gewünschte Summe, und völlig unerwartet. Da habe ich wirklich gelacht, und ich sagte mir: „Wie dumm wir doch sein können! Wir wissen nicht, daß alles genau so passiert, wie es passieren muß."

Ich kann nicht sagen, daß ich mir Sorgen mache (ich mache mir nie Sorgen), aber ich fragte mich … manchmal frage ich mich: „Wird es weitergehen oder …" Ich bin nicht ganz sicher, was herauskommen wird, weil … Ich versuche nie zu wissen, und ich will es auch gar nicht wissen, aber ich habe nicht den Eindruck, daß „man" es mir sagt (ich glaube, dies ist eine weitere mentale Dummheit, und wenn nichts formuliert wird, bedeutet das, daß es geht, ja, daß es gehen muß). Aber verstehst du, da ist etwas Kindisches, das gern hätte, wenn ihm gesagt würde: „Mach dies so und jenes so …" Doch das geht eben nicht!

Ich erhalte keine Befehle: Wenn ich etwas sagen muß, empfange ich das absolut genaue Wort, den genauen Satz. Aber für das Handeln erhalte ich keinen Befehl, weil … Ich glaube nicht, daß ich zögere, ich frage mich nie: „Soll ich dieses oder jenes tun?" Nie. Mein ganzes

Bemühen zielt darauf ab, von Minute zu Minute zu leben. Das heißt, in jeder Minute genau das tun, was zu tun ist, ohne Pläne zu entwerfen, ohne zu denken, ohne ... weil all dies mental wird. Sobald man sich anschickt, etwas zu denken, geht es nicht mehr. Aber ganz instinktiv und spontan tue ich das Nötige: dies, das, jenes ... Wenn es gilt, auf etwas zu reagieren, dann kommt es. Mit dem Geld ist es ähnlich. Ich werde einzig veranlaßt zu sagen: „Soundso braucht soundsoviel, jene Abteilung benötigt soundsoviel." Und dies nicht lange im voraus, sondern wenn es unumgänglich wird. Und dann kommt es auch. Ich weiß nicht, was morgen geschieht; ich trachte überhaupt nicht danach, zu wissen, was passieren wird. Aber an jenem Tag war es, als ob ich fragte: „Also gut, gib mir einen Beweis, daß Dich das interessiert!" – Und paff, fiel es uns in den Schoß. Da mußte ich lachen, und ich sagte mir: „Was für ein Kindskopf ich doch noch sein muß!"

Zwei Tage lang kam das Geld immer genau in dem Augenblick, wo ich etwas bezahlen mußte, und ich sagte mir: „Gut, sehr schön!" Jetzt ist es nicht mehr so lustig. Damals aber schon.

Jetzt ist im Hintergrund eine Art Vertrauen: Nun gut, wenn es kommen muß, dann kommt es auch, basta.

Der Geist der Organisation, wenigstens von einem menschlichen Standpunkt aus gesehen (vielleicht nicht nur menschlich, aber lassen wir das), der Geist der Organisation liebt es, alle Dinge vor sich zu haben wie auf einem Bild und dann Pläne zu schmieden, zu organisieren und zu sehen: Das da kommt hierhin, jenes dorthin ... All dies ist nutzlos. Man muß lernen, von Minute zu Minute zu leben, einfach so. Das ist viel angenehmer. Wahrscheinlich ist dies deshalb so schwierig, weil es in einem völligen Gegensatz zum gesunden Menschenverstand steht und weil die Menschen in meiner Umgebung erwarten, daß ich Pläne mache und Entscheidungen treffe und ... Das macht dann Druck. Ich glaube, das ist es. Sonst wäre es natürlich und spontan ein Wunder in jeder Minute. Ich neige immer dazu zu sagen: „Ach, macht euch doch keine Sorgen! Je mehr ihr euch Sorgen macht, desto schwieriger werden die Dinge – laßt alles geschehen, laßt alles einfach geschehen!" Doch sie sehen mich irgendwie entsetzt an (*Mutter lacht*); ich plane eben nicht voraus, verstehst du?

Das war meine kleine „Geschichte" – mein kleines Wunder. Es kam, wie um mir zu sagen: „Aha, du möchtest also ein Wunder sehen? – Nun gut, da hast du es, schön fertig und rund!" (*Mutter lacht*) Eine gute Lektion.

8. Oktober 1966

(Die Rede ist von Satprems Geburtstag. Trotz seines persönlichen Charakters veröffentlichen wir hier den Text dieses Gesprächs, denn der „rhythmische" Sinn von Geburtstagen ist von allgemeinem Interesse, und es gibt, wie Mutter sagt, immer eine Kurve der Vergangenheit, die sich nicht leicht mit der Kurve der Zukunft verbinden läßt.)

Bald ist dein Geburtstag.

Ich sehe, daß das, was wir Geburtstag nennen, eine Gelegenheit ist, Bilanz zu ziehen. Aus diesem Grunde konsultiert man ja auch die Astrologen an bestimmten Daten.

Das Individuum hat eine gewisse Beziehung oder ein Beziehungsgeflecht mit dem Universellen, und es muß ein Rhythmus darin liegen; die Dinge wiederholen sich automatisch am selben Punkt in der Zeit. Jedes Jahr sollte man also Bilanz ziehen können hinsichtlich dessen, was unten ist und was oben, oder was hinten liegt und was vorne.

Es muß so sein, weil für dich das Bilanzziehen anfangs dieses Monats begann. Das drückt sich dann in diesen „Geburtstagskarten" aus und in dem, was ich dir an deinem Geburtstag sagen werde (das alles ist nicht ausgedacht: es kommt einfach, und das ist sehr lustig, ich wohne einem dauernden Schauspiel bei). Und ich habe etwas sehr Interessantes gesehen; vielleicht ist es das, was ich dir für dein Buch sagen wollte[1].

Es ist wie das Zusammentreffen zweier Kurven: eine, die aus der Vergangenheit kommt, und eine, die in die Zukunft führt, und der Geburtstag ist der Schnittpunkt dieser beiden Kurven. Ich habe dein Buch wie eine Kulmination der Kurve aus der Vergangenheit gesehen … Und es gibt einen Punkt, der in deinem Denken oder deiner Vorstellung noch nicht klar ist *(Geste über dem Kopf)*: es ist etwas, das zur aufsteigenden Kurve der Zukunft gehört. Dieser Punkt ist die Schwierigkeit: die Bewegung, die zur Kurve der Vergangenheit gehört, hat Mühe, sich mit der Bewegung der Zukunft zu verbinden. Ich sehe das wie ein Schema. Es ist kein Gedanke sondern ein Schema. Es gibt einen Punkt, wo die beiden Kurven nicht zusammenkommen.

Ich habe zwei „Karten" ausgesucht. Dort liegen sie. Ich zeige sie dir aber noch nicht; du bekommst sie am 29. Ich weiß noch nicht, was ich schreiben werde oder ob ich überhaupt etwas schreiben werde.

---

1 *Der Sannyasin.* Satprem klagte über Schwierigkeiten, den Schluß des Buches zu schreiben.

Aber es scheint mir für dein persönliches Leben ein ganz entscheidendes Jahr zu sein – dein LEBEN (wie soll ich sagen?), dein ewiges Leben in dir. Das ewige Leben in deiner Individualität. Die Schwierigkeit scheint zu sein, die beiden Bewegungen miteinander zu verbinden ... Sie sind noch nicht verbunden. Sehr interessant; ich habe diese Kurven gesehen, sie sind sehr schön.

All das ereignet sich da oben, und es ist sehr lustig: Wenn ich sehe, sehe ich nicht so *(Geste von unten nach oben)*, sondern so *(Geste von oben nach unten)*, ich sehe da oben. Etwas höher als da *(Geste über dem Kopf)*, und von da oben sehe ich.

Aber ich habe sie gesehen, diese beiden Kurven. Ich kenne sie, ich sehe sie seit Anfang des Monats, und sie werden immer deutlicher. Sie sind sehr schön – sehr schön und elegant. Und diese da [die neue] ist wie eine wunderbare Fontäne – viel schöner noch! Und sie steigt weiter an, sie fällt nicht wieder ab, sondern läßt einen goldenen Regen auf die Erde fallen.

Sehr gut.

Wenn mir jemand ein Bild davon malen würde, gäbe ich es dir.

*
* *

(Etwas später geht es um die Frage eines jungen Schülers über eine im „Abenteuer des Bewußtseins" beschriebene Episode von Sri Aurobindos Leben, als dieser Agnostiker war und mit dem Yoga begann, „um sein Land zu befreien".)

In einem Kapitel mit dem Titel „Das Ende des Intellekts" habe ich gesagt, daß Sri Aurobindo zunächst Agnostiker war und vor allem seinen Intellekt kultiviert hatte. V machte eine Zusammenfassung dieses Kapitels, und am Ende fragt er: Wie kann man yogische Disziplinen praktizieren, ohne an Gott oder das Göttliche zu glauben?

Wieso? – Ganz einfach, das sind doch nur Worte! Wenn man den Yoga praktiziert, ohne an Gott oder das Göttliche zu glauben, dann praktiziert man ihn, um sich zu vervollkommnen, um Fortschritte zu machen – aus allen möglichen Gründen.

Gibt es wohl viele Menschen ... (ich meine nicht jene, die eine Religion haben: die lernen einen Katechismus, wenn sie ganz klein sind, das besagt also nicht viel), aber gibt es unter wahllos herausgegriffenen Menschen viele, die ans Göttliche glauben?... In Europa auf jeden Fall nicht. Aber selbst hier, wo es traditionell ziemlich viele gibt, die eine

„Familiengottheit" haben, kann es ohne weiteres vorkommen, daß sie sie einfach in den Ganges werfen, wenn sie mit ihr unzufrieden sind. Das kommt vor, ich kenne welche, die das mit ihrer Familien-Kali getan haben. Wenn man an das Göttliche glaubt, kann man so etwas nicht tun, oder?

Ich weiß nicht ... Ans Göttliche glauben?... Man dürstet nach einer gewissen Vollkommenheit, vielleicht sogar danach, sich selbst zu übertreffen, etwas Höheres zu erreichen als das, was ist. Wenn man ein Philanthrop ist, trägt man die Aspiration in sich, daß es die Menschheit besser hat und daß sie weniger unglücklich und weniger elend ist, lauter solche Dinge – dafür kann man einen Yoga praktizieren, aber das heißt nicht glauben. Glauben bedeutet den Glauben zu haben, daß es ohne das Göttliche keine Welt gibt, darum geht es doch; daß die Existenz der Welt Beweis genug ist für das Göttliche. Keine bloße „Überzeugung", nicht etwas, worüber man lange nachgedacht hätte oder das einem beigebracht wurde, nichts von alledem! Ein Glaube. Der Glaube des gelebten Wissens – kein angelerntes Wissen –, daß die Existenz der Welt einen ausreichenden Beweis für das Göttliche darstellt: ohne das Göttliche keine Welt. Und dies ist so offensichtlich, daß man den Eindruck hat, man müsse ein bißchen blöde sein, anders darüber zu denken. Und das „Göttliche" nicht im Sinne einer „raison d'être", eines „Ziels", einer Krönung, nichts dergleichen: Die Welt, so wie sie ist, ist der Beweis für das Göttliche. Denn sie IST das Göttliche in einem gewissen Aspekt (zwar recht entstellt, aber immerhin).

Für mich ist es sogar noch viel stärker: Wenn ich eine Rose anschaue wie jene, die ich dir gegeben habe, etwas, das eine solche Konzentration spontaner Schönheit enthält (keine gemachte, sondern eine spontane Schönheit, ein Aufblühen), man braucht das nur zu sehen, und man ist sicher, daß es das Göttliche gibt – es ist eine Gewißheit. Man kann einfach nicht anders, als daran zu glauben. Wie diese Leute – das erscheint mir phantastisch! –, die die Natur studiert haben, wirklich eingehend studiert haben, wie alles funktioniert und geschieht und existiert ... wie kann man all dies aufrichtig, aufmerksam und sorgfältig studieren, ohne absolut davon überzeugt zu sein, daß das Göttliche existiert? Wir nennen es das „Göttliche" – das Wort ist ein Nichts! *(Mutter lacht)* Die Existenz selbst ist für mich ein unwiderlegbarer Beweis dafür, daß es ... nur DAS gibt – etwas, das wir nicht benennen, das wir nicht definieren und auch nicht beschreiben können, aber das wir spüren und immer mehr WERDEN können. „Etwas" Vollkommeneres als jegliche Perfektion, schöner als alle Schönheiten, wunderbarer als alle Wunder, etwas, das selbst eine Totalität all dessen, was ist, nicht ausdrücken kann – und es gibt nur DAS. Kein „Etwas", das im Nichts schwebt – es gibt nur Das.

12. Oktober 1966

(Nach einer Meditation mit Mutter)

Sobald ich mit dir in die Stille gehe, wenn du hier bist, ist da immer eine Art grenzenlose Unermeßlichkeit, von einem so reinen und stillen Licht ... Auch diesmal war es so. Ein Weiß, das etwas Blau enthält, aber so hell, daß es weiß ist. Théon gab dieser Region einen Namen (er hatte spezielle Namen für alle diese Bereiche). Ich erinnere mich nicht mehr, aber oberhalb davon gab es nur noch die Bereiche, die er „Pathetismus" nannte – ein recht barbarischer Name –, und diese Bereiche gehörten der nicht-manifestierten göttlichen Liebe an. Ich machte selbst die Erfahrung vom Übergang in all diese Bereiche, und dieser hier *(der Bereich des weißen Lichts, in dem sich die Meditation abspielte)* war der allerletzte, der dem Licht angehörte. Er stellte alle Bereiche des Lichts zusammen, und danach kamen die Bereiche ... im Grunde waren es die Regionen der göttlichen Liebe, aber nicht-manifestiert, das heißt nicht so, wie sie auf der Erde manifestiert werden. Es waren die letzten Regionen, bevor man den Höchsten erreicht. Und diese Region *(in der Meditation)* war die letzte, die zur Essenz des Lichts gehörte, das heißt zur Erkenntnis. Und dort herrscht, ach ... ein solcher Friede, eine solche Stille und Klarheit – vor allem dies: der Eindruck von Klarheit und Transparenz. Eine Stille, mehr als Frieden, aber keine träge Bewegungslosigkeit. Ich weiß nicht, wie ich sagen soll ... Genau wie eine extrem intensive und doch ab-so-lut stille Schwingung, still, licht, ohne ... fast ohne den Eindruck einer Bewegung. So durchsichtig und transparent!

Immer, wenn ich gerade nicht handle und du da bist, kommt das – immer, immer. Das letzte Mal auch, da sah ich die beiden Kurven deines Wesens – die Kurve der Vergangenheit und die Kurve der Zukunft, die sich an deinem Geburtstag trafen –, auch das war in diesem Licht.

Aber heute ... grenzenlos, verstehst du, außerhalb von Zeit und Raum – wirklich großartig! Eine große, weite Ruhe. Wenn du hier bist, ist das immer so. Es muß der Bereich sein, von dem du deine Inspiration beziehst. Gut so! *(Mutter lacht)* Sehr angenehm – ich weiß nicht, wie ich das erklären soll: sehr behaglich. Etwas absolut Stilles, aber bewußt, sehr bewußt, und vollkommen ruhig – Licht, Licht, Licht, nur dies: die Essenz des Lichts.

Und die aufsteigende Kurve verlief darüber hinaus in jene Regionen, die Théon mit diesem barbarischen Namen bezeichnete: „Pathetismus". Und jenseits dieser Regionen war das ... der Höchste außerhalb der Schöpfung, jenseits der Schöpfung. Dort sah ich einst die repräsentative Form der neuen Schöpfung – noch bevor ich je von Sri Aurobindo und dem Supramental gehört hatte. Dort sah ich die Form, die auf die menschliche Form folgen soll, wie eine symbolische Repräsentation der neuen Schöpfung. Dies war zwei oder drei Jahre, bevor ich von Sri Aurobindo hörte und ihn traf. Als er mir dann von der supramentalen Schöpfung erzählte, sagte ich ihm *(lachend)*: „Aber ja, ich weiß, da oben habe ich sie gesehen!"

Niemand hatte mir je davon erzählt. Erst als ich nach Tlemcen ging, sagte mir Madame Théon, was es war. Sie wußte, wie man alle Seinsebenen durchquert, eine nach der anderen ... wie man den jeweiligen Körper in den einzelnen Regionen zurückläßt und darüber hinaus geht. Damals lernte ich ganz spontan und natürlich, wie man dies anstellt. Und ganz oben sah ich dann diesen Prototyp, ganz oben.

Théons Unterweisung war in keiner Weise metaphysisch oder intellektuell: alles drückte sich in einer Art bildhafter Objektivierung aus; und wie ich kürzlich im Hinblick auf diese Vision *(der „Vögel")* sagte, ist dies ein viel reicherer Ausdruck, der weniger begrenzt ist als der rein intellektuelle und metaphysische. Lebendiger.

Das ist angenehm – ich meditiere gern mit dir. Es ist keine „Meditation", sondern eine sehr, sehr angenehme, schweigende Kontemplation-Konzentration. Aus diesem Grunde *(lachend)* sitze ich schweigend da, wenn du hier bist.

Aber man verliert das Zeitgefühl total.

15. Oktober 1966

(Die Unterhaltung beginnt mit eineinhalb Stunden Verspätung)

Gut. Es ist elf Uhr dreißig. Ich fange nichts Neues an – weder reden noch schweigen (das dauert nämlich noch länger!).

Am 30. Oktober werde ich versuchen, Musik zu machen, wenn ich kann. Ich weiß nicht, ob etwas kommen wird ... Einst, als ich still dasaß, fragte ich mich, ob wohl etwas kommen würde, und da wurde ich auf einmal riesengroß, mit großen Händen, und ich saß vor einem Instrument. Nicht dieses hier, es war viel größer, und ich fing an, eine solche Fuge zu spielen. Ungeheuerlich! Ich sah zu und sah mich mit großen Händen, großen Armen und einem großen Instrument ... Das war sehr gut *(lachend)*, diese Musik war sehr gut.

Das erste Mal, daß ich mich so sah.

Aber es ist nichts mehr davon da, keine Spur von Erinnerung, nicht eine Note!

*
* *

(Dann schaut Mutter auf ihren Terminkalender und einen Stapel Briefe von Leuten, die sie darum bitten, empfangen zu werden.)

Alle bitten um Termine! Eigentlich ist es ganz einfach, keineswegs ermüdend – nichts ist ermüdend, wenn man nicht unter Druck steht. Aber wenn man die ganze Zeit an das nächste denken muß, das zu tun ist, dann wird es entsetzlich. Wenn man die Sache erledigt, wie sie kommt, ohne an etwas anderes zu denken, dann geht es sehr gut ... Diese häßliche Gewohnheit zu denken, die ganze Zeit zu denken – furchtbar. Aber ich fange an ... *(mit einem spitzbübischen Lächeln)* was meinst du, können Fische denken?! Fast hätte ich gesagt: „Ich fange an, wie ein Fisch im Wasser zu leben!" *(Lachend)* Fische brauchen nicht zu denken. Aber Delphine denken, oder? Sie sprechen, also müssen sie denken ... sie haben ein größeres Gehirn als der Mensch.

Ach, hören wir auf zu schwatzen!

19. Oktober 1966

Ich bin noch später dran als gewöhnlich. Es sind die Puja-Tage[1].
Viele Leute kommen für ihre Puja hierher.
Habe ich dir die Geschichte von Durga erzählt?

Kürzlich?

Nein. Ich kann mich nicht mehr erinnern, ob es letztes oder vorletztes Jahr war, zur Zeit der Pujas.

Du hast mir einmal gesagt, Durga habe sich „unterworfen".

Genau.
Sie hat sich unterworfen. Das heißt, sie war völlig unabhängig in ihren Bewegungen und empfand keine Notwendigkeit, von irgend jemandem abzuhängen, und dieses Mal ... Ich erinnere mich nicht mehr, ob es letztes oder vorletztes Jahr war (sie kam immer, wenn ich zum Darshan der Pujas hinunterging: ich ging hinunter, und sie kam und blieb während all der Pujas da). Seit ich oben bin, kümmere ich mich nicht mehr darum, doch einmal ist sie gekommen (ich habe dir die Geschichte schon erzählt).
Und dies bewirkte eine enorme Veränderung. Die Leute haben natürlich nichts gemerkt, aber in der Atmosphäre ergab sich eine ENORME Veränderung.
In den letzten Tagen habe ich das wieder sehr stark gespürt.

Veränderung in welchem Sinne?

All jene, die die Puja aufrichtig machen (nicht wie eine Maschine, sondern mit Hingabe), ziehen stets eine Emanation, eine repräsentative Kraft an, die der Puja beiwohnt, die antwortet, die auf die Puja reagiert. Jede Familie, die Kali anbetet, hat zum Beispiel eine eigene Kali. Und das ist wahr, es sind kleine Wesenheiten, die nicht völlig unabhängig sind, aber doch ihr Eigenleben haben. Für Durga war das sehr klar. Wenn ich also sage, daß dies eine große Veränderung bewirkte, so bedeutet das, allgemein gesprochen, daß alle jene Repräsentationen der Durga jetzt auch selbst an einer Bewegung der Zusammenarbeit beteiligt sind.
Natürlich führten all diese Wesenheiten mehr oder weniger spontan die Arbeit des Höchsten aus, aber ... (wie soll ich sagen?) ohne einen bewußten Willen. Sie taten sie einfach und spontan, weil sie Wesen

---

1 Puja: Ritual, Zeremonie. Hier sind die jährlichen Feierlichkeiten zu Ehren der göttlichen Mutter, Durga, gemeint.

der Harmonie waren, die harmonisch arbeiten. Aber was Durga anbelangt, ist es jetzt sehr klar: sie ist so *(Geste nach oben, den Befehl des Höchsten erwartend)*. In ihrer Beziehung zu den feindlichen Wesen, in ihrer alljährlichen legendären Schlacht (die natürlich symbolisch ist), ist sie so *(dieselbe Geste)* und will die Richtung, den Hinweis wissen, will wissen, welche Geste sie machen soll.

Als Sri Aurobindo noch hier war, gab er mir jedes Jahr zur Zeit von Durgas Schlacht einen sehr deutlichen Hinweis über den Aspekt der gegnerischen Kräfte, den es zu besiegen und zu unterwerfen galt. Das war sehr interessant, und im allgemeinen notierte ich dies stets, aber ich weiß nicht, wo diese Notizen geblieben sind. So ging das über dreißig Jahre hinweg. Und nach seinem Fortgang ... gab es nur noch den Höchsten.

Sie kam, sie war voll und ganz anwesend während der sechs Tage des Pranams unten. Aber jetzt, seit ... ich weiß nicht, ich erinnere mich nicht, weil das Zeitgefühl für mich nicht mehr sehr klar ist – die Zeit hat nicht mehr denselben Wert –, aber ich erinnere mich, daß es geschah, als ich für mein Japa auf und ab ging. Ich sagte ihr, daß es etwas Wichtigeres gebe als diese halbreligiöse Erinnerung der Leute: wichtiger sei die tiefere Natur der Arbeit und die Wahl des gegnerischen Aspektes (repräsentiert durch eine universelle oder jedenfalls eine menschliche Schwierigkeit, wenn wir nur die Erde nehmen), welchen Aspekt es zu besiegen und zu beherrschen gilt, um ihn zur Transformation zu führen. Und in dieser Hinsicht sagte ich ihr, das Wahre sei, den Hinweis vom Höchsten zu empfangen; daß Er besser sehe als wir, was zu tun ist, auch die Reihenfolge dessen, was zu tun ist. Ich spürte ... sie war sehr konkret *(Mutter macht eine Geste, als ob Durga in ihr sei)*. Ich spürte, daß sie das unendlich interessierte. Da sagte ich ihr: „Siehst du, ist jetzt nicht der Moment (ich übertrage das in Worte, aber es waren keine Worte), um von Ihm den direkten Impuls für dein Wirken zu erhalten?" Und ihre spontane Reaktion war Freude.

Die Veränderung besteht darin, daß überall, wo sie sich manifestiert, ich jetzt diesen Ruf an die höchste Wahrheit spüre, sich zu manifestieren.

Welches ist der Aspekt der Schwierigkeit dieses Jahr?

Ich weiß nicht. Ich habe mich noch nicht darum gekümmert, das fängt erst ab morgen an.

Ich weiß nicht, ich kümmere mich nicht aktiv darum, ich werde sehen ...

Oh, ich weiß es genau, aber ... *(Mutter legt den Finger auf die Lippen)*

(Meditation)

22. Oktober 1966

(Sujata:) P ist krank.

Schon wieder! Was ist denn los mit diesem Mädchen?

Was sollte sie innerlich tun?

Keine Angst haben, krank zu werden! Das sollte sie tun.
Verstehst du, sie sagen: „Aber ich BIN krank." Sie behaupten das
Gegenteil: daß sie krank sind und deshalb Angst haben. Das ist nicht
wahr! Zuerst haben sie Angst, und dann werden sie krank. Die ganze
Zeit hegen sie diese Befürchtung: „O je, was wird wohl passieren?"
Und dann passiert halt etwas! *(Mutter lacht)* Dieser arme Körper, er
hat den Eindruck, man erwarte das von ihm, und gehorcht.

Ja, von hundert Menschen sind neunundneunzig so. Das geschieht
mehr oder weniger unterbewußt, d.h. es ist kein deutlich empfundener
Gedanke. Also leugnen sie es: „Nein, nein!" Sie wissen nichts davon, sie
wissen nicht, was sich in ihrem Inneren abspielt.

(Mutter schenkt Satprem Blumen, sie sieht erschöpft aus)

Laß uns eine halbe Stunde still sein – es sei denn, du möchtest
etwas sagen.

Vielleicht möchtest du selber etwas sagen?

Nein, ich habe nichts zu sagen, nichts. Total erschöpft, ich bin völlig
aufgerieben.

(Plötzlich schlägt Mutter vor, Satprem möge an den Gesprächs-
tagen um 10 Uhr 15 direkt in ihr Zimmer eintreten, auch wenn
die Sekretäre noch da seien.)

(Satprem fragt ungläubig:) Du meinst, ich soll um Viertel nach
zehn kommen?

Du könntest einfach hereinkommen, wir werden sehen, was passiert.

> *Aber ich möchte dich auch nicht in eine unangenehme Lage bringen ...*

Ach, wenn du wüßtest, wie sehr ... In mir gibt es keine Reaktion, verstehst du. Ich sehe das sehr deutlich, mit einem klaren Wissen um die Konsequenzen, aber es gibt keine Reaktion. Ich werde einfach eine Art Maschine, die unterzeichnet, dies und jenes macht ... Und wenn ich dann etwas schreiben muß, tue ich es automatisch. Ich verharre absolut leer, schweigend, so *(Geste der Reglosigkeit, nach oben gerichtet)*, und dann lasse ich es, und entweder kommt Sri Aurobindo oder etwas von ganz oben und diktiert (je nach Fall). Ich selbst bin so *(dieselbe Geste)*, mehr und mehr: inexistent, eine Maschine.

Ich habe ihnen schon öfter gesagt, daß dies sehr wohl auch einem raffinierten Roboter überlassen werden könnte, weil es einfach nicht der Mühe wert ist *(lachend)*, daß ich selber da bin. Ein ausgeklügelter Roboter: Man drückt einen Knopf für die eine Sache, einen anderen Knopf für eine andere, und er funktioniert.

Du kennst ja die Situation: während vierundzwanzig Stunden am Tag gibt es NICHT EINE MINUTE, wo ich allein bin[1]. Zusätzlich zur äußeren Horde kommt die innere Horde: von überallher, die ganze Zeit, ein unaufhörliches Kommen und Gehen, und immer mehr, immer mehr. Also bin ich so *(Geste, die ein weit gestreutes Bewußtsein andeutet)*, nur noch eine Art Bewußtsein, das reagiert, ohne jegliche Anteilnahme. Ein Bewußtsein, das mechanisch antwortet.

Ich glaube, anders wäre es unmöglich.

> *Ja, menschlich gesehen ist dein Leben eine Hölle.*

Sonst würde ich entweder verrückt oder krank: es ist nicht möglich. Glücklicherweise liegt es im Bereich des Möglichen! Das heißt, die Arbeit wird automatisch getan, ich brauche mich nicht anzustrengen.

Auch die Zahl der Dinge nimmt zu *(Mutter schaut sich um)*. Als ich am Anfang in dieses Zimmer einzog, war es leer; als man das Musikzimmer einrichtete, war es leer. Jetzt *(Mutter weist amüsiert auf die vollgestopften Fensterbänke und Regale im ganzen Zimmer)*, nirgends ist mehr Platz. Zum Bersten vollgestopft! Da wundere ich mich über die Leute: es gibt welche, die sich verarmt fühlen oder die sich langweilen. Diese beiden Kategorien sind für mich schlicht unverständlich. Wie kann man nur Zeit haben, sich zu langweilen! Und wie kann es einem an etwas mangeln?

---

1 Auch nachts bleibt ein „Wächter" in Mutters Zimmer.

Die Arbeit (für alle) wächst immer mehr an; die Post ist unglaublich! Es regnet Briefe von allen Seiten. Ich habe einen Brief aus Amerika erhalten *(Mutter lacht)*, von jemandem, den ich überhaupt nicht kenne und der Grammophonplatten mit meiner Stimme gehört hat, und irgendwie scheinen diese Leute „okkulte Erfahrungen" zu haben, oder vielleicht betreiben sie „Spiritismus", jedenfalls schreibt er mir, daß er meine Stimme gehört habe und ich ihm „Enthüllungen" über ihn gab. Und ... *(lachend)* ganz phantastische Enthüllungen! Er sagt, da es meine Stimme sei, hege er keine Zweifel (er nimmt selbst die ausgefallensten Dinge hin), aber zur Sicherheit möchte er mich doch lieber fragen (!), ob ich es sei, die ihm diese Dinge sagt. Unter anderem soll ich ihm geoffenbart haben, er sei eine kombinierte Reinkarnation aus Buddha, Christus, dem Erzengel Gabriel, Napoleon und Karl dem Großen!... Ich werde ihm mitteilen, daß diese fünf Persönlichkeiten unterschiedlichen „Linien der Manifestation" angehören, daher ist es wenig wahrscheinlich, sie in einer einzigen Persönlichkeit (einem einzigen menschlichen Wesen) vereinigt zu finden.

Offensichtlich sind das kleine vitale Wesenheiten, die sich amüsieren. Sie amüsieren sich, und je ausgefallener es ist, desto mehr Spaß macht es ihnen!

Aber nach den Briefen zu urteilen – der ganzen Post –, gibt es eine Art okkulter Aktivität, die sich auf sehr merkwürdige Weise auf der Erde ausbreitet. In Korea gibt es ein Wesen, das sich als „neuer Avatar" bezeichnet ... Von der Sorte gibt es sehr viele, überall. Auf materieller Ebene bewirkt dies, daß die Leute ihr Gleichgewicht zu verlieren scheinen. Man hat den Eindruck, die ganze Erde sei halbverrückt geworden. Und mit ihren neuen Erfindungen kann sich das durch seltsame Phänomene ausdrücken.

In diesem Jahrhundert, vom Beginn des Jahrhunderts an bis heute, läßt sich ein unglaublicher Wandel auf der Erde feststellen – im Denken, im Handeln, in der Herstellung von Dingen, in den Erfindungen. Es ist wirklich phantastisch, daß gewisse Dinge von der Zeit der Jahrhundertwende so veraltet erscheinen, als lägen sie mindestens zweihundert Jahre zurück. Merkwürdig.

Offensichtlich geht alles schnell.

Die Menschen scheinen es so eilig zu haben ... Als stürme man voran, ohne zu wissen warum und wieso, und am Ende wartet ein hübsches Loch ... Ich weiß nicht, was passieren wird.

(Schweigen)

Wenn es dir nichts ausmacht ... *(mit einem schelmischen Lächeln)*, das heißt, wenn du keine empfindlichen Nerven hast, dann komm das nächste Mal um Viertel nach zehn und setz dich ruhig hin! Das wird zumindest eine Lektion sein. Wir werden sehen, was passiert.

Um wieviel Uhr?

Viertel nach zehn. Mach die Tür in aller Ruhe auf und komm herein! Mir persönlich wird das viel Spaß bereiten.

Ich habe nämlich alles versucht, aber es nützt nichts. Wenn ich ihnen sage: „Es ist Zeit", mit all meiner Autorität, antworten sie: „Ja", und machen einfach weiter.

Ach, mein Kind *(sich zu Sujata wendend)*, morgen sehe ich vor dir zweiundvierzig Leute – zweiundvierzig![1]

26. Oktober 1966

Hat Sujata dir erzählt, daß ich gestern gespielt habe? Ich habe die Orgel ausprobiert, und es war sehr unterhaltsam: Sobald ich mich hingesetzt hatte, kam etwas in meine Hände, etwas, das Musik LIEBTE, und es kam so leicht und sanft und intensiv; mit einem Schlag fanden meine Hände ihre frühere Fertigkeit wieder – die ganze Hälfte meines Armes wurde von einem kleinen Wesen eingenommen. Das war wirklich schön, es klang ganz kindlich. Wirklich bezaubernd.

Es war das erste Mal, daß es so total war: es waren überhaupt nicht mehr meine Hände, nicht im geringsten. Ich weiß nicht, ob es am 30. [Satprems Geburtstag] auch so sein wird.

*
* *

Etwas später

Ich möchte dir etwas zeigen. Du weißt, daß ich neulich auf den Balkon gegangen bin, ins grelle Sonnenlicht; das hat meine Erscheinung völlig verändert *(Mutter sucht nach einer Reihe Fotos)*. Ich muß sagen,

---

1 Wir erinnern uns nicht mehr an die Wirkung, die unser plötzliches Erscheinen um 10 Uhr 15 hatte, wahrscheinlich keine oder eine wenig angenehme, denn das Experiment wurde nicht wiederholt.

daß ich mich ganz anders fühlte als sonst, wenn ich nach unten gehe. Ich war absolut anders. Ich sage nichts, du wirst sehen ...

(Mutter reicht Satprem die Fotos)

Ich sehe wie jemand anders aus.

Oh ja, das ist merkwürdig, das sieht gar nicht aus wie du.

Angeblich sieht das aus wie ich.
Aber ich sehe aus wie ein Mann, oder?

Ja, es hat etwas Maskulines an sich, vor allem dieses hier.

Ja, ich sehe aus wie ein Mann.
Jemand anderer war da – allerdings sind immer andere Wesen da, man weiß es nur nicht. Immer wieder kommen andere Wesen *(Mutter zeichnet einen Kreis um ihren Kopf)*: alte, neue, zukünftige, die ganze Zeit. Sehr merkwürdig. Und das Foto fängt das ein.

Ja, auf diesem hier ist es ganz auffällig; auf den anderen ist es weniger markant.

Es ist jemand, den ich kenne, ich kann ihn allerdings nicht mit einem Namen verbinden. Ich wirke wie ein alter Gelehrter, findest du nicht? Merkwürdig *(Mutter betrachtet weiterhin das Foto)*. Etwas Seltsames: eine Art sehr tiefes Wissen, das aus der Beobachtung entspringt *(bei der Persönlichkeit auf dem Foto)*, aber ich kann nicht erkennen, aus welchem Land und aus welcher Epoche.
Es gibt bestimmte Bewußtseinszustände, die sich in bestimmten Augenblicken in bestimmten Individuen präzisiert und besonders deutlich ausgedrückt haben – es ist nicht das ganze Individuum und nicht sein ganzes Leben, das nicht, sondern gewisse Bewußtseinszustände, die in einem bestimmten Augenblick den Höhepunkt ihrer Entwicklung und Intensität erreicht haben. Und dann kommt dies alles ständig wieder wie bei einem großen Karussell *(Mutter zeichnet einen Kreis um ihren Kopf und um sich herum)*, durch alle Zeiten und Länder hindurch. Und das Foto fängt das ein. Wenn ich es dann zu sehen bekomme, habe ich den Eindruck, überhaupt nicht diese Persönlichkeit *(Mutter)* zu sehen, sondern jemanden, den ich sehr gut kannte: „Aber ja doch, das bist du!" Aber ich kann ihn nicht mit einem Namen in Verbindung bringen.
Ja, es ist wie ein Karussell aller Zeitpunkte, in denen sich das Bewußtsein in Menschen manifestiert hat. Sehr interessant. Der Körper wird jetzt sehr unpersönlich.

Ich hatte mit dir eine seltsame Erfahrung … Ich habe nie Visionen mit offenen Augen, aber einmal vor vielen Jahren – das hat mich sehr beeindruckt – hast du mir unten eine Geschichte über Katzen erzählt, und du sprachst vom „Katzenkönig", den du getroffen hattest, den Genius der Rasse – und dein Gesicht war wie das einer Katze, wirklich außergewöhnlich! Eine Super-Katze, die da vor mir saß! Und dabei habe ich nie Visionen, absolut nicht, aber diese war offen sichtbar. Das hat mich damals sehr beeindruckt. Es war etwas ganz Besonderes.

Der Körper hatte sein Erscheinungsbild geändert.

Ja, dein ganzes Gesicht sah anders aus. Und ich bin sicher, ein Foto hätte das gezeigt, denn es war keine Vision.

Ja, das sind Dinge, die die Fotografie einfängt. Sie ist sehr empfindlich.

Merkwürdig.

Einmal, auf dem Balkon, da war ich Buddha, absolut! Es dauerte ein oder zwei Minuten, und viele Leute sagten mir: „Oh, Sie waren Buddha!" Hätte man ein Foto gemacht, so wäre es sichtbar gewesen.

Die ganze Zeit geht das so, wie eine Art Menschenkarussell *(dieselbe kreisförmige Geste)*: Menschen, die unaufhörlich kommen, sich manifestieren und vorüberziehen. Schon mehrere Male kamen sie mir hinterher auf den Fotos bekannt vor.

Und dieses hier *(Mutter betrachtet noch einmal das Foto)* ist ein Mann, ich bin sicher, es ist ein Mann, und wenn es kein „anerkannter" Wissenschaftler war, so doch jemand, der ein Wissen und eine sehr persönliche und scharfe Beobachtungsgabe der Dinge besaß. Und es ist der Augenblick, in dem dieses Bewußtsein der Beobachtung auf seinem Höhepunkt war. Genau dies wurde auf dem Foto eingefangen; eine Minute später wäre es nicht mehr dagewesen. Er ist fast im Begriff, etwas zu sagen *(Mutter zeigt Satprem das Foto)*: schau, der Mund. Sehr merkwürdig.

Lustig.

In dieser Hinsicht wird der Körper völlig unpersönlich. Wie mit meinen Händen gestern, es war noch nie so spontan und so vollständig – ich kann nicht sagen, daß ich keine Hände mehr hatte, denn es gab kein „Ich" mehr. Dies spielt sich folgendermaßen ab: Etwas kommt (etwas von einem Menschen: eine Idee, eine Kraft, eine Bewegung, ein Ausdruck), und paff, wird es zu dem *(Mutters Körper oder in diesem Fall ihre Hände)*. Es war sehr fröhlich und heiter: ein fröhlicher

Charme, sehr jung. Eine halbe Stunde vorher wußte ich noch nicht, daß ich spielen würde; es kam einfach so. Und es ging nicht darum zu „spielen", es war nichts Ernstes oder Wichtiges daran, nur etwas ganz Junges und Tanzfreudiges.

Dies ist ein Phänomen, das sich konkretisiert. Alle möglichen ... es sind nicht Menschen, sondern Bewußtseinszustände, die sich einst ganz präzise im Leben von allen möglichen Menschen ausgedrückt oder vielleicht sogar gebildet haben. Manche davon sind mir gut bekannt: ich habe sie oft gesehen, sie kamen oft wieder und sind mir sehr vertraut; ich kann sie benennen. Aber diese Bewußtseinszustände waren nicht ausschließlich in dieser oder jener Person, sondern in vielen Menschen und Epochen.

Dies passiert immer häufiger. Ich glaube, es geschieht, um das Zellaggregat flexibel zu machen und ihm eine Geschmeidigkeit zu verleihen.

(Schweigen)

Sri Aurobindo hat irgendwo geschrieben, ich weiß nicht mehr, in welchem Zusammenhang, daß man in einem bestimmten Bewußtseinszustand die Macht habe, die Vergangenheit zu verändern. Das hat mich damals sehr beeindruckt.

Diese Erfahrung hatte ich nämlich mehrere Male. Und jetzt, durch diese ganze Arbeit, verstehe ich das besser. Was sich zu verewigen oder zu bewahren scheint, sind ja nicht die Individuen, sondern Bewußtseinszustände. Und diese Bewußtseinszustände manifestieren sich durch viele Individuen und viele verschiedene Leben und bewegen sich progressiv auf eine immer leuchtendere Vollkommenheit zu. Jetzt gerade kommen der Reihe nach alle möglichen „Kategorien" von Bewußtseinszuständen, um mit der Wahrheit, dem Licht, dem vollkommenen Bewußtsein in Kontakt gebracht zu werden, und gleichzeitig haben sie eine Art Prägung behalten – wie eine Erinnerung an die Zeitpunkte, in denen sie sich manifestierten.

Eine bedeutende Arbeit für die Transformation der materiellen Bewußtseinszustände ist im Gange – jene Bewußtseinszustände, die am nächsten beim Unbewußten liegen, die materiellsten Bewußtseinszustände. Sie kommen *(um sich Mutter zu präsentieren)* mit ein oder zwei Beispielen ihrer vergangenen Manifestation (vielleicht sogar ihrem ersten Emporsteigen aus dem Unbewußten), und dann sehe ich den Übergang zusammen mit dem, was sie in aufeinanderfolgenden Manifestationen transformiert, verändert oder auch nur beeinflußt hat, und wie sie nunmehr dem höchsten Bewußtsein präsentiert und der endgültigen Transformation unterworfen werden. Das ist eine beinahe ständige Arbeit, denn – und das ist interessant – es ist eine Arbeit, die ich weiterverfolgen kann, auch wenn ich Leute empfange. Früher wurde meine Arbeit unterbrochen, wenn ich Leute sah, weil ich mich mit ihnen beschäftigte, und das schmälerte und begrenzte die Arbeit: sie repräsentierten eine kleine Anhäufung von Schwierigkeiten, die das Wirken *(von Mutter)* enorm einengten. Doch jetzt ist dies nicht mehr so. Interessant dabei ist, daß die Leute der einen oder anderen „Transformationsphase" des Bewußtseins angehören. Seit einiger Zeit sehe ich eine beträchtliche Anzahl von Besuchern, die zum ersten Mal kommen – mit den alten, bekannten gibt es keinerlei Schwierigkeiten, aber bei den neuen führte das im allgemeinen zu einer Einschränkung der Arbeit – doch jetzt, mit diesem „Studium" der Bewußtseinszustände, werden die Menschen hier oder dort eingeordnet *(Mutter deutet verschiedene Ebenen des Raums an)*, und wenn sie empfänglich sind, müssen sie sich *(nach dem Gespräch mit Mutter)* mit einem neuen Impuls, sich zu transformieren, wieder auf den Weg machen. Diejenigen, die nicht empfänglich sind, gehen einfach daran vorbei, aber das spielt keine Rolle mehr: sie kommen und gehen. Und daran kann ich erkennen, in welchem Zustand sie sind – man kann das auch mit Fotos tun, aber wenn ich die Leute sehe, ist es viel vollständiger. Fotos stellen immer nur einen bestimmten Augenblick ihres Wesens dar, hier aber ist sogar das, was sich gerade nicht manifestiert, zugegen, im Hintergrund verborgen, und kann gesehen werden. Sehr interessant. Dadurch wird die ganze Bürde mit den Besuchern zu etwas Interessantem.

29. Oktober 1966

Was möchtest du mir zu deinem Geburtstag sagen?

Ich würde gern mehr für dich tun, und besser.

Besser ist schwierig. Mehr – dazu bräuchten wir beide mehr Zeit. Wir könnten viel tun, das weiß ich, aber es bräuchte Zeit.

Ich würde dir gern mehr dienen.

Es gibt viele, viele Dinge … Erst letzte Nacht waren wir lange Zeit zusammen. Aber wir sind zusammen, um zusammen zu arbeiten.

Verstehst du, es ist nicht so, daß du dich um mich kümmertest oder ich mich um dich. Nein, wir treffen uns, weil wir zusammen arbeiten. Und dies sind große Bewußtseinsbewegungen.

Im Grunde mag ich die mentale Aktivität nicht – ich habe sie noch nie gemocht. Eine Zeitlang arbeitete ich viel im Mental, dies war die Phase der mentalen Entwicklung, als ich Philosophie betrieb – alle Philosophien, vergleichende Philosophie –, um den Intellekt flexibel zu machen. Aber im Grunde interessiert mich das nicht. Die Bewußtseinszustände jedoch – die Bewegungen des Bewußtseins, die Zustände des Bewußtseins – das ist ungemein interessant! Und gegenwärtig ist eine sehr intensive, das heißt eine sehr eingehende Studie über den Zusammenhang zwischen den Bewußtseinszuständen und dem Phänomen des Todes im Gange.

Alle Anschauungen der Menschen über das, was sich nach dem Tod ereignet, sind im Grunde ... Die Menschen haben in dieser Hinsicht viel gesucht, nicht wahr, und manche Religionen meinen, eine Erklärung gefunden zu haben ... Auch ich hatte persönliche Erfahrungen. Doch jetzt stellt sich das Problem auf eine neue Weise, als ob (ich sage „als ob", weil ich noch nicht zu einem Schluß gekommen bin und noch nichts Genaues weiß), als ob sich nicht die Persönlichkeiten von Leben zu Leben erhalten, sondern BEWUSSTSEINSZUSTÄNDE, die zugleich unsterblich und in fortwährender Transformation sind: was sich durch die verschiedenen Leben transformiert, scheint demnach der Bewußtseinszustand zu sein ... Manche Leute haben einen einzigen Bewußtseinszustand, und andere haben viele (manche haben sogar zwei einander fast entgegengesetzte Bewußtseinszustände, was eine „doppelte Persönlichkeit" und diese Widersprüche im Leben verursacht). Manche Menschen sind sehr einfach, sie haben nur einen Bewußtseinszustand, und das sind dann beinahe primitive Individuen, aber manchmal haben sie auf dieser Ebene eine wunderbare Entwicklung erreicht ... Dies erklärt viele Widersprüche. Und zur Zeit wird mir das deutlich gezeigt: Bewußtseinszustände, die viele verschiedene Aggregatsformen durchlaufen. Nun gilt es auch dort, das Geheimnis zu finden, wie ein bestimmtes Aggregat verlängert werden kann, nicht im Sinne der Unsterblichkeit (das ist etwas ganz anderes) sondern einer unbeschränkten Lebensdauer – und zwar der Form, um genau zu sein (das Leben hört niemals auf): der Form. Wenn diese Studie einmal abgeschlossen ist, wird ein weiteres Geheimnis geklärt sein.

Sehr interessant.

(Schweigen)

Vorletzte Nacht habe ich lange Zeit mit Sri Aurobindo verbracht, fast zwei Stunden. Ich habe dir erzählt, daß er so etwas wie eine „Wohnstätte" im Subtilphysischen hat – herrlich, wirklich herrlich! Dort ist alles immer so weit und klar und deutlich und doch ganz offen. Und ich habe den Eindruck … *(Mutter seufzt)* ach, offen, licht: immer. Er ist da … vielleicht nicht mehr ganz vergleichbar mit dem, was er hier war, aber für mich macht das keinen Unterschied, weil die Veränderung sehr allmählich eintrat. Ich bin Sri Aurobindo fast Tag für Tag, Schritt für Schritt gefolgt. Vielleicht ist er etwas größer, vielleicht ist er von einer Gestalt, die eine größere Vollkommenheit aufweist, ich weiß nicht, aber für mich ist sein Ausdruck … *(Mutter lächelt mit geschlossenen Augen)* unbeschreiblich. Ich verbrachte also eine lange Zeit mit ihm in diesen riesigen Räumen, die keine Grenzen haben. Verstehst du, man hat den Eindruck, man könne unendlich weit gehen von einem Raum oder von einem Ort zum anderen. Und in einem Teil mit einer gewissen Anzahl Räume (vier oder fünf oder sechs, ich weiß nicht mehr, jedenfalls große Räume) leitete er eine „Töpferei" – stell dir das vor! Es waren aus Ton gemachte Objekte, aber es erforderte kein Brennen, kein Glasieren oder so etwas – nicht wie hier. Aber es waren Formen, die wie Getöpfertes aussahen, und sie hatten eine Macht, sich zu manifestieren *(Mutter macht eine Geste nach unten)*. Alles war vertreten: Tiere, Pflanzen, Menschen, Dinge, alles, in allen möglichen Farben. Und ich ging vom einen zum anderen, schaute es mir an und erklärte. Ich war lange mit ihm zusammen gewesen und wußte genau, warum und wie es gemacht wurde. Anschließend ging ich und studierte die Arbeit und beobachtete. Dann richtete man die Zimmer her und stellte die Sachen an ihren Platz: wie um das Resultat zu zeigen. Und die Sachen waren … ansprechend in ihrer Schlichtheit, und dennoch enthielten sie eine außergewöhnliche Macht der Manifestation. Alles hatte eine tiefe Bedeutung. Ich hatte ein Stück genommen, das aus ganz dunkler, rotbrauner Erde bestand, und es war „schlecht gemacht", das heißt, die Form war nicht gut, und ich zeigte sie dem „Vorarbeiter der Töpferei" (in jedem Raum gab es einen verantwortlichen Vorarbeiter). Unten war dieses Gebilde ziemlich dick, mit einem kleinen Stück oben *(Mutter zeichnet eine Art Vase mit einem Hals)*, auf jeden Fall war es nicht gut geformt. Ich machte ihm das klar und sagte: „Sehen Sie, es ist nicht ausgewogen." Und während ich es in der Hand hielt, zerbrach es. Er sagte: „Ach, ich werde das flicken." Ich darauf: „Wenn Sie wollen … Aber es ist nicht, wie es sein sollte …" Verstehst du, man erzählt das in unseren Worten, aber dort hatte es eine ganz präzise Bedeutung. Dann waren da große Öffnungen zwischen den Zimmern (es waren keine „Zimmer" sondern riesige Säle), und eine führte auf den Platz hinaus, wo man „Fische" machte. Aber die Fische waren gar keine Fische (!), sie standen für etwas ganz anderes. So große Fische, aus Ton, farbig und schimmernd, herrlich! Einer war blaugrün und ein anderer gelblich-weiß, aber so schön! Man stellte sie auf, als wäre der Fußboden Wasser; man legte die Fische auf den Boden, mitten auf dem Weg. Da dachte ich: das ist nicht sehr praktisch beim Durchgehen. *(Mutter lacht)* So erzählt, hört sich das alles wie eine Kinderei an, aber dort hatte es eine ganz tiefe Bedeutung.

Das war sehr interessant.

So verbrachte ich mindestens zwei Stunden. Es muß zwischen ein und drei Uhr nachts gewesen sein. Ein Eindruck von etwas überaus Friedlichem und Behaglichem, voller Licht und Bewußtsein – vor allem voller Bewußtsein – ach, einfach wunderbar! Das Bewußtsein hier kommt einem im Vergleich dazu furchtbar begrenzt vor. Und dann wird es noch schwerfälliger durch die Tatsache, daß es sich durch das Denken ausdrückt: das macht es schwer, verengt und versteinert es. Dort hingegen kann sich das Bewußtsein frei bewegen, im hellen Licht, ach, eine so klare Atmosphäre – so hell und transparent ... keine Schatten ... und dennoch weist alles eine Form auf. Es gibt sogar Straßen (auch andere Orte), aber alles ist voller Licht.

Dieser Eindruck hielt noch Stunden hinterher an.

Und das scheint sich zu entwickeln und mit phantastischer Geschwindigkeit Gestalt anzunehmen: von einem Besuch zum anderen (manchmal liegt vielleicht eine Woche dazwischen) vollzieht sich eine ungeheure Veränderung. Sri Aurobindo selbst verändert sich. Ich finde ihn ... Früher – vor zwei Jahren, zum Beispiel – fand ich, daß er fast genauso aussah, wie er physisch war (ich habe ihn zwar fast von Anfang an in seiner supramentalen Wirklichkeit gesehen, aber das ist ganz anders) – ich spreche von dem Sri Aurobindo, der mit uns dauernd in Kontakt steht – dieser ist wie eine Emanation des anderen *(des supramentalen Sri Aurobindo)* und wie die Fortsetzung des Sri Aurobindo, der mit uns gelebt hat. Nun, eine gewisse Zeitlang ähnelte er viel mehr seiner alten Form als jetzt. Jetzt gleicht er mehr dem anderen. Aber trotzdem ist er immer noch ganz nahe bei uns.

Und die Arbeit geht schnell, so schnell.

(Schweigen)

Manche Leute dort lebten früher auf der Erde, aber nicht viele. Dort traf ich auch mehrere Male Sri Aurobindos alte Köchin (während des ersten Jahres nach ihrem Tod sah ich sie dort sehr oft). Wie hieß sie doch gleich?

241

Mridou.

Mridou! Sie hat sich auch sehr verändert, sehr, aber ... *(Mutter lächelt heiter)* irgendwie ist sie immer noch dieselbe.

Jedenfalls hatte ich den Eindruck (das war gestern, glaube ich), daß die Dinge sehr viel einfacher und viel weniger dramatisch sind, als das menschliche Denken es sich vorstellt. Merkwürdig, mehr und mehr habe ich den Eindruck von etwas, das ... es ist gar nichts Geheimnisvolles, und nur unsere Art zu denken und zu fühlen legt das ganze Geheimnis und Drama hinein – dabei gibt es das gar nicht.

Ach, wie die Menschen alles dramatisieren!

Das gilt auch für ihre Beziehung zum Göttlichen ... Gestern morgen, während ich arbeitete (als ich die Eier verteilte), spielte man mir die Musik von Sahana[1] vor, ein Stück von ihrer Gruppe, das in die Kategorie „religiöser Musik" fällt. Gewisse Klänge kann man als „religiöse Klänge" bezeichnen, und gewisse „Klangverbindungen" sind universell, das heißt, sie gehören weder einer Epoche noch einem bestimmten Land an. Und zu allen Zeiten und in allen Ländern stießen jene, die dieses religiöse Gefühl empfanden, spontan auf diesen Klang. Während die Musik spielte, kam mir plötzlich ganz deutlich diese Wahrnehmung (es handelt sich um eine Kombination von zwei oder drei Klängen), zusammen mit dem genauen Bewußtseinszustand, der diese Klänge erzeugt und der immer derselbe ist: ein sich wiederholender Bewußtseinszustand. Die ganze Begleitung klingt anders, und natürlich verdirbt das immer alles. Aber diese zwei oder drei Klänge sind erstaunlich schön in ihrem genauen, präzisen Ausdruck der religiösen Empfindung, des Kontaktes *(Geste nach oben)* und der Verehrung: der Kontakt der Verehrung.

Das war sehr interessant.

In ihrem Stück findet sich dieser Klang zwei- oder dreimal. Alles übrige sind Füllsel. Aber das ... Ich habe das schon in Kirchen gehört, in Tempeln und bei mystischen Versammlungen ... immer vermischt mit allen möglichen anderen Dingen, aber ... Und diese Klänge evozieren absolut eine solche Wirkung – in Wirklichkeit aber ist es umgekehrt: der Bewußtseinszustand erzeugt die Klänge, doch wenn man die Klänge hört, bringt einen das in Kontakt mit dem Bewußtseinszustand. Da verstand ich auf einmal, warum die Menschen gern solche Musik hören: es gibt ihnen unmittelbar ... ja, sie spüren etwas, das sie nicht kennen.

Wirklich interessant!

---

1 Eine bengalische Schülerin, die Musikerin ist.

Wie anders alles wird! Man lebt in dem Bewußtseinszustand, und alles wird anders. Man sieht die Dinge … ja, ich glaube, Sri Aurobindo nannte das „die Dinge von innen nach außen sehen". Das eine bedingt das andere.

Sehr interessant.

In der Musik von Sunil gibt es zwei oder drei dieser Klangverbindungen, die evozierende Verbindungen sind, und in seiner Musik drückt sich wirklich die Pracht der zukünftigen Schöpfung aus. Ja, wie eine aufgehende Sonne.

Aber sogar in ganz alter oder auch naiver Musik findet sich von Zeit zu Zeit diese Verbindung: zwei Klänge, eine Kombination von zwei, manchmal drei Klängen. Ich glaube nicht, daß die Leute wissen warum, aber dies bringt sie in Kontakt mit dem Bewußtseinszustand.

Im Grunde ist das nur eine Art, das Problem zu betrachten, aber es vereinfacht die Dinge auf wirklich interessante Weise … das heißt, große Transformationen sind lediglich das Ergebnis eines Wandels im Bewußtseinszustand.

(Schweigen)

Also, ich wünsche dir ein gutes neues Lebensjahr.

Ja, Mutter.

Es wird ein gutes Jahr werden. Ein sehr helles Jahr – sehr klar, sehr weit, weit und klar … Was hier passieren wird, davon weiß ich nichts. Die Umstände scheinen immer schwieriger zu werden, aber ich muß sagen, das läßt mich völlig kalt. Sie sind schwierig. Im Land hier und in der Welt ist es schwierig, es knirscht. Aber dies scheint nur eine äußere Erscheinung zu sein: Es ist der große Druck des Lichts – eines warmen, goldenen, mächtigen, supramentalen Lichts – immer mehr und mehr und mehr …

Und seit dem Tag, an dem ich diese beiden Kurven für dich sah, haben sie sich noch verstärkt, gefestigt, und der Schwung in die Zukunft ist großartig – sehr stark und mächtig, und gleichzeitig ist die Kurve sehr leuchtend („leuchtend" war sie schon immer, sogar kristallin vom intellektuellen Standpunkt aus), aber es ist eine große Kraft darin – eine große Kraft.

Ich wollte die Kurve sogar zeichnen, aber sie muß schön sein, gut gemacht, und ich habe nicht die Zeit dazu – doch sie sind beide da (wie soll ich sagen?) im Unsichtbaren. Die aufsteigende steigt ganz wunderbar auf, so wie ein Lichtstrahl.

Voilà.

*(Mutter nimmt einen kleinen Gegenstand neben ihr
in die Hand:)*

Du hättest doch bestimmt gern einen kleinen Esel, der dir hilft!

30. Oktober 1966

*(Mutter improvisiert zu Satprems Geburtstag auf dem
Harmonium)*

November

3. November 1966

Möchtest du 200 000 Dollar gewinnen?

Was muß man dafür tun?

Die Existenz der Seele nach dem Tod beweisen.

Ach ja, ich weiß, dieser Artikel ...

> „Eine Belohnung von 200 000 $ ist für denjenigen ausgesetzt,
> der einen wissenschaftlichen Beweis für den Austritt der Seele
> aus dem menschlichen Körper beim Tode abgeben kann. – Dies
> fand sich im Testament von James Kidd, einem Bergarbeiter
> aus Arizona, der 1951 verstarb. Sollte kein echter wissenschaft-
> licher Beweis vorgelegt werden, wird das Geld an irgendein
> Institut gehen, dessen Forschung darauf abzielt, die Existenz der
> menschlichen Seele zu beweisen, erklären die Anwälte, die als
> Testamentsvollstrecker fungieren."

Einige Leute haben ihren Beweis schon bereit, habe ich gehört.

Einen Beweis ... was sie eigentlich wollen, ist ein wissenschaftlich
fundierter Beweis. Aber handelt es sich dabei überhaupt um die Seele?
Sie sind doch alle in einer schrecklichen Verwirrung: Die Seele ist
für sie einfach irgend etwas. Ist es die Seele, die sie beweisen wollen,
die ewige, unsterbliche Seele, oder wollen sie vielmehr beweisen, daß
es ein Leben nach dem Tode gibt – was eine ganz andere Sache ist?
Das Leben nach dem Tode wurde schon durch zahlreiche Fälle wissenschaftlich bewiesen: Es gibt nicht wenige Fälle von Menschen, die
ihr voriges Leben im jetzigen Leben fortgesetzt haben. Da gibt es die
Geschichte von einem Familienvater, nach dessen Tod das Kind einer
benachbarten Familie außergewöhnlich genaue Einzelheiten über
Dinge lieferte, die allein der Tote wissen konnte. Seit es zu unabhängigen Handlungen fähig war, das heißt seit seinem fünften oder sechsten
Lebensjahr, versuchte das Kind immer wieder, sein altes Leben neu
aufzunehmen. Es sagte: „Meine Kinder warten in diesem Haus auf
mich, ich muß zu ihnen gehen und mich um sie kümmern." Obwohl
es selbst noch ein Kind war, sagte es: „Meine Kinder erwarten mich
dort." Und dieses Haus war jenes, in dem er gestorben war. Ganz
präzise Details, die allein dem Toten bekannt waren. Es sagte: „Ich
habe das doch dahin gelegt, warum ist es jetzt nicht mehr da?" Alle
möglichen solchen Dinge. Das ist ein Fall, der noch nicht lange her ist.
Es sind mir aber mindestens vier oder fünf solche Fälle bekannt, folglich gibt es ein Leben nach dem Tode. Doch was ist es, das weiterlebt?

Im Falle dieses Kindes ist es nicht die Seele, sondern Wesen des Vitals[1] (des mentalisierten Vitals), die intakt geblieben sind und die sich durch einen besonderen Umstand sofort reinkarniert haben. So waren sie noch „ganz frisch" vom letzten Leben. Der Fall dieses Kindes ist für mich wissenschaftlich unwiderlegbar; man kann nicht sagen: „Das Kind ist verrückt" oder „Es handelt sich um eine Halluzination" – es ist ein Kind, und es spricht von „seinen Kindern". Es gibt noch andere genauso überzeugende Fälle, an die ich mich jetzt nicht mehr erinnere. Doch ist es das, was sie wissen wollen? Oder wollen sie wissen, ob es überhaupt eine Seele gibt, und ob die Seele unsterblich ist und ... Im Grunde wissen sie nichts. Dies sind Fragen unwissender Leute. Man müßte ihnen zuerst einmal sagen: „Verzeihung! Bevor ihr Fragen stellt, solltet ihr zuerst einmal das Problem studieren."

Da ist die Geschichte von Ford, der Sri Aurobindo und mir ausrichten ließ, er wolle hierherkommen, um uns die ihn quälende Frage zu stellen: „Was passiert nach dem Tod?" Und er sagte, er sei gewillt, demjenigen sein Vermögen zu vermachen, der ihm darauf eine Antwort geben könne. Jemand hatte ihm nämlich gesagt: „Ja, Sri Aurobindo weiß um die Antwort." Bevor er aber kommen konnte, um seine Frage zu stellen, starb er plötzlich.

Nein, diese Fragen werden von unwissenden Menschen gestellt. Sie sollten sich erstmal mit dem Thema vertraut machen, damit sie wissen, wovon sie reden.

Es gibt die Seele. Die Seele ist ganz einfach eine Emanation des ... man kann es das höchste Bewußtsein nennen, die höchste Wirklichkeit, die höchste Wahrheit, was immer man will, mir ist das egal – alle möglichen Worte. Aber letztendlich ist die Seele eine direkte Emanation von Dem. Im Körper hüllt sich Das in das psychische Wesen. Das psychische Wesen ist ein Wesen, das sich progressiv durch alle Leben hindurch bildet. Wenn man also von der Seele spricht, meint man damit das psychische Wesen (das zuerst in embryonaler Form existiert und am Ende zu einem bewußten, völlig unabhängigen Wesen wird), oder aber ist die Rede etwa vom Weiterleben eines individuellen Bewußtseins nach dem Tod? Das ist nämlich wieder etwas anderes. Es gibt Beweise dafür; nur ist das ein völlig vitales Bewußtsein niedrigen Ranges, und es kann vorkommen, daß es durch eine Verkettung von Umständen sofort in einen anderen Körper zurückkehrt (jener Vater kehrte in dieselbe Familie zurück), und daß es mitsamt seinem Erinnerungsvermögen zurückkommt. Ansonsten (den Erfahrungen jener zufolge, die sich mit der Frage beschäftigt haben) behält nur das in

---

1 Es sind nicht verschiedene „Wesen", sondern Seinsebenen.

Entwicklung begriffene psychische Wesen die Erinnerung an seine früheren Leben. Aber von seinem materiellen, rein physischen Dasein behält es nur die Erinnerung an die AUGENBLICKE, AN DENEN ES AKTIV BETEILIGT WAR. Anstelle all dieser Geschichten, die erzählt werden und eine glatte Erfindung sind, hat man also nur solche Erinnerungen *(Mutter zeichnet eine Reihe von „Punkten" in den Raum)*, die mehr oder weniger detailliert, mehr oder weniger vollständig sein können, aber nur bruchstückhafte Erinnerungen an jenen AUGENBLICK sind, in dem sich das Psychische physisch manifestiert hat. Diese Art Erinnerung haben viele Menschen, doch sie wissen nicht, was es ist. Sie halten es meistens für „Träume" oder „Einbildungen". Jene, die Bescheid wissen (das heißt, die sich dessen bewußt sind, was in ihrem physischen Bewußtsein geschieht), können sehen, daß es Erinnerungen sind.

Ich hatte eine Fülle von Erinnerungen dieser Art. Aber es handelt sich dabei um etwas anderes als die Erinnerungen der höheren Bewußtseinsebenen (dort ist es keine „Erinnerung" sondern eine Art Vision des Lebens der höheren Wesen[1]). Ich spreche jetzt von den Erinnerungen des psychischen Wesens; diese haben einen anderen Charakter. Sie sind von ziemlich persönlicher Art, das heißt, man hat den Eindruck einer PERSON, die eine Erinnerung hat. Die Visionen von oben hingegen sind Visionen eines „handelnden Bewußtseins". Die Erinnerungen des psychischen Wesens sind aber nicht mentalisiert; wenn man sich zum Beispiel im Augenblick der Erinnerung nicht darum kümmerte, wie man gekleidet war oder in welcher Umgebung man sich befand, dann erinnert man sich nicht daran. Man erinnert sich also nur an das, was geschah, insbesondere an das, was vom Standpunkt des Bewußtseins und der Empfindungen und der inneren Regungen aus geschah.

Im allgemeinen sind es Fragmente – Lebensfragmente –, die eine individuelle Form angenommen haben, und bei einer normalen Entwicklung, wenn sich alle Wesensteile um das zentrale Bewußtsein herum gruppieren, kommen alle diese Elemente zurück und finden ihren Platz. Beispielsweise hatte ich eine solche Erinnerung (wie gesagt, es waren Hunderte), als ich sehr jung war, vielleicht zwanzig Jahre alt, und es war nicht während der Nacht, ich hatte mich nur hingelegt: Plötzlich fühlte ich mich zu Pferd sitzen, mit dem Eindruck einer ungeheuren kriegerischen Macht und dem Empfinden ... eines Siegeswillens und der MACHT zum Sieg. Ich sah ein weißes Pferd, und ich sah meine Beine, meine Hosen, weißt du, und ein Gewand aus

---

1 Gemeint ist nicht eine Klasse von sogenannten höheren „Wesen", sondern höhere Seinsebenen oder höhere Seinszustände.

rotem Samt. Und ich galoppierte dahin. Wie der Kopf aussah, wußte ich natürlich nicht! Aber ich sah die Menschenmenge, die Armeen und die aufgehende Sonne. Diese Empfindung war so stark ... die Empfindung eines Siegeswillens und einer SiegesMACHT. Dies kam einfach so. Einige Zeit später las ich dann irgendwo die Geschichte von Murat – ich weiß nicht mehr, ob es sein Sieg in Magenta war[1] ... ich erinnere mich nicht mehr an alles – und ich verstand augenblicklich, daß meine Vision der Moment war, in dem die Schlacht losging. Er rief eine innere Macht an, und so gab es eine Identifikation [mit Mutters Macht]; das war es, woran ich mich erinnerte. Zu sagen, wie die Theosophen zu sagen pflegen: „Ich war Murat", wäre eine Dummheit. Es war ein Bewußtsein, das wiederkam, und es war so stark! Dieser Eindruck hielt ziemlich lange an, mit der Empfindung der Schlacht, vor allem aber dieser MACHT, die einen unbesiegbar macht. Dies war interessant, denn zu jener Zeit, ganz am Anfang (ich hatte gerade angefangen, mich mit solchen Dingen zu beschäftigen, und war eben auf Théons „Kosmische Lehre" gestoßen), war ich davon überzeugt, daß das psychische Wesen einer Frau sich immer in einer Frau reinkarnieren würde und dasjenige eines Mannes immer in einem Mann – viele Schulen lehren das; Théon glaubte das auch, er bestand geradezu darauf. Folglich kam dies als eine Überraschung, denn es stimmte nicht mit dem überein, was ich dachte. Später, viel später wurde mir klar, daß alle diese Dogmen natürlich Unsinn sind, aber ...

Es stimmt mit dem überein, was ich dir schon letztes Mal sagte: Es sind BEWUSSTSEINSZUSTÄNDE, die sich reinkarnieren und sich dabei weiterentwickeln und vervollkommnen. So ist es wohl, und so kam auch diese Erinnerung. Das gilt für viele Erinnerungen. Doch ich weiß, wenn man sagen würde, es handle sich dabei um „Bewußtseinszustände", die sich reinkarnieren – wenn man dies als „einzige" Erklärung gelten lassen wollte, so wäre auch das falsch, völlig falsch. Doch es ist eine Art, die Sache zu betrachten, die jenseits des Rahmens der kleinen Persönlichkeit liegt. Es erweitert das Bewußtsein: Man trägt Dinge in sich, die viel universeller und viel weniger begrenzt sind als persönliche Erfahrungen. Wie im Leben – es gibt Menschen mit einem ungewöhnlichen Leben, und diese haben in ihrem Leben dann solche ungewöhnlichen Augenblicke, wo sie nicht mehr nur eine kleine Person sondern eine Kraft in Aktion sind. So ist das.

Im Grunde ist diese Frage – ich habe sie gelesen, sie wurde irgendwo

---

1 Sollte es sich um die Schlacht von Magenta handeln, so war es nicht Murat, sondern Mac-Mahon. Wahrscheinlicher ist, daß es sich um Murat in einer anderen Schlacht handelte.

veröffentlicht, und man las sie mir vor – eine Frage von Menschen, die nichts wissen. Sie müßten zuerst einmal anfangen, sich mit dem Thema zu beschäftigen und etwas darüber zu erfahren, dann verstehen sie vielleicht die Beweise, die man ihnen geben kann.

Man stellte mir diese Frage, jemand schickte mir den Artikel in der Hoffnung auf eine Antwort. Ich sagte: „Nein! Sie sind nicht bereit für die Antwort. Sollen sie zuerst ihre Hausaufgaben machen, und dann werde ich antworten."

Es sind Unwissende, die wollen, daß man ihnen alles serviert – die vorgekaute Mahlzeit. *(Lachend)* So geht das nicht!

9. November 1966

(Satprem liest Mutter einige Stellen aus dem Sannyasin vor, insbesondere die Szene, wo der Sannyasin mit dem Rücken zum Tempeltor steht und sowohl seinen „spirituellen Himmel" wie auch die Erde verloren hat, letztere in Gestalt der Frau, die er liebte.)

Dieses Bild (des an das bronzene Tor gedrängten Sannyasins) war so stark, weißt du … Jedesmal, wenn du davon sprichst, sehe ich wieder meine Vision[1]. Da war der Tempel – man sah nur das Tor und die Mauer – und die Spitze eines Berges mit diesem steilen Hang, und dann ein schmaler Weg zwischen Tempel und Abgrund, und eine brüllende Menschenmenge, die die Straße heraufstürmte, und dann …

Und immer sehe ich wieder dasselbe.

Das MUSS sich tatsächlich ereignet haben, denn es hat die Intensität von etwas physisch Dagewesenem.

Tatsächlich war meine erste Idee für das Buch dieses Kind da, das sterben muß. Und genau dies führt zu einem Aufruhr unter den Leuten, die den Sannyasin verfolgen. Dann versuchte ich, dies darzustellen, ohne daß das Mädchen stirbt.

Ja, das ist besser, lieber ohne die Verfolgung der Menge. Sonst könnte man denken, er werde von der physischen Angst an die Wand gedrückt, und dann hätte es nicht mehr dieselbe Kraft.

---

1 Siehe Agenda I, vom 20. November 1958

251

Die Vision war eine Erinnerung, das heißt etwas, das im „Gedächtnis der Erde" existiert. Aber das ist kein Grund, eine Geschichte daraus zu machen. Es ist besser, dein Buch hat eine tiefgründigere Basis.

Und in dem Augenblick hat er dann diese Reaktion gegen den Asketismus?

> *Ja, weil er das Mädchen verloren hat. Nicht physisch; er verliert sie, weil sie ihn zurückweist. Sie sagt: „Aber du bist jetzt ein Sannyasin, also ist es aus." Er ist aus seinem Himmel gefallen, hin zum anderen Extrem, um ein gewöhnliches Leben mit ihr zu führen. Und sie sagt nein. Sie sagt: „Das ist doch kein neues Leben."*

Aber wird das nicht so aussehen, als trauere er nur dem sexuellen Vergnügen nach? Das würde das Ganze nämlich auf eine sehr niedrige Ebene ziehen. Übelgesinnte Leute würden sagen: „Ach ja! Das sexuelle Verlangen ist eben viel stärker als das spirituelle Leben."

> *Das hängt davon ab, wie es gesagt wird. Diese Frau ... es ist keine Frau, sie ist beinahe noch ein Kind. Es hat nie eine Liebesbeziehung zwischen ihnen gegeben; sie ist zwölf oder dreizehn, und ihre Beziehung besteht schon lange. Selbst das Wort „Liebe" ist nie zwischen ihnen gefallen; da ist nur ein Bedürfnis, zusammenzusein, ein Bedürfnis nach Vereinigung. Sie spürt, daß dieser Sannyasin und sie eine Einheit sind, ein Ganzes, und sie spürt, daß Zusammensein nicht „heiraten" bedeutet. Aber sie spürt die Harmonie, die Einheit mit ihm.*

O ja! Es wäre eine gute Sache, wenn man den Leuten nur klarmachen könnte, daß wahre Liebe nichts zu tun hat mit der sexuellen Verbindung oder vitalen Anziehung, nicht einmal mit den gefühlsmäßigen Banden – all dies hat nichts zu tun mit wahrer Liebe[1]. Aber die Menschen verstehen das nicht. Selbst wenn sie das Wort „Liebe" verwenden, denken sie sofort an die sexuelle Vereinigung, und das ist fatal, die Idee der Liebe wird dadurch völlig verfälscht.

Ich weiß nicht, ich habe Pavitras Buch *Über die Liebe* nicht gelesen. Hast du es gelesen? Ist dieser Punkt klar in seinem Buch?

(Satprem zieht eine Grimasse)

Nicht klar?

---

1 In Mutters Papieren fanden wir folgende Notiz: „Wenn man vom sexuellen Verlangen spricht, müßte man, anstatt ihm den hehren Namen der Liebe zu verleihen, es einfach vitaler Kannibalismus nennen."

Ich finde, etwas an seinem Buch ist falsch. Falsch – oder falsch ausgedrückt.

Falsch?

Ihm zufolge gibt es zwei Wege: den „Weg nach außen" und den „Weg der Rückkehr". Der Weg nach außen – das sind die Menschen, die sich von Gott entfernen, die im Leben der Welt stehen und Ehemann, Ehefrau usw. sind. Und dann der Weg der Rückkehr, der „wahre Weg" der Rückkehr zu Gott, auf dem alle diese Dinge ein Hindernis sind ... Also für mich ist das eine Verfälschung.

Natürlich!

Was ist denn das überhaupt, dieser „Weg nach außen", der von Gott wegführt, und diese „Rückkehr", wo alle menschlichen Beziehungen ein bloßes Hindernis sind?... Die Rückkehr ist doch im Gegenteil, wenn man den ganzen Weg hinauf gegangen ist ...

Ja, und man dann das Göttliche herabsteigen läßt.

Genau.

Ja, das ist Rückkehr.

Aber für ihn heißt Rückkehr: man erhebt sich wieder zu Gott – und dann?...

Das wäre dann das Ende des Lebens!

Ich war sehr schockiert, als ich das las. Ich wollte es ihm sagen, aber dann schwieg ich doch ... (Mutter nickt zustimmend) Ich persönlich habe die Rückkehr immer als den absteigenden Pfad gesehen.

Der Herr kommt hier herab.

Ja, die Wahrheit kommt herab. Rückkehr heißt nicht aufsteigen, nein; aufsteigen ist im Gegenteil der wirkliche „Weg nach außen".

O ja.

Es begann mit dem Stein – und man sieht sehr wohl den Unterschied zwischen dem Stein und der Pflanze, der Pflanze und dem Tier, dem Tier und dem Menschen. Man sieht die ganze Materie, die strebt, immerfort zum Herrn strebt – das ist der „Weg nach außen". Von Anfang an war das so. Es steigt auf mit all seinen Irrtümern, seinen Verwirrungen, Lügen und Verzerrungen – aber ALLES steigt auf. Und die Rückkehr ist das, was ich in der Botschaft gesagt habe, die ich am 4.5.67 geben werde: „Das Gefängnis, das sich in die göttliche Wohnstätte verwandelt."[1]

> *In dem Buch, das ich schreibe, möchte ich aufzeigen, daß genau die Berührung dieses Lichts der Punkt ist, um wieder herabzusteigen; daß die Wahrheit nicht das Ende da oben ist – da oben, das ist erst die Hälfte.*

Ja! *(lachend)* Es ist der Anfang vom Ende.

> *Mein ganzes Buch baut darauf auf.*

Das ist sehr wichtig. Denn die erste Regung aller Leute, die anfangen, das Leben abscheulich zu finden, ist doch: von da wegzukommen – bei allen. Ich erhalte haufenweise Briefe; sobald sie das Leben widerlich finden, sobald es nicht mehr etwas Wunderbares ist, sagen sie sich: „Oh, jetzt ist es aber genug! Ich will da raus, nichts wie raus!" Ja, das ist die erste Regung: man steigt auf, aber nur, um wieder herabzukommen und die Dinge HIER zu verändern – nicht um alles aufzugeben, sondern um die Dinge zu verändern.

Buddha steht für das extremste Aufgeben. Seine Lehre führte zur Aufgabe des Lebens, und das stellte den Höhepunkt dieser Entwicklung dar. Schön und gut ... Damals wurde der Gipfel erreicht, die Vision des Gipfels. Aber wir müssen wieder herunterkommen.

Das verstehen sie nicht, sie sind immer noch da oben – alle.

> *Das sage ich ja gerade. Sein ganzes Buch ist so: Der Weg nach außen entfernt sich vom Herrn, und der Weg der Rückkehr steigt wieder zum Herrn auf. (Sich an Sujata wendend:) Nicht wahr, so ist es doch in seinem Buch?*

> *(Sujata:) Dieses Buch ... ich weiß nicht, mir kam es etwas sonderbar vor.*

Zum Göttlichen zurückkehren, ja, das ist das Nirvana.

Nur, sobald man dort ist und in Kontakt mit dem Göttlichen, sagt es einem: „Geh wieder hinab! Bleib nicht hier, dies ist nicht dein Platz!"

Aber in dieser Hinsicht führe ich einen verzweifelten Kampf gegen all diese Leute, die sich das spirituelle Leben so vorstellen: Brrt! und

---

1 „Das irdische Leben ist die selbstgewählte Wohnstätte einer großen Gottheit, und vom ewigen Anbeginn her ist es ihr Wille, dieses blinde Gefängnis in ihre prächtige Wohnstätte zu verwandeln und in einen hoch aufragenden Tempel, der den Himmel berührt." (Sri Aurobindo)

man geht weg. Dabei ist das erst der Anfang. Ich halte dem immer die Geschichte Buddhas entgegen: Als er im Begriff war, ins Nirvana einzutreten, wurde ihm schlagartig klar, daß die Erde verändert werden mußte ... worauf er blieb.

Dazu fällt mir etwas ein im Zusammenhang mit Madame David-Neel. Sehr interessant. Sie war gekommen, um einen Vortrag zu halten. Ich kannte sie bis dahin nicht und lernte sie erst dort kennen. Ich glaube, es war im Rahmen der Theosophischen Gesellschaft. Ich besuchte den Vortrag, und plötzlich, während sie sprach, sah ich Buddha – ganz deutlich: nicht über ihrem Kopf, sondern ein bißchen seitlich. Er war zugegen. Nach dem Vortrag machte man uns dann miteinander bekannt. Ich wußte noch nicht, was für eine Art Frau sie war, und sagte ihr: „Oh, Madame! Während Sie sprachen, sah ich Buddha!" Sie antwortete *(wütende Stimme)*: „Ach, das ist völlig unmöglich, Buddha ist im Nirvana!" *(Mutter lacht)* Oh! Nun denn ... Ich dachte mir: „Sei lieber still!"

Aber er war wirklich da, was sie auch denken mochte.

Und genau dies bedeutet wegzugehen.

Ich verstehe nicht, warum Pavitra, der doch hier ist, so schreiben kann.

Ach, ich verstehe sein Denken sehr wohl: er hat eine zu kurze Sicht, mein Kind! Er sieht, daß das ganze Streben der Erde auf das Göttliche, auf die Vereinigung mit dem Göttlichen gerichtet sein muß. Er sieht ... (wie soll ich sagen?), was zuerst kommt, aber von zu nah, mit einem ungenügenden Abstand. Und so ist die Rückkehr für ihn die Rückkehr zum Göttlichen.

Doch wenn man ihm sagen würde: „Also die Aufhebung, das Nirvana", so würde er antworten: „Nein, nein, keineswegs!" Nur sieht er das nicht.

Im Grunde ist es eine dreifache Bewegung: Zuerst die Schöpfung als „Flucht vor dem Göttlichen" (gemäß der normalen Vorstellung, die besagt, daß die Schöpfung „gefallen" ist und sich vom Göttlichen „entfernt" hat, so wie sich die Menschen vom Göttlichen „entfernt" haben) – das war die erste Bewegung. Aber das ist nur so, weil er keinen Abstand hat; er sieht nicht, daß das Göttliche bis auf den tiefsten Grund des Unbewußten hinabgetaucht ist (und das ist es ja: warum ist es bis auf den Grund des Unbewußten gegangen?... Dies muß „in Betracht gezogen werden" – *Mutter lacht* – man weiß noch nicht, wie man es erklären soll: jeder drückt es anders aus.) Es ist bis auf den tiefsten Grund gegangen (ich glaube, ich weiß warum, aber das ist für später), noch unter den Stein *(Mutter macht eine Geste der*

Unveränderlichkeit, ganz unten), noch unter das Mineral. Das Mineral ist bereits ein Beginn des Erwachens des Bewußtseins ... Man muß es nur in seiner Gesamtheit sehen, um zu verstehen, daß es ein Aufstieg ist. Wenn man das gegenwärtige menschliche Leben betrachtet, hat man den Eindruck, die Menschen hätten sich im „Fall" verloren, doch das ist das Werk des Mentals. Das Mental mußte die ganze Erfahrung machen, es mußte bis auf den Grund gehen, um alles zu verstehen und den Aufstieg wieder in Angriff zu nehmen. Für die Pflanzen ist es wirklich ein Aufstieg. Nun, nach dieser Sicht gibt es drei Bewegungen. Aber wenn man das Ganze zusammen sieht, sind es nur zwei: Die erste Bewegung ist der Abstieg des Herrn ins Unbewußte (dazu kann man im Augenblick nichts sagen; erst wenn man daraus aufgetaucht ist, wird man etwas sagen können). Die zweite (die erste, die wir uns vorzustellen vermögen) in Form einer sehr, sehr langsamen Bewegung durch alle möglichen Erfahrungen hindurch, selbst durch die vollstän-digsten mentalen Verneinungen des Göttlichen, ist der Aufstieg zum Göttlichen. Und dann, wenn man aufgestiegen ist ... *(Mutter macht eine Geste des Absteigens)*: „Kommt hierher, hier ist's: verwandelt dieses Gefängnis in eine Wohnstätte des Göttlichen!"

Das wird eine sehr gute „Botschaft" für den 4.5.67 abgeben.

Die Vier ist die Manifestation. Die Fünf ist die Macht. Sechs ist die Schöpfung, und Sieben ist die Verwirklichung. Vier Zahlen in einer wunderbaren Reihenfolge. Hier ist die Verwirklichung – Ihr wollt die Verwirklichung? Bitte sehr, hier ist die Verwirklichung: das in eine Wohnstätte des Göttlichen umgewandelte Gefängnis. Für Leute, die sagen: „Mit der Erde läßt sich nichts machen, sie ist geliefert ...", ist dies die richtige Antwort.

*
* *

Hätte der Mensch nicht gedacht, daß es ein „Fall" sei, so hätte er niemals den Willen gehabt, wieder aufzusteigen. Er mußte notwen-digerweise denken, es sei ein Fall – aber es ist keiner, es ist ... etwas anderes, und ich bin gerade im Begriff, es zu entdecken.

*
* *

(Etwas später, beim Erstellen der französischen Übersetzung der „Botschaft" für den 4.5.67, hält Mutter bei einem Wort inne, dessen Übersetzung ihr nicht kommen will.)

... Ich denke an nichts – ach, weißt du, das ist ein Segen, mein Kind! Ich denke niemals an etwas, bei nichts! Ich bin einfach so *(Geste einer reglosen, nach oben gerichteten Kontemplation)*. Das einzige, was in

Worten kommt, ist: „Herr, Du ... was Du willst, was Du weißt, was Du machst, es gibt nur Dich. Du." So *(dieselbe Geste der Reglosigkeit)*. Und dann plötzlich, ohne daran zu denken, ohne zu suchen – kommt, paff! ein Lichttropfen. Ah!

Das ist praktisch.

12. November 1966

Gestern war die „Kali-Puja"[1], und auf englisch würde ich sagen: *She has been outspoken* (sie hat kein Blatt vor den Mund genommen). Am Nachmittag hat sie *(lachend)* „ihre Art, die Dinge zu sehen", zum Ausdruck gebracht.

War sie ungehalten?

(Mutter nickt) Und dabei war amüsant, daß es nicht allein hier, nicht allein die Erde war, sondern eine Unzufriedenheit mit der Art und Weise, wie sich die Kräfte der Natur verhalten ... Diese Ironie: Gestern morgen erhielt ich ein Telegramm, ein SOS aus Bihar. Darin stand, sie hätten kein Trinkwasser mehr, sie lebten in einer furchtbaren Dürre und in Not und bräuchten Hilfe. Und gleichzeitig steigt hier das Wasser wieder an, und eine Überschwemmung droht! Eine lächerliche Ironie. Darauf also begann sie, ihre „Sicht der Dinge" mitzuteilen. Sie sagte ziemlich amüsante Dinge. Dies geschah am Nachmittag.

Als sie dann wieder weg war, fing ich an zu lachen und sagte: „Nicht aufregen! Ich für meinen Teil lache darüber." *(Mutter lacht)* So wurden die Herzen getröstet.

Was hat sie gesagt?

Sie war zornig und sagte: Unordnung, Zusammenhanglosigkeit, Mangel an Organisation usw.

Was braucht es in der Welt, um ein bißchen Ordnung hineinzu-bringen?

---

1 Kali repräsentiert den kriegerischen Aspekt der universellen Mutter. Jedes Jahr um diese Zeit finden ihr zu Ehren Zeremonien statt.

Das ist genau das Problem ... Nein, sie formulierte es andersherum, sie sagte: „Was braucht IHR noch alles, damit ihr endlich den Wunsch verspürt, bewußt zu werden? Wieviel braucht es noch, um ..." *(hämmernde Geste)*

Nun ...

Ich fand das wirklich ironisch. Morgens hatte man mir eben gesagt: „Die Überschwemmung setzt wieder ein, die Strömung steigt," und dann das Telegramm: „Wir verdursten, alles ist ausgetrocknet!"

Sehr symbolisch.

Ja, Unordnung – Mangel an Gleichgewicht.

15. November 1966

... Ich bin inexistent.

Müde?

Nein, absolut weg *(Geste nach oben)*. Ich bin mir darüber im klaren, daß es völlig nutzlos ist, irgend etwas zu wollen oder festzulegen: du siehst, wie spät es ist, 10 Uhr 45. Ich habe aufgegeben – ich bin nur noch ein Roboter, der Papiere unterschreibt, das ist alles; ob ich will oder nicht ... das „Ich" hat vor langer Zeit aufgehört zu wollen –, aber auch nur eine physische Notwendigkeit zum Ausdruck zu bringen ... nutzlos.

Ich bin wirklich weg.

Geh nicht!

Ach, das macht nichts. Das hier *(Mutter deutet auf ihren Körper)* ist ja noch da! Nein, eins nach dem anderen, in jeder Hinsicht: Ich sehe, was sein muß und was wahr ist, doch alles, alles verbündet sich dagegen, also ... *(dieselbe Geste des Rückzugs nach oben)*. Ich werde mich nicht verrückt machen. Ich ziehe mich zurück. Ich werde wieder zum Zeugen.

Man versteht die Gnade wirklich nicht.

Ich glaube, kein Mensch kann sie verstehen.

Weißt du, erst heute morgen erhielt ich eine Anfrage mit den Worten: „Warum handelt die Wahrheit nicht?" Ich werde dir meine Antwort sagen ... es ist immer dieselbe (nach einem langen Briefwechsel):

„... Es ist offensichtlich, daß die Lösung in der Wahrheit liegt."

– „Warum dann die Verzögerung?"

„Weil die Wahrheit für die Lüge und die Böswilligkeit äußerst zerstörerisch ist. Würde sie unmittelbar auf die gegenwärtige Welt einwirken, bliebe nicht viel übrig ... Geduldig bereitet sie ihr Kommen vor."

Das ist wahr, ich spüre es. Der Widerstand ist so TOTAL, daß nichts mehr übrig bliebe, wenn „Das" käme *(Geste der Herabkunft auf die Erde).*
Für diejenigen, die auf der richtigen Seite stehen, wirkt es natürlich aktiv.

(Mutter schenkt Satprem Blumen)

Du verstehst die Gnade nicht ... Eines Tages wirst du sie verstehen, du wirst schon sehen.

Nicht, daß ich sie verstünde, aber ich sage „man" versteht sie nicht.

„Man"!... *(Mutter lacht).* Mein Kind, ich bin mal ganz grob: Darauf gibt „man" keinen Pfifferling!

Ich meine die Gnade deiner Gegenwart hier.

Ach du liebe Zeit! *(Mutter lacht)* Also wenn du das meinst – darauf gibt „man" erst recht keinen Pfifferling.

(Schweigen)

Ich habe ganz, ganz stark die Empfindung einer Macht ... und diese herabkommende Macht ist so ungeheuerlich im Vergleich zu ... Ach, wie klein da alles erscheint, wie dürftig, kraftlos, ohne jeden Großmut, ohne Weite im Vergleich dazu! Verstehst du, ich sehe eine beträchtliche Anzahl Menschen, und von Zeit zu Zeit fällt so etwas wie ein kleiner Strahl oder Tropfen von Dem herab, worauf der Mensch vor mir zu zittern beginnt! Er weiß nicht warum, aber er fängt an zu zittern. Also?...
Und das passiert die ganze Zeit.
Nur die Kinder nicht. Die sind so unschuldig! Zum Beispiel diese kleine Astha, die jeden Morgen kommt (es war ihr Entschluß, ich konnte nicht nein sagen. Sie hat einfach erklärt: „Ich komme!"):

Anfangs machte sie ein „Pranam", ein ernsthaftes Pranam: sie legte ihren Kopf auf meine Füße und rollte ihn hin und her. Inzwischen hat sie etwas anderes gefunden: sie kommt, spricht mit niemandem, beobachtet die Leute, die da sind, und wenn sie dann sieht, daß alle beschäftigt sind, schlüpft sie unter den Tisch, nimmt meine Hand und fängt an, damit zu spielen: sie umfaßt sie, dreht sie, zieht an ihr. Und wenn sie mit der einen Seite fertig ist, kommt die andere dran. Und mit einer so schönen Freude, einem so schönen Vertrauen: „Ach, ist das ergötzlich!"

Das ist charmant.

Kinder sind so.

Andere fangen jedoch an zu heulen, sobald sie hereinkommen. Sie kommen herein und können es nicht aushalten: sie können nicht oder wollen nicht; eine Wut macht sich in ihnen breit (sie sind nicht sehr zahlreich).

Aber sie sind sehr spontan, und jene, die hier sind, kommen, kleben an meinen Knien, drehen und wenden sich und wollen überhaupt nicht mehr weggehen.

Dies erinnerte mich an bestimmte Erfahrungen von früher (sehr weit zurückliegend, mindestens zwei Jahre, bevor ich zum ersten Mal hierherkam). Ich kannte Sri Aurobindo noch nicht, nur die „Kosmische Lehre", und ich studierte den Okkultismus und arbeitete ernsthaft damit (Théon kannte ich auch noch nicht persönlich). Ich war voll in meinen eigenen Erfahrungen. Es war in Paris. Ich fuhr im Bus oder in der Metro, und da waren Leute – nicht nur einmal, sondern häufig – zum Beispiel eine Frau mit ihrem Kind. Das Kind verließ die Mutter abrupt (Kinder von drei, vier Jahren, sehr klein, die gerade anfangen zu laufen) und kam zu mir. Das passierte mehrere Male. Ich selbst war in meiner Meditation versunken und gab auf nichts und niemanden acht. Und auf einmal löste sich ein Kind von seiner Mutter, kam zu mir und drückte sich, paff, so an mich und umschlang meine Knie. Die Mutter entschuldigte sich dann, sie glaubte *(lachend)*, dies sei unhöflich. Doch ich sagte: „Nein, schon gut!"

Und immer, wenn ich ruhig war, so schien mir, war da etwas, das gar nicht menschlich war: es war einfach da und handelte ruhig durch mich hindurch. Ich kümmerte mich nicht einmal darum. Ich machte sogar Experimente damit. Zum Beispiel war da einmal im Bus ein Mann, der ganz verkrampft war und weinte: man konnte sehen, daß er zutiefst unglücklich war. Ich regte mich nicht und schien nichts zu tun, aber ich sah, wie die „Kraft" zu diesem Mann ging und wie er sich allmählich entspannte, sich beruhigte und still wurde. Auch das kam mehrere Male vor. Und so wußte ich ... Denn zu jener Zeit hatte ich noch kein großes Wissen. Zwar fühlte ich immer die Macht da oben, doch ich wußte nicht, was es war – es war einfach eine „Kraft", die kam und ruhig handelte. Jetzt ist es genauso, nur voll und ganz bewußt. Genau dasselbe: etwas, das vom Körper Besitz ergreift. Der Körper nimmt teil, in dem Sinne, daß er gar nicht den Eindruck hat, er „tue" etwas; er spürt sich selbst kaum. Er hat nur das Bewußtsein von einer ... ach, so warmen und weichen, zugleich jedoch so ungeheuer mächtigen Schwingung, die einfach kommt, und er braucht nichts zu wollen und auch nichts zu versuchen. Er denkt nicht, er sucht nicht, er regt sich nicht *(Mutter macht eine Geste, als ob sie ganz und gar im Herrn badete)*: es ist spontan und natürlich.

Und manchmal ist er müde, oder etwas geht nicht so gut, oder ... (das rührt immer von einem Kontakt mit außen her; hinterher sehe ich und weiß ich, was die Ursache war). In jenem Augenblick aber ist da einfach ein Unbehagen oder eine Unordnung. Dann ... ach! Eine totale Hingabe, mit dem Vertrauen eines Kindes an ... etwas ... das überall ist, um ihn herum, in ihm, dort, so *(Geste des Einhüllens)*. Und die Aspiration des Körpers ist: „Möge einzig Das existieren!" Der ganze Rest ... uff! Das ist überhaupt nichts, nur störend. „Möge nur Das da sein. Wenn nur Das existierte – was für eine wunderbare Welt wäre dies!"

So ist sein Gefühl. Alles andere ist entweder eine Qual oder zutiefst lächerlich. Jedenfalls so belanglos, so trocken, wie eine schlechte Imitation. Wirklich amüsant und komisch aber wird es, wenn ... *(Mutter bläst ihre Wangen auf)* wenn das Ego sich aufbläst. Oh lala!... Die Egos, die sich behaupten und sagen: „Ich will, ich will nicht, ich habe beschlossen ..." Ach, mein Kind, das ist *big fun*! [ein großer Spaß]. Und sie sehen überhaupt nicht, daß sie nur Marionetten sind.

*
* *

Etwas später

Vorletzte Nacht habe ich wieder die ganze Zeit mit Sri Aurobindo verbracht – mindestens vier Stunden in dieser subtilphysischen Welt. Er hat dort eine so schöne Wohnstätte. Einfach großartig. Und es ist nicht verschwommen. Es ist sehr konkret, und doch nicht starr, von einer Geschmeidigkeit, die sich an alle Notwendigkeiten anpaßt. Wirklich interessant.

Aber es ist noch in der Phase der Vorbereitung und Anpassung: noch nichts Endgültiges. Es sind Erfahrungen, Versuche, äußerst plastisch, eine Entstehungsphase, als ob es sich auf eine Manifestation vorbereitete, oder vielmehr, als ob es „lernte", das zu sein, was es sein soll. Sehr interessant.

19. **November 1966**

(Mutter schenkt Sujata eine kleine rosafarbene Rose:)

Ich habe eine schöne Rose für dich. Weißt du, was sie bedeutet?

Nein, Mutter.

Das habe ich mir gedacht.

Was ist es?

Es ist die wahre Zärtlichkeit: die Zärtlichkeit des Göttlichen. Die Leute kennen das nicht, sie denken immer an etwas sehr Menschliches. Aber es ist nicht menschlich … *(Mutter schließt die Augen und verharrt in Konzentration)* … Es ist äußerst licht, rosafarben, ein wenig golden … immer lächelnd … Eine ganz besondere Empfindung. *(Nach langem Schweigen)* Alles ist wie eine schöne rosafarbene Rose – eine schöne Rose. Besser noch als das, viel besser … wie soll ich sagen? Schwierigkeiten sind ausgeschlossen – es gibt sie nicht [wenn man in dieser Zärtlichkeit ist]. Das ist die Seite des Lebens („des Lebens" – ich meine der Manifestation), die ausschließlich Schönheit, Lächeln, Frieden und Licht ist – spontan, mühelos, mit der Unmöglichkeit, daß etwas anderes da wäre. Etwas ganz Besonderes. Und weit, weit oben … Trotzdem sehe ich von Zeit zu Zeit einen Tropfen davon hier. Das erste Mal, als ich das sah … *(Mutters Beine schwanken)* Ich muß mich hinsetzen; ich bin im Begriff wegzugehen!

(Mutter setzt sich und fährt fort:) Dies kann sich nur in einer Welt ohne Egoismus verwirklichen. Das heißt, erst wenn der gesamte Prozeß der Individualisierung abgeschlossen ist und dieses Element des Egoismus nicht mehr benötigt wird, kann sich „Das" ganz manifestieren.

Man könnte es die „Süße der Liebe" nennen, aber das Wort hat etwas Gekünsteltes an sich. Es ist viel besser als „süß". Etwas ohne Schwierigkeiten: es kommen keine Schwierigkeiten, diese Süße kennt keine Schwierigkeiten, sie ignoriert sie vollkommen – es gibt keine, sie existieren einfach nicht. In dem Augenblick, wo sich das manifestiert, gibt es keine mehr. Und hier kann es natürlich nicht bleiben, weil ... weil es noch welche gibt!

Nun ...

*
* *

Etwas später

Ist das letzte Gerücht des Ashrams bis zu euch gedrungen? Ich soll gesagt haben, daß Maheshwari[1] sich in einem goldenen Licht manifestiert habe, daß Sri Aurobindo gekommen sei (woher, weiß ich nicht!) und gesagt habe, die Welt sei nicht bereit, und deshalb gebe es Katastrophen und Wirbelstürme – habt ihr die Geschichte nicht gehört? Nun, ich habe richtiggestellt, daß dies nicht stimmt. Zuallererst stellte ich klar: „Woher soll Sri Aurobindo gekommen sein? Er ist immer hier, also braucht er nicht zu kommen!"

Die Geschichte ist nicht von Bedeutung, außer daß einige Leute verstört waren: sie machten sich auf den Weltuntergang gefaßt! Wenn Sri Aurobindo sagt: „Die Welt ist nicht bereit", dann heißt das für sie so viel wie: „Es geht zu Ende!"

Gestern – ich glaube, es war eine Antwort auf diese Geschichte von Maheswari und Sri Aurobindos Aussage, die Welt sei nicht bereit – schrieb ich etwas auf französisch, doch der Anstoß dazu kam von Sri Aurobindos Bewußtsein. Er sagte *(Mutter nimmt einen Zettel und liest)*:

> Nach dem Gesetz des Menschen muß der Schuldige bestraft werden. Doch es gibt ein viel gebieterischeres Gesetz als das menschliche: das Gesetz des Göttlichen, das Gesetz von Mitgefühl und Barmherzigkeit. Dank dieses Gesetzes kann die Welt andauern und Fortschritte machen ...

Diese Vision war so klar. Würde man diesem Gesetz des Schuldigen, der bestraft werden muß, Folge leisten, dann müßten im Laufe der Entwicklung der Dinge allmählich alle bestraft werden! *(Mutter lacht)* Es bliebe niemand mehr übrig. Darum sagte Sri Aurobindo:

> Dank dieses Gesetzes kann die Welt andauern und in Wahrheit und Liebe wachsen.

Der Schuldige, der bestraft wird!... Immer die gleiche Idee. Die Menschen denken immer, der Schuldige müsse bestraft werden – wohin würde das führen?

---

1 Maheshwari: die höchste Mutter

(Schweigen)

Ich habe auch noch etwas anderes geschrieben. Wie ich dir erzählte, erschien Kali am Tag ihrer Puja und war unzufrieden. Daraufhin schrieb ich *(Mutter nimmt einen anderen Zettel und liest vor)*:

> Sie wissen, was man nicht tun soll,
> sie wissen, was man tun soll,
> sie wissen, wie sie es tun sollen,
> sie wissen alles ...
>
> Dennoch: von allen Faktoren leistet die mentale Arroganz dem Wirken der göttlichen Gnade am meisten Widerstand.

Diese Notiz war einfach und ausschließlich eine Frage der Schwingung. Es war die Schwingung mentaler Arroganz (überdeutlich wahrnehmbar), die sich ausbreitete und den ganzen Raum einnahm ... *(Mutter macht eine Geste des Aufplusterns)*. Sie nahm so viel Raum ein!... Und dann dieses so ruhige und stille Wirken ... ohne Lärm, ohne Aufsehen, völlig anspruchslos. Es war so *(Geste der unerschütterlichen Herabkunft)*, von einer vollkommenen Schlichtheit – und der Weg war diesem Wirken total versperrt, es konnte nicht durchkommen. Da schrieb ich diese Notiz:

> Sie wissen, was man nicht tun soll,
> sie wissen, was man tun soll,
> sie wissen alles ...

Dies war das Ergebnis von Kali. Und es war eine sehr starke Erfahrung. Materiell, hier. Nicht weit weg – hier. Und sobald das gesagt war, klärte sich etwas. Als wäre es absolut notwendig gewesen, es auszudrücken.[1]

Ich sollte auch noch sagen, daß mir alle möglichen Dinge „zu Ohren gekommen sind", seit die finanziellen Angelegenheiten nicht sonderlich gut stehen ... Es gibt dramatische Schwierigkeiten. Ich bin gezwungen, den Leuten zu sagen, daß ich nicht zahlen kann und sie nicht unnütz Geld ausgeben sollen, und auf der anderen Seite versuche ich herauszufinden, wo die Störung liegt ... Denn die Macht, Geld anzuziehen, bleibt bestehen (in beträchtlichem Ausmaß); folglich sollte es keine Schwierigkeiten geben. Also schrieb ich diese Bemerkung, weil ich im Denken der Leute deutlich sah, daß sie alle sagten: „Ach,

---

1 Es sei daran erinnert, daß Mutter ihre Notizen oft als okkultes Handlungsmittel benutzt: sie bewahrt sie in ihrer Nähe auf, um sie von Zeit zu Zeit wieder „aufzuladen".

man muß dieses tun; ach, jenes sollte man nicht tun; ach, wenn Mutter doch nur dies täte; ach, wenn sie doch bloß jenes nicht täte ...“ Manche trauen sich, es zu sagen, andere trauen sich nicht, denken es aber – nur ganz wenige denken nicht so. Und noch weniger Leute sagen sich: „Es ist besser, ich kümmere mich nicht darum, weil ich doch nichts davon verstehe.“ Mich überkam gleichsam ein Zwang, den Stift zu nehmen und dies zu schreiben: „Sie wissen, was zu tun ist, sie wissen ...“ *(Mutter macht eine Geste, als hämmere sie auf Köpfe ein).* Und das hat viel Gutes bewirkt.

Habe ich euch letztes Mal gesagt, daß in Bihar noch am selben Abend der Regen einsetzte?... Ich habe herausgefunden, wie das passiert ist: P flog im Flugzeug über Bihar und sah die Verwüstung und Dürre: alles staubtrocken, nirgends Wachstum, die Erde rissig. Da erinnerte er sich an gewisse Erfahrungen hier[1]. Bei der Ankunft am Flughafen wurde er offiziell empfangen, und er sagte: „Ich würde gern mit dem Premierminister persönlich sprechen, unter vier Augen.“ Er traf ihn und erzählte ihm eine Erfahrung, deren Zeuge er hier [in Pondicherry] wurde. Und er sagte: „Warum wenden Sie sich nicht an Mutter?“ Der andere antwortete spontan: „Es ist besser, wenn Sie das für uns tun.“ Darauf schickte er sein Telegramm. Und noch am selben Abend fing es an zu regnen. Er schrieb: „Dieser erste Regen kam mir vor wie ein göttlicher Nektar.“ Er sagte mir, die Menschen dort seien ganz vertrauensvoll und so wohlgesinnt wie nur möglich. Auch sah er eine Verbindung zwischen diesen Dürreperioden, diesen Naturkatastrophen und den Kräften, die das Geld am Kommen hindern; er glaubte, daß sie im Zusammenhang mit dieser Erfahrung des unerwarteten Regens standen. Ein oder zwei Tage danach traf er zum Beispiel Leute, die nicht reich sind. Der Mann hat zwar eine gute Stellung, aber sie sind nicht reich, mit Familie und Kindern. Ich weiß nicht warum, aber der Ehemann erhielt 10 000 Rupien Entschädigung von der Regierung, worauf er und seine Frau ganz natürlich und spontan zu P gingen und ihm sagten: „Das müssen Sie Mutter geben.“ P fragte die Frau: „Aber warum geben Sie das ganze Geld weg?“ Spontan antwortete sie: „Was sollte ich denn damit machen? Ich brauche es nicht.“ Das ist die wahre Haltung. Dies alles vermittelt P den Eindruck, daß etwas in Bewegung ist.

Diese Notiz von gestern kam mir vor wie ein Hinweis auf den Schlüssel (ich meine „innerlich“, in den universellen Einstellungen). Das war deutlich zu sehen: Die Menschen glauben immer, daß der Schuldige bestraft werden müsse, daß dies die Lösung für alles sei.

---

1 Fälle von „unerwartet“ einsetzendem oder aufhörendem Regen.

Aber das wahre Mittel ist Mitgefühl und Barmherzigkeit. Nicht, daß man die Augen vor der wahren und der falschen Bewegung verschließen sollte – doch man empfindet eine SPONTANE, mühelose Barmherzigkeit – immer. Diese Vision zeigte somit ganz klar, daß nur auf diese Weise ein Fortschritt möglich ist. Wenn der Fehler immer bestraft würde, gäbe es niemanden mehr, um Fortschritte zu machen.

Das ist die Bilanz.

Du weißt, daß ich Geld erhalten werde!

Ach! Dann bist du also ein reicher Mann!
Aber wie kommt es dazu?... Seit wann weißt du es?

Seit fünf oder sechs Tagen.

Ja, du hast es mir schon „gesagt", bevor du das letzte Mal kamst.

Ich habe es dir nicht gesagt, weil ich warten wollte, bis es ankommt.

Ach wo, du brauchst es mir nicht zu sagen! *(Mutter lacht)* So ist das jetzt. Sehr interessant. Ich habe es gesehen: alles kommt so. Wie soll ich das erklären?... Es sind keine Worte, keine Gedanken, sondern etwas ganz und gar Konkretes, das wie auf einem Bildschirm kommt – ein Bildschirm im Innern meines Bewußtseins, und darauf zeichnen sich die Dinge ab. Es sind keine Worte, keine Gedanken, keine Gefühle. Es ist ... „Etwas". Und dann weiß ich. Und es kommt keineswegs auf objektive Weise, also nicht, daß mir jemand sagen würde: „Satprem wird seine Rente bekommen." Überhaupt nicht. Es ist eine „Bewegung des Lebens", in der sich Satprem, Rente, Regierung alles miteinander vermischt *(Mutter dreht ihre Hände ineinander, in einer Art fließender Verbundenheit)*. Es lebt und nimmt Form an; und hinterher sage ich mir: „Sieh an!"

Wäre ich in einem oberflächlichen Bewußtsein, würde ich mich fragen: „Warum denke ich daran?" Aber ich „denke" nicht daran, es ist kein Gedanke ... *(dieselbe fließende Geste)* sondern ein Leben, das sich organisiert.

Sehr interessant. Ich muß lernen, die Dinge genau und präzise zu empfangen. Ich objektiviere sie nicht, verstehst du, das heißt, ich projiziere sie nicht auf einen anderen Bildschirm, wo dies zu einem objektiven Wissen würde. Keineswegs, also kann ich auch nicht den Propheten spielen. Andernfalls – was für ein Prophet!... Von der kleinsten bis zur größten Sache: Wirbelstürme, Erdbeben, Revolutionen, alles, und dann ganz kleine, winzige Dinge, noch viel kleiner als eine „Rente", ein winziger Lebensumstand oder etwas, das kommen wird, wie ein Geschenk, das unterwegs zu mir ist, oder ... winzig kleine Dinge, anscheinend ohne jegliche Bedeutung – und alles hat dasselbe Gewicht. Es gibt kein „groß", „klein", „wichtig" oder „unwichtig". Die ganze Zeit geht das so.

Gestern, als ich nachmittags auf und ab ging, kam eine Unmenge von Dingen auf diese Weise. Nach dem Gehen verharre ich immer fünf oder zehn Minuten ruhig und reglos, und dann strömte das herbei. Da sagte ich zum Herrn: „Kann ich denn nicht einmal fünf Minuten still bei Dir sein!" *(Mutter lacht)* Wenn du um diese Atmosphäre wüßtest, dieses lachende Licht, ein so wunderbares Lachen – voller ... voll eben dieser Barmherzigkeit und dieses Verständnisses und dieser Zärtlichkeit, ach!... Da sagte ich mir: „Ich bin wirklich ein Dummkopf!"

Es wird wirklich ein interessantes Leben.

Und die Gewohnheit, die ganze Zeit über Schwierigkeiten zu klagen! Ach, wie fruchtlos und unnütz das erschien – reine Zeitverschwendung. Man vergeudet seine Zeit damit, gegen etwas zu protestieren, was nicht sein soll – stattdessen darf man einfach nicht daran denken! Es genügt, diese Dinge nicht in sein Bewußtsein aufzunehmen, das ist alles! Sie müssen außerhalb des Bewußtseins bleiben. Wenn man dieses reine leuchtende Bewußtsein haben kann, dieses vollkommen harmonische, lichtvolle, gütige Bewußtsein ... endlich frei von allem, was man aus einer schwierigen Vergangenheit mit sich herumschleppt.

Darum geht es: die Macht, sich von der Vergangenheit freizumachen, nicht das Ganze dauernd hinter sich her schleppen, ins Licht zu springen ... und dort zu bleiben.

*
* *

(Etwas später sieht Mutter noch einmal ihre Notizen durch, ehe sie sie einordnet, und liest eine Stelle daraus vor:)

„... leistet dem Wirken der göttlichen Gnade am meisten Widerstand."[1] Manche Worte drücken eine Schwingung auf vollkommene Weise aus. Dies ist noch eine Erfahrung: Es gibt das Wort, das die Schwingung vollkommen ausdrückt, und andere, die sie vernebeln und im Vagen belassen. Manche Worte passen genau zueinander: „Leistet dem Wirken der göttlichen Gnade am meisten Widerstand ..."

*
* *

---

1 „Von allen Faktoren leistet die mentale Arroganz dem Wirken der göttlichen Gnade am meisten Widerstand."

(Dann geht Mutter zur Übersetzung einer Stelle aus Savitri über.
Es ist bemerkenswert, daß Satprem am selben Morgen, ehe er zu
Mutter ging, genau diese Passage gelesen und an zwei mögliche
Übersetzungen für ein bestimmtes Wort gedacht hatte.)

When darkness deepens strangling the earth's breast
And man's corporeal mind is the only lamp,
As a thief's in the night shall be the covert tread
Of one who steps UNSEEN *into his house ...* (I.IV.55)[1]

Noch ein Beispiel: „Jemand tritt UNSICHTBAR in sein Haus." Dies erschien heute morgen auf dem „Bildschirm" (so vieles, daß es unmöglich ist, sich zu erinnern, aber es ist überaus interessant). Und als das Wort „unsichtbar" kam, sagte ich mir: „Ja, das ist besser!" *(Satprem hatte an „im Verborgenen" gedacht)*

Merkwürdig. Es ist beinahe ... fast wie eine Erinnerung im voraus (wenn man Zeit hätte, sich genau zu erinnern).

Merkwürdig.

*
* *

Einige Verse weiter zögert Mutter zwischen zwei Übersetzungen:

And Earth [shall] grow unexpectedly divine.

Das ist wieder die Qualität der Schwingung: „Unerwartet" ist voller – voller und goldener. Das andere: „Auf unerwartete Weise" ist etwas kalt und trocken.

„Und unerwartet wird die Erde göttlich werden ..."

---

1 Wenn Finsternis wächst und der Erde Brust erstickt
und wenn des Menschen leibliches Mental die einz'ge Lampe ist,
soll, wie der Schritt des Diebes in der Nacht, verborgen sein
der Schritt von Einem, der unsichtbar in sein Haus einsteigt.
(Savitri, dt. Ausgabe, S. 65)

23. November 1966

Nach der Lektüre einer Passage aus dem Dialog mit dem Tod:

> If God there is he cares not for the world;
> All things he sees with calm indifferent gaze,
> He has doomed all hearts to sorrow and desire,
> He has bound all life with his implacable laws;
> He answers not the ignorant voice of prayer.
> Eternal while the ages toil beneath,
> Unmoved, untouched by aught that he has made,
> He sees as minute details mid the stars
> The animal's agony and the fate of man:
> Immeasurably wise, he exceeds thy thought;
> His solitary joy needs not thy love. (X.IV.646)[1]

Ja, aber wir brauchen seine Freude.

Das hat man mir alles heute morgen gesagt. Genau dies – mit anderen Worten, aber genau dasselbe. Und nicht „gesagt": mich erleben lassen, als ob man mir die Sache präsentierte, damit ich sie spüre. Ich sagte: „Warum nur, warum diese Prüfung? Was soll das?" Mein Körper selber sagte: „Was soll das?" Da hat es aufgehört.

Ich sagte: „Warum nur? Was soll das alles?" Ich widersprach nicht, diskutierte nicht, nur: „Was soll das?" *(Mutter macht eine Handbewegung, als wischte sie ein Staubkorn fort)*

Weißt du, es ist eine Art intensive Disziplin im Galopp, in der jede Minute zählt, und die dem Bewußtsein dieses Körpers auferlegt wird.

Aber er hält sich gut, das kann ich nicht bestreiten.[2]

Wir werden sehen, wie er durchhält. Das ist genau der Punkt!

Nun, dieser Herr [der Tod] würde sagen: „Siehst du, wieviel Mitleid man dir entgegenbringt!" Ich aber erwiderte: „Ich brauche kein Mitleid … *(Lachend)* Das ist es nicht, was ich will. Ich will den Sieg."

---

1 Denn wenn Gott existiert, so kümmert er sich nicht um diese Welt.
Er schaut mit ruhigem und gleichgültigem Blick auf alle Dinge.
Er hat alle Herzen verurteilt zum Begehren und zur Sorge
und hat mit seinen unerbittlichen Gesetzen alles Leben gebunden.
Er antwortet nicht auf die unwissende Stimme des Gebets.
Er bleibt der Ewige, während die Zeitalter sich hier mühen,
der Unbewegte, der von nichts berührt wird, was er schuf.
Er sieht als Kleinigkeit mitten in den Sternen
den Todeskampf des Tiers und auch des Menschen Schicksal.
Der unermeßlich Weise überragt dein Denken.
Seine einsame Freude braucht nicht deine Liebe. (*Savitri*, dt. Ausgabe, S. 660)
2 Am Vortag des Darshans wurde Mutter von einer Flut von Besuchern und Briefen bedrängt.

Sehr interessant.

Ach, wenn du wüßtest, wieviele Leute da sind!... Und immer kommen sie in letzter Minute und sagen: „Ich bin soeben angekommen, ich möchte Sie sehen." Also sage ich: „Gut." Wir werden den Tag strecken. *(Mutter lacht)*

Ach, auf Wiedersehen, Kinder, seid schön ruhig bei euch zuhause. Ganz gelassen. Es genügt, wenn einer da ist, der „sich plagt". So hätte ich das gern; es tut mir leid, daß manche Menschen krank sein müssen.[1] Warum wohl?... Ach, ich weiß schon, warum, aber ... schade.

Die Gnade lernt ihre Lektion. Sie lernt, daß sie noch nicht ist, was sie sein sollte ... Verstehst du, es gibt immer zwei Seiten, die Dinge zu sehen. Man kann sagen: „Die Welt ist nicht bereit" und dies mit einem Lächeln abtun. Das ist eine ... (wie soll ich sagen?) man könnte es eine egoistische Art nennen. Die andere Art ist zu sagen: „Ich bin noch nicht fähig. Wäre ich wirklich fähig, so wäre all dies nicht notwendig (die Krankheiten, Katastrophen usw.), alles geschähe in einem harmonischen Rhythmus."

Man könnte sehr wohl sagen: „Das Göttliche lernt seine Lektion." *(Lachend)* Es muß alles lernen! Wenn es seine Lektion gut beherrscht, wird die Welt sein, wie sie sein soll – voilà.

Warum nicht? Man könnte es auch so sagen: das eine ist so wahr wie das andere.

26. November 1966

(Mutter sieht sehr müde aus. Sie hat an diesem Morgen nichts gegessen, und sie hat niemanden empfangen. Als Satprem kommt, schenkt sie ihm Blumen und Fertigsuppen, die sie aus Israel erhalten hat:)

Du bist es doch, die nicht ißt!

(Lachend) Ich hatte keine Lust. Dabei sind diese Suppen das einzige, was ich wirklich zu mir nehmen kann ... Nur, verstehst du, ich mache keine Übungen, ich bewege mich den ganzen Tag lang nicht, also kann ich mich wirklich nicht überessen!

---

1 Mehrere Mutter nahestehende Schüler sind krank, insbesondere ihr Privatassistent.

Aber der Körper braucht doch auch Nahrung, oder?

Ich weiß nicht ... Die Angriffe nehmen ungeheuer zu, und heute, zum Beispiel, wußte ich nur noch eine Lösung, nämlich liegenzubleiben. Nichts essen, nichts sagen, nicht bewegen, solange das andauerte. Jetzt geht es. Sobald ich mich nicht mehr bewege, nichts mehr esse, nicht mehr handle, geht es.

Diese Anfälle sind schon lange nicht mehr gekommen. Ich habe dir schon öfter gesagt, daß ich diesen Anfällen bisher widerstehen konnte, aber dieses Mal, heute morgen, war es ungeheuerlich. Ungeheuerlich. Es war genau wie dieser Herr [der Tod], der versucht, alles zu entwurzeln. Ich habe mich gewehrt und gewehrt, und dann auf einmal ... konnte der Körper nicht mehr gehen, ich mußte mich hinlegen und mich still verhalten. Und dann nicht essen – ich hatte einfach keine Lust zu essen. Ich kann nur essen, wenn alles gut steht.

Sobald die Reglosigkeit da ist, die Kontemplation, geht es gut.

(Schweigen)

Nein, es ist ein Beharren – mit derselben Beharrlichkeit wie dieser Herr [der Tod] – auf der Unmöglichkeit der Sache, mit so offensichtlichen Beweisen ... Natürlich bewegt sich innen nichts, sondern es lächelt – es rührt sich nicht. Aber der Körper ... es verursacht eine schreckliche Anspannung in ihm. Er ist sich seiner Gebrechlichkeit nämlich sehr bewußt – er kann sich nicht rühmen, schon transformiert zu sein. Er ist sich völlig bewußt, daß er noch Millionen Kilometer von der Transformation entfernt ist. Daher ist es nicht schwer, ihn zu entmutigen. Schwieriger ist, ihm die Gewißheit zu geben, daß es anders sein wird. Er versteht nicht einmal ganz, wie es überhaupt anders werden kann. Und dazu kommen all die anderen Anschauungen, all die sogenannten Offenbarungen, die Himmel usw. Das ganze Christentum wie auch der Islam haben das Problem sehr einfach gelöst: „Ach nein! Hier wird es niemals gut sein – aber dort oben, da kann es vollkommen sein." Das versteht sich. Und dann gibt es noch den ganzen Glauben an das Nirvana und den Buddhismus: „Die Welt ist ein Irrtum, der verschwinden muß." All dies überfällt mich in Wogen, und der Körper fühlt sich sehr ... verstehst du, er hätte gern die Gewißheit, daß er eine Chance hat. Das passiert ihm nicht oft. Aber es war zu stark. Es kam von allen Seiten zugleich, so stark: „Diese Materie kann nicht transformiert werden." Er kämpfte und kämpfte und kämpfte, und auf einmal war er gezwungen, sich hinzulegen. Aber sobald er ausgestreckt liegt und sich ganz und gar überantwortet, herrscht Friede, ein so mächtiger Friede – so tief und mächtig. Und dann geht es gut.

Diese Attacke ging mit einer Unzahl von Suggestionen einher – nicht Suggestionen, es sind eher Formationen. Feindliche Formationen der Desorganisation. Zum Beispiel so eine, wie sie C packte *(einer von Mutters Assistenten, der krank geworden ist)*. Zwei Tage zuvor wurde ich gewarnt und versuchte mein Bestes: ich konnte nichts tun. Ich konnte nichts tun, denn er wurde schwach. Und jetzt zieht sich das endlos hin. Sogar der Arzt sagt, es gebe überhaupt keinen Grund, warum das so lange anhalte. Es wird endlos, weil er nachgegeben hat. Somit muß all dies langsam zurückerobert werden. Und es kommt zu jedem, jeder Umstand ist betroffen – nicht zu mir, niemals zu mir, weil es keine Wirkung hat. Wenn die Suggestion kommt, sage ich: „Na und? Was kann mir das schon anhaben! Mir ist das egal." Also versucht es sein Glück erst gar nicht. Aber sonst befällt es jeden, um alles in Unordnung zu bringen, alle, einen nach dem anderen. Und heute morgen war es bei allen zugleich, eine vollständige Desorganisation bei allen. Ich habe mich gewehrt und gewehrt und gewehrt, und dann auf einmal war da etwas, das … *(Mutter macht eine Handbewegung)* Da hat der Körper gesagt: in Ordnung!

Wenn ich ruhig bleibe, geht es vorüber. Ich habe eine Mahlzeit ausgelassen. Der Arzt ist unglücklich, aber *(lachend)* mich freut es. Die Mahlzeiten sind Arbeit, viel Arbeit.

Es ist das erste Mal in diesem Jahr, daß mir das passiert. Früher kam es ziemlich häufig vor, aber in diesem Jahr ist es das erste Mal. Das beweist, daß die Dinge besser werden, trotz allem … Ach, aber es war schrecklich! Man kann sich nicht vorstellen, wie das ist. Es packt die ganze Welt, alle Menschen, alle Umstände, alles, und dann bewirkt es den Zerfall – ganz wie dieser Herr – ich glaube, er ist das! Aber es kommt nicht in poetischer Form [wie in *Savitri*], verstehst du, das ist kein Dichter – es kommt mit der ganzen Niederträchtigkeit des Lebens. Und darauf besteht es absolut, besonders in diesen vergangenen Tagen. Ich sagte mir: „Siehst du, alles, was geschrieben steht, was gesagt wurde, bewegt sich immer in einem Bereich der Schönheit, der Harmonie und Größe, und das Problem stellt sich immerhin mit Würde. Doch sobald es ganz praktisch und materiell wird, ist es so klein, so gemein, so eng und häßlich!" … Das ist der Beweis. Wenn man außerhalb dieses Bereichs steht, ist alles in Ordnung, man kann allen Problemen ins Gesicht sehen. Aber wenn man dort hinabsteigt, ist es so häßlich, so winzig, so erbärmlich … Man ist so sehr ein Sklave der Bedürfnisse, ach!… Eine Stunde, zwei Stunden hält man durch. Dann aber … Und es stimmt, das physische Leben ist häßlich – nicht überall, aber trotzdem … Ich denke immer an die Pflanzen und Blumen. Die sind wahrhaft schön, sie sind eine Ausnahme. Aber das menschliche Leben ist so schäbig, mit seinen groben und zwingenden Bedürfnissen. So schäbig … Erst wenn man in einer etwas höheren Schau zu leben beginnt, kann man dem entrinnen. In allen Schriften gibt es sehr wenige Menschen, die die Schäbigkeit des Lebens akzeptieren. Und eben darauf besteht dieser Herr. Ich sagte: Na gut. Die Antwort des Körpers ist sehr einfach: „Ganz bestimmt ist es nicht unser Wille, daß es so weitergeht, wie es jetzt ist." Er findet es nicht gerade schön. Vielmehr stellen wir uns ein Leben vor – genauso objektiv wie unser materielles Leben –, das nicht all diesen schäbigen Bedürfnissen unterworfen ist, sondern viel harmonischer und spontaner wäre. Das ist es, was wir wollen. Er aber sagt, dies sei unmöglich. Uns hat „man" gesagt, es sei nicht nur möglich sondern eine Gewißheit. Und so entbrennt der Kampf.

Und dann kommt das große Argument: „Ja, ja, eines Tages wird es so sein, aber wann?… Bis jetzt steckt ihr noch ganz tief in der Suppe, das kann sich gar nicht ändern! Also wird es so weitergehen. Nach Jahrtausenden, ja, da wird es vielleicht anders sein." Das ist das letzte Argument. Er leugnet nicht mehr die Möglichkeit, sondern sagt: „Nur weil ihr einen Zipfel erhascht habt, hofft ihr, es jetzt zu schaffen, aber das ist kindisch."

Worauf der Körper selbst sagt: „Aber natürlich akzeptiere ich das, ich verstehe sehr wohl! Das ist es nicht, was ich will; ich will nicht irgend etwas Beliebiges. Ich will einfach, was der höchste Herr will, nichts anderes – was er beschlossen hat, wird sein. Sagt er, es ist zu Ende, so ist es zu Ende. Sagt er, es geht weiter, so geht es weiter." Und da dieser Kerl so nicht durchkommt, setzt es Schläge auf allen Seiten ab: dieser da oder jener, dieser Umstand, alles, alles gerät in Unordnung. Dann fange ich an zu arbeiten [um den Angriff zu kontern].

Heute war es wirklich sehr raffiniert. Er ist sehr raffiniert.

Ein großer Witzbold.

Gut.

Ich habe also meine Arbeit nicht getan; nichts habe ich getan. Ich habe nur beschlossen, daß ich dich sehen wollte – nicht um zu arbeiten, sondern um dich zu sehen.

(Schweigen)

Um die anderen zu schützen, ist das sehr wirksam, denn ich mache mich an die Arbeit und kämpfe. Für diesen Körper ist das einzige Argument: „Du siehst doch, daß er sich weiter auflöst, was erhoffst du dir also? Es geht weiter bergab, bis es aufhört."

Doch wenn man die Sache ganz vorurteilsfrei und objektiv anschaut, dann ist es nur der Anschein von Auflösung, nichts Reales. Im Gegenteil, in mancher Hinsicht ist er viel solider als vorher.

Der wichtigste Punkt aber ist, was man die „Unwirklichkeit der Zersetzung" nennen könnte, in anderen Worten: alles, was nicht harmonisch ist und in Unordnung gerät, erweckt mehr und mehr den Eindruck einer Illusion – mehr und mehr ist dies eine Täuschung –, und es bedürfte nur einer gewissen inneren Bewegung des Bewußtseins, damit es nicht mehr existiert.

An dieser Stelle erhebt sich das Problem noch einmal. Denn es gibt verschiedene Erfahrungen in allen möglichen winzigen Einzelheiten, detaillierte Erfahrungen verschiedener Bewußtseinshaltungen, um herauszufinden, welche wirksam ist. Ein breites Studienfeld. Mikroskopisch, weißt du, aber äußerst interessant. Und die Antwort ist immer dieselbe, sie ist so schön: „Wenn du vergißt, daß du bist, und es nur noch den Herrn gibt, verschwinden alle Schwierigkeiten augenblicklich." Auf der Stelle. Eben noch war die Schwierigkeit da. Eine Sekunde später ist sie weg. Aber dies läßt sich nicht künstlich fabrizieren. Es ist kein mentaler oder irgendein persönlicher Wille, diese Haltung einzunehmen: es muß völlig spontan sein. Wenn es aber spontan ist, dann verschwinden alle Schwierigkeiten AUGENBLICKLICH.

Nicht mehr existieren – allein der Herr existiert.

Das ist das einzige Heilmittel.

Aber wie soll man das anstellen?... Verstehst du, das *surrender*, die Selbsthingabe, das Annehmen, all dies wird immer umfassender und immer besser. Aber das genügt nicht – es genügt einfach nicht. Selbst dieser Versuch des Bewußtseins, sich auf die Existenz des Herrn zu konzentrieren und alles andere zu vergessen – nicht einmal das genügt. Es hat eine Wirkung, aber sie ist gemischt, es ist nicht „das". Doch wenn es einem gelingt, nicht mehr dazusein, so daß nur noch der Herr existiert – eine augenblickliche Glorie, einfach wunderbar!

Aber es ist schwierig. Da ist eine sehr alte Gewohnheit, die im Wege steht.

Dennoch: dies ist das einzige Heilmittel, es gibt kein anderes. Es ist nicht einmal mehr ein *surrender* (das Wort „surrender" trifft die Sache nicht, weil da immer noch „etwas" ist, das das *surrender* macht, und das ist falsch). Es ist auch keine Verneinung, weil nichts verneint wird. Ich kann es nicht erklären. Nur: allein der Herr existiert – ein Wunder! Ein augenblickliches Wunder.

Und dies bis in die winzigsten Details, verstehst du? Es geht nicht mehr um „wichtige" oder „interessante" Dinge, nichts dergleichen. Es betrifft eine Aktion auf der Zellebene. Und dies ist das einzige Mittel.

Wann wird die Materie für „das" bereit sein? Das ist die Frage.

Innerlich ist es einfach, aber äußerlich ... Plötzlich ist da, vor allem hier in der Gehirnmasse *(Geste zu den Schläfen)*, eine Bewegung der Herabkunft, der Inbesitznahme durch den Herrn, und äußerlich hat man den Eindruck, als würde man ohnmächtig. Deshalb kann man nicht mehr aufrecht stehen, man muß sich hinlegen. Aber wenn man liegt, löst sich alles fast augenblicklich auf: das Zeitgefühl, die Schwierigkeit, alles, alles – nichts mehr existiert außer einer lichten, friedvollen und so starken Unermeßlichkeit.

Dies ist also die Lektion des Tages.

(Mutter lacht) Es ist gut, wir haben einen weiteren Schritt gemacht – einen großen Schritt.

30. November 1966

Geht es dir besser als das letzte Mal?

Ach, es ist in Ordnung.

Dies sind entscheidende Momente ... es gibt sie von Zeit zu Zeit. Vom okkulten Standpunkt aus ist es ein bekanntes Phänomen. Théon erzählte mir davon, auch Madame Théon. Aber wenn man da hindurchgeht, geht es nachher sofort viel besser, eine ziemlich beträchtliche Verbesserung stellt sich ein.

Doch viele Menschen betreiben eine Art schwarzer Magie.

Immer noch?

Ja, viele. Das wurde mir mehrere Male berichtet, aber natürlich ... Es gibt Unmengen dieser sogenannten Swamis und Sadhus, die lediglich Gaukler sind, aber ein rudimentäres okkultes Wissen haben, und zwar unglücklicherweise in einem Bereich, wo es genügt, sehr wenig zu wissen, um viel *mischief* [Unfug] anzurichten. Viele. Nicht nur ein oder zwei. Und ich kenne Leute, die bei ihnen gewesen sind und sie gebeten haben, [gegen Mutter] zu intervenieren. Worauf sie sich entweder gegen die Menschen in meiner Umgebung oder gegen mich persönlich gewandt haben. Gegen mich persönlich nicht viele; aber ein oder zwei halten sich für die „Herren der Welt" und folglich für völlig immun, und die versuchten ihr Glück, aber ... Es mag ein leises Ziehen verursachen, doch das ist alles, nichts von Bedeutung. Wenn sich das allerdings gegen Menschen in meiner Umgebung richtet, ist es schwieriger, dem entgegenzuwirken, weil es immer … eine kleine Reaktion auslöst. Sie sind nicht rein genug, was mir arg zu schaffen macht. Das letzte Mal war es so, es galt den Menschen in meiner Umgebung, und das gab mir einiges zu tun.

Ich hatte mir schon gedacht, daß es bei C so etwas war (*Mutters Assistent, der erkrankt war*), weil ich zwei Tage vorher gewarnt worden war. Eine Formation kam mit einer Grimasse und sagte: „Mit der ganzen schönen Arbeit von C ist es aus!" Verstehst du, es sind ganz kleine Bewußtseinskräfte, mit einer dreisten Boshaftigkeit und einer Art Wut – worauf eigentlich? Auf etwas, das sie nicht verstehen. Und dann bedienen sie sich eines ziemlich primitiven okkulten Wissens. Ich tat, was zu tun war, aber am Anfang dachte ich nicht, es handle sich wirklich um Magie; es gab viele Gründe dafür. Doch dann hatte C gestern einen Traum, in dem ihn jemand verfolgte (jemand oder etwas, er wußte es nachher nicht mehr genau), und er rannte und rannte, um dem zu entkommen. Er rannte, bis er erwachte, und er war völlig außer Atem, so erschöpft, als sei er wirklich gerannt. Dies zeigte mir, daß ich wahrscheinlich das Richtige vermutet hatte.

> *Letzte Nacht wurde ich angegriffen. Ich sah zwei riesengroße schwarze Tiere, wie Stiere oder vielmehr wie Auerochsen, riesig, mit gigantischen Oberkörpern. Wirkliche „Kräfte", ganz schwarz. Der eine beachtete mich nicht, aber der andere kam und stürzte sich auf mich, er wollte mich angreifen. Da rannte ich weg, und so wachte ich auf.*

Aha, bei dir auch …

> *Und was seltsam ist: Ich sah das andere Riesentier, das mich nicht angegriffen hatte. Da näherte sich ihm jemand und legte seine Hand auf es, worauf es sich ganz friedlich hinlegte. Merkwürdig. Diese enorme Macht, die sich wie ein zahmes Tier hinlegte. Das andere aber stürzte sich auf mich und wollte mich angreifen.*

(*Mutter verharrt einen Augenblick lang in Konzentration*) Nun gut, so ist das also. Aber es gibt viele davon, weißt du! Ich könnte dir mindestens hundert aufzählen, und die ganze Zeit, ununterbrochen.

Die Menschen sind wirklich dumm: Was sie nicht verstehen, das hassen sie.

Anstatt zu sagen: „Ich verstehe nicht, also kümmere ich mich nicht darum, das ist alles“, nein, sie hassen es und wollen es zerstören.

*
* *

Etwas später

Ein Amerikaner, der hier war, schrieb, wie traurig es sei, dieses ganze Chaos in Indien zu sehen. Ein sehr netter Brief. Und am Ende sagte er: „Wenn ganz Indien ein großer Ashram von Sri Aurobindo sein könnte, dann würde es sich von Fortschritt zu Fortschritt bewegen.“ Das war sehr freundlich.

Offensichtlich gibt es eine große Bewegung ... Erst gestern sah ich einen Mann, der eine Zeitlang Gouverneur von Madras war. Er kam hierher – er war auf der Durchreise und wollte hier haltmachen – und er fragte mich: „Wird es eine Lösung geben?“ Und er fügte hinzu: „Wir beten alle darum, daß Sie sie uns geben.“ Ich antwortete ... *(Mutter lächelt)*, daß ich mich nicht um Politik kümmere. Doch er repräsentiert eine ganze Gruppe von Leuten in Indien, die heute tatsächlich glauben, daß es nur eine Lösung gibt, nämlich den Versuch anzustellen, ein höheres Leben zu verwirklichen.

Es ist eine große Bewegung.

Gestern kam ein Brief von S.M.[1], in dem stand, daß Indira Gandhi sich völlig auf ihn stütze in der Hoffnung, einen Weg aus dem Schlamassel zu finden. Des weiteren sagte er, daß er versuche, dem wahren Geist, dem Wissen, zum Durchbruch zu verhelfen. Nur ist seine Gesundheit nicht besonders gut, sonst hätte er dort eine wunderbare Möglichkeit, etwas auszurichten, denn sie ruft ihn täglich zu sich, um seinen Rat einzuholen, und er ist bei allen Zusammenkünften der Minister zugegen. Das heißt, daß die beiden Dinge wirklich zusammengehen: die neue Bewegung und die scheinbare Unordnung.

*
* *

Mutter geht zur Übersetzung von Savitri über

Immer noch dieser Kerl ...

Immortal bliss lives not in human air.
Unsterbliche Wonne haust nicht in menschlicher Luft.

(Lachend) Leider eine sehr einleuchtende Tatsache! Unsterbliche Wonne haust nicht in menschlicher Luft. Doch sie könnte ihm

---

1 Ein der Regierung nahestehender Schüler von Sri Aurobindo und Mutter.

antworten: „Das ist deinetwegen so, du brauchst also gar nicht so damit anzugeben!"

*
* *

(Etwas später, im Zusammenhang mit den Schwierigkeiten eines blinden Schülers. Mutters Worte wurden aus der Erinnerung notiert, da das Tonbandgerät defekt war.)

... Bei mir ist es seltsam, ich sehe wie durch einen dichten Schleier. Das heißt, alles ist verschwommen, und dann plötzlich, ohne erkennbaren Grund, sehe ich einen Gegenstand, die eine oder andere Sache, klar und deutlich, scharf umrissen, mit einer Exaktheit des Details, als würde mir die Sache präsentiert. Oder wenn ich zum Beispiel einen Brief lese: Wenn ich lese, ohne mich um irgend etwas zu kümmern, sehe ich sehr gut. Wenn ich aber anfange, über eine Antwort nachzudenken oder wenn ich mich konzentriere, wenn das Bewußtsein arbeitet, sehe ich nichts mehr – eine Minute später werden die Zeilen wieder klar. Das heißt, es hat überhaupt nichts mit einem Sehfehler oder dem materiellen Organ zu tun. Es ist etwas anderes – etwas anderes, das man mir beibringen will. Denn es kommt ständig wieder, wie um mir etwas zu zeigen; aber ich habe so viel Arbeit und empfange so viele Menschen, daß ich nicht die Zeit habe, jedesmal innezuhalten und mich zu konzentrieren, um zu sehen, was es ist. Man müßte den genauen Punkt packen, an dem die Sicht kommt oder geht, den Bedingungen des Bewußtseins in dem betreffenden Augenblick folgen. Ich habe keine Zeit dazu.

Es ist wirklich so, als wollte man mir demonstrieren, daß die Sicht nicht vom Auge abhängt.

Das Organ ist in gutem Zustand, es ist nicht verletzt oder geschädigt. Die Sicht ist aber nicht mit beiden Augen dieselbe; mit diesem *(rechts)* ist es eine Gesamtschau, ein bißchen verschwommen. Mit diesem hier *(links)* ist die Sicht scharf, klar, nur im Augenwinkel ist ein ganz winziger Punkt, wie ein schwarzer Punkt, so daß ich zwar alles deutlich sehe, aber mit einem Fleck in der Ecke. Und wenn ich mich konzentriere, sehe ich diesen Fleck, wie er hell und glänzend wird, wie ein dunkelblauer Stern, und dieser Stern bewegt sich vor mir. Das ist unabhängig vom Auge. Er wandert, er bewegt sich, und wenn ich zum Beispiel jemanden anschaue, sehe ich diesen dunkelblauen Stern, der sich da oder dort festsetzt *(Geste auf verschiedenen Ebenen des angeschauten Menschen)*, genau an dem Ort, wo eine Arbeit zu machen ist. Es hängt also nicht vom Auge ab, es ist unabhängig davon.

Und wenn ich ein Foto betrachte, so gibt es da eine gewisse Position zwischen dem rechten und dem linken Auge, in der ich plötzlich sehe, wie das Foto lebendig wird, dreidimensional, und wie der Kopf des Menschen hervorsteht. Auf diese Weise kann ich den Charakter erkennen. Wirklich merkwürdig. Es ist, als wollte man mir beibringen, auf eine andere Weise zu sehen.

Man lernt seine Lektion.

Dezember

7. Dezember 1966

(Mutter schenkt Satprem eine Blume, der sie den Namen „Gnade"
gab, dann eine zweite.)

Möchtest du noch eine zweite Gnade?... Davon kann man nie genug
haben.

Ach, kürzlich stellte man mir eine Frage zur Botschaft vom 24.
November[1], und Sri Aurobindo antwortete. Das war so interessant!
Plötzlich sah ich etwas. Während er sprach, war es einfach wunderbar.
Ich sah das Mitgefühl und die Gnade, das „Gesetz" und das Mitgefühl, und dann, wie das Mitgefühl auf alle wirkt – für alle und jeden,
ohne Unterschied und ohne Bedingung. Und daß das Mitgefühl darin
besteht, sie in einen Zustand zu versetzen, in dem sie die Gnade empfangen können.

Ich fand das wunderbar.

Das war die Erfahrung: ich sah und spürte dieses Mitgefühl, das
durch die Maschen des Netzes hindurch arbeitet, und daß die Gnade
allmächtig ist. Mit anderen Worten, das „Gesetz" ist kein Hindernis
mehr. Ich sah dieses Mitgefühl, das alle berührte und allen eine
Chance gab. Ich verstand, was er wirklich damit meint, wenn er sagt,
daß es „jedem seine Chance gibt": gleichermaßen, absolut ohne Unter-
scheidung nach Wert oder Bedeutung oder Voraussetzung, auch nicht
abhängig vom Zustand, von nichts – jedem absolut dieselbe Chance.
Und das Ergebnis dieses Mitgefühls war, sie für die Existenz der Gnade
zu erwecken, sie spüren zu lassen, daß es im Universum so etwas wie
eine Gnade gibt. Für diejenigen, die Sehnsucht und Vertrauen haben,
wirkt die Gnade unmittelbar – sie wirkt immer, aber für diejenigen, die
Vertrauen haben, entfaltet sie ihre volle Wirksamkeit.

All dies war so klar und deutlich! Wirklich wie eine neue Erfahrung,
eine Offenbarung. Und wie sehr doch Sri Aurobindo Ausdruck dieses
Mitgefühls war ... Man sah es in seinen Augen, nicht wahr, seine
Augen waren voller Mitgefühl. Aber ich verstand, was dieses Mitgefühl
wirklich ist. Das war am Sonntag nachmittag.

Irgendwo hat er auch geschrieben: „Es ist sehr selten, daß sich die
Gnade von irgend jemandem abwendet, aber es gibt viele, die sich
von der Gnade abwenden" – *but men turn away from the Grace.* Ich

---

1 „Es gibt drei Mächte (die das irdische Leben regieren): 1. das kosmische Gesetz,
Karma oder auch anders genannt; 2. das göttliche Mitgefühl, das auf alle wirkt,
die es durch die Netze des Gesetzes hindurch erreichen kann, und das allen eine
Chance gibt; 3. die göttliche Gnade, deren Wirken unberechenbarer, aber auch
unwiderstehlicher ist als das der anderen beiden." (Sri Aurobindo)

erinnere mich nicht mehr an den genauen Wortlaut, aber ich glaube, er gebrauchte das Wort *crooked*. Auch das war so lebendig: es war nicht die Gnade, die ihr Wirken zurückzieht, keineswegs – die Gnade wirkt weiterhin. Die Menschen aber waren – ja, *crooked*, verdreht.

Verfälscht?

„Verfälscht"?... Man ist ein für allemal verfälscht, das ist es nicht. Es ist vielmehr so, daß ihre Kraft und ihr Handeln, anstatt direkt geradeaus zu gehen, alle möglichen Windungen, Umwege und Kreisbewegungen macht, die zu sich selbst zurückkehren, was die ganzen Schwingungen entstellt, und daß ihre eigene Seinsweise alles entstellt (die ganze Zeit kommt mir das Wort *distort*). Es ist verdreht, anstatt gerade zu sein. Und dann hat die Gnade keine Wirkung mehr; sie kann ihre Wirkung nicht entfalten.

In jenem Augenblick war das ein sehr lebendiges Bild.

*
* *

Etwas später

Ist dein Buch fertig?

(Satprem, angewidert:) Ja.

Oh, oh, ein kraftloses Ja.
Liest du mir am Samstag daraus vor?

(Satprem zieht ein Gesicht)

Aha. Auch das noch!

Ich glaube, es ist nicht gerade famos.

Das macht nichts – du glaubst immer, es sei nicht famos. Das macht nichts.

Mutter ...

Willst du etwas sagen?

Ja. Ein Problem, das mich oft quält, vor dem ich oft stehe: Ist die Inspiration beim Schreiben einfach etwas Globales wie eine Lichtform, d.h. man „zieht" eine gewisse allgemeine Schwingung herab, oder existiert schon alles im voraus, und es kommt lediglich hier herab – existiert alles schon genau Wort für Wort?

Ich denke, nicht.

Ich denke, nicht, weil es da oben keine Sprache gibt. Es gibt keine Sprache.

Das schon, aber gibt es nicht etwas, das genau den Worten entspricht?

„Genau" ... Weißt du, da ist immer etwas Vages. Ich sage dies aus folgendem Grund. Täglich, oft sogar mehrmals am Tag, empfange ich etwas „ganz direkt" *(Geste nach oben)*. In dem Augenblick, wo ich es empfange – falls ich es sofort aufschreibe –, hat es eine gewisse Form. Und wenn ich dann ganz, ganz still und ruhig bleibe, ändert sich oft ein Wort oder eine Formulierung. Dann wird es präziser, genauer, mitunter harmonischer. Folglich ist es etwas, das von oben kommt und im mentalen Bereich eine Form annimmt.

Ich höre keine Worte. Ich empfange etwas, und das ist immer direkt und zwingend. Und ich spüre genau, daß es dort ist *(Geste nach oben)*, irgendwo dort. Aber dies kann sich zum Beispiel fast gleichzeitig auf englisch und auf französisch ausdrücken, und ich bin überzeugt, wenn ich mit anderen Sprachen vertraut wäre, könnte es sich auch in diesen Sprachen ausdrücken. Es ist dasselbe, was man früher die Gabe des „Redens in Zungen" nannte. Wenn gewisse Propheten sprachen, verstand jeder in seiner Landessprache – der Prophet aber sprach nur seine eigene Sprache. Doch alle, die zugegen waren, hörten es in ihrer jeweiligen Muttersprache. Ich hatte diese Erfahrung vor sehr langer Zeit. Es geschah nicht absichtlich, ich wußte nichts davon. Ich sprach bei einer Zusammenkunft der „Bahai", und Menschen aus verschiedenen Ländern beglückwünschten mich anschließend, daß ich ihre Sprache beherrschte – was überhaupt nicht der Fall war. Sie hatten mich in ihrer Sprache gehört.

Verstehst du: Was kommt, ist etwas, das die Worte heraufbeschwört oder sich in Worte kleidet. Und dann kann es sich je nach Fall in unterschiedlichen Worten äußern. Es ist ein universelles Lagerhaus, nicht notwendigerweise ein individuelles, da es in verschiedene Worte gefaßt werden kann. Sprachen sind etwas so Enges, während dies universell ist ... Wie könnte man es nennen? Nicht die „Seele": es ist der Geist der Sache (aber konkret), die Macht der Sache. Und wegen der Qualität der Macht wird die beste Wortqualität herangezogen. Die Inspiration ruft die Worte hervor; es ist nicht der Inspirierte, der sie findet oder anpaßt, keineswegs: die Inspiration selbst ruft die Worte hervor.

Aber ich verstehe, was du meinst. Du willst wissen, ob es etwas ist, das schon ganz fertig ist, ganz ausgearbeitet, und das man unverändert herabkommen läßt ... *(Mutter schweigt eine Weile)* Das existiert in einem Bereich, der weit über dem der Worte steht. Mir ist es zum

Beispiel oft passiert, daß ich etwas so empfange *(Geste von oben)*, ganz direkt, worauf ich es übertrage. Ich suche nicht; je stiller ich bleibe, desto mächtiger und konkreter wird es – auf mächtige Art konkret. Aber häufig sehe ich etwas wie von Sri Aurobindo kommen, etwas, das eine Korrektur, eine Präzisierung anbringt. Selten eine Hinzufügung, das nicht; es bezieht sich nur auf die Form, vor allem im Sinne der Genauigkeit. Die erste Ausdrucksweise ist etwas verschwommen und präzisiert sich anschließend. Und ich suche nicht, ich gebe mir keinerlei Mühe, das Mental schaltet sich überhaupt nicht ein. Immer ist es so *(gleichmäßige stille Geste vor der Stirn)*, und in dieser Reglosigkeit kommt es dann, und zwar ganz plötzlich, peng! „Aha, sieh mal einer an!", sage ich mir, und schreibe es dann auf.

Das ist meine Erfahrung.

Ich weiß nicht, irgendwo im mentalen Bereich mag es etwas geben, das schon ganz fertig existiert, aber das wäre dann in meinen Augen so wie bestimmte Dinge, die Sri Aurobindo schrieb[1], wo alles ganz fertig kam. Darin waren sogar bestimmte Dinge enthalten, die nicht mit seiner Ansicht übereinstimmten, die aber ganz zwingend kamen. Doch diese Erfahrung habe ich jetzt überhaupt nicht. Oder dann wäre es etwas Ähnliches wie das, was mir kürzlich mit der Musik passiert ist: zwei oder drei Minuten lang war da, wie ich dir sagte, „jemand", der spielte. Es muß dasselbe Phänomen sein. Allerdings ist dies eine völlig andere Empfindung: man existiert nicht mehr, man ist sich kaum dessen bewußt, was passiert. Und es ist, so könnte man sagen, „unkorrigierbar", das heißt, es kommt absolut fertig, und man kann nichts mehr daran ändern, sonst wäre es nicht mehr dasselbe, sondern etwas, das man selbst aktiv täte. Sobald das Mental aktiv wird, ist es vorbei. Es kann von deinem Überbewußten kommen, wird aber eine ganz persönliche Angelegenheit.

Diese Inspiration entstammt einem Bereich ganz oben, jenseits aller Individualisierungen. Es ist eben etwas, das zu formulieren und zu erklären wir Schwierigkeiten haben. Es ist in sich vollständig und vollkommen, doch hat es überhaupt nicht den Charakter unserer mentalen Formulierungsweise; es hat nicht einmal den Charakter einer formulierten Idee. Und es ist absolut zwingend. Doch sobald es die mentale Zone berührt, ist es, als zöge es die Worte an. Mein Eindruck ist, je stiller ich bin, desto präziser wird es. Das heißt, je passiver das Mental ist, desto genauer wird es. Folglich ist es diese herabkommende Kraft, die die Worte anzieht. Es sind nicht einmal Ideen, sondern es kommt durch eine Erfahrung, etwas Lebendiges, das nach Worten

---

1 *Yogic Sadhana*, ein Buch, das Sri Aurobindo als Schreibmedium verfaßte.

greift, um sich auszudrücken. Genau dies passierte mir am Sonntag: Man stellte mir diese Frage über die Gnade, ich wurde etwa eine Minute lang (oder nicht einmal) von einem äußerst starken, konzentrierten Schweigen erfaßt, und dann kam es, und ich sprach. Ich hörte mich selber sprechen. Aber es geschah deutlich durch Sri Aurobindo.

Wenn alles irgendwo vollständig feststünde, könntest du nichts mehr ändern. Bei so einem fertigen Text hättest du das Gefühl, er wäre in sich vollkommen und du könntest kein Jota daran ändern.

> *Wäre das schön!... Wenn ich schreibe, verzweifle ich dauernd daran, daß ich vielleicht nicht das erwische, was sich* AUSSERHALB VON MIR *ausdrücken möchte.*

Aber das habe ich dir doch gerade gesagt! Das ist die direkte Inspiration. Denn was von oben kommt – wenn du wüßtest, wie zwingend das ist! Alle Gedanken erscheinen blaß und machtlos dagegen ...

> *Ja.*

... fragmentarisch und dürftig. So kommt es einem vor.

Wenn die Worte ganz spontan kommen, ist es gut, aber ... Es ist ein seltsames Phänomen: manchmal ist nur die reine Erfahrung da. Wie ist diese genau? Man kann sie nicht formulieren. Um sie zu formulieren, ist man sofort gezwungen, Worte zu benutzen, und Worte schmälern sie. Doch ich erinnere mich daran, wie ich im Augenblick der Erfahrung sprach und kaum hörte, was ich sagte, aber ich hatte die Erfahrung. Die Erfahrung war wunderbar klar, mächtig, immens – verstehst du, universell. Dann hörte ich mich reden, und daraufhin sah ich sofort, wie sie geschmälert wurde. Und dann begann ich zu fühlen, wie der andere Geist gewaltige Anstrengungen machte, um zu verstehen. Da verringerte es sich noch einmal: ich mußte es schwächer werden lassen, um mich verständlich zu machen. Ich konnte alle Etappen der Abschwächung Schritt für Schritt mitverfolgen. Doch in jenem Augenblick war das Wort sehr mächtig; es war ganz und gar Sri Aurobindos Ausdrucksweise und sehr machtvoll. Jetzt ist es nur noch ein vager Eindruck, wie eine Erinnerung. Aber das ist immer so – in jedem Fall, selbst unter den besten Voraussetzungen, selbst wenn die Formulierung von Sri Aurobindo stammt. Immer hat man den Eindruck einer Abschwächung, und zwar in dem Sinne, daß vieles verlorengeht; es wird etwas härter, geringer, kleiner. Aber auch gewisse Subtilitäten gehen verloren, lösen sich auf und können nicht in konkrete Worte gefaßt werden. Verspürte man den Wunsch nach dem perfekten Ausdruck, wäre dies sehr enttäuschend. Ich verstehe durchaus: Wenn du für dein Buch ein Maximum an Perfektion anstrebst, so ist das unmöglich. Es kann nicht verwirklicht werden; man spürt den Unterschied zu dem, was oben ist, und das ist enttäuschend.

Ich bin immer enttäuscht.

(Mutter lacht) Ja, das überrascht mich überhaupt nicht!

Ich bin keine Sekunde lang zufrieden.

Auch nicht, wenn du spürst, wie „die Sache" kommt?

Oh, dann ist es sehr gut, ich brauche nur oben zu bleiben; da oben bin ich glücklich.

(Mutter lacht) Na gut. So ist das also!

Ich könnte immer da oben bleiben.

Aber in allem, was ich von dir gelesen habe (mit Ausnahme des Buchs über Sri Aurobindo, denn dies ist ein ganz besonderer Fall: alle aufnahmefähigen Menschen wurden dadurch augenblicklich in Kontakt mit Sri Aurobindo gebracht) – aber in deinem ersten Buch [*Der Goldsucher*] spürte ich, wie es von oben kam. Ich spüre das. Nur wäre dies natürlich unlesbar; es muß konkretisiert, materialisiert werden. Hat man aber selber die Verbindung mit dieser Ebene da oben, muß man es in dem, was geschrieben wurde, spüren. Viele Leute spüren darin ein „Etwas", das alles durchdringt. Aus diesem Grunde möchte ich, daß du mir aus deinem neuen Buch vorliest: um zu sehen, ob „das" da ist ... Verstehst du, ich bin so *(Geste zur Stirn hin, eine stille Reglosigkeit andeutend)*, dies ist zu einem Dauerzustand geworden. Wie ein Bildschirm. Ein Bildschirm für alles und jedes. Und wirklich kommt nichts von innen. Entweder so *(horizontale Geste um Mutter herum)* oder so *(Geste von oben)*. Horizontal von außen, und die Antwort von oben. Hier *(Geste zur Ebene des gefühlsbestimmten Herzens)* ist das eine derart neutrale Angelegenheit, daß es geradezu inexistent ist. Und hier *(Geste zur Stirn)* ist es weit, ebenmäßig, reglos. Wenn ich so verharre *(nach oben gewandte Geste)*, kommt es sofort, auf der Stelle, in Wellen: ein Licht, das kommt und durch mich geht, ständig ... *(kreisförmige Geste durch Mutter hindurch wie durch einen Empfänger und Sender)*. Wenn man mir etwas vorliest, wenn Leute mir Fragen stellen, wenn mir irgend etwas erzählt wird – immer ist das so, und dies ist sehr interessant, denn bei Fragen, die keine Antwort verdienen, oder bei Angelegenheiten, in die ich nicht einzugreifen brauche, letztlich bei allem, was sich als: „Das betrifft mich nicht, das geht mich nichts an" zusammenfassen läßt, da bleibt alles absolut *blank*, leer, neutral, ohne Reaktion. Ich bin gezwungen zu sagen, daß es darauf keine Antwort gibt. Wenn ich sagen würde, wie es wirklich ist, müßte ich sagen: „Ich höre nichts, ich verstehe nichts." Alles bleibt absolut reglos und neutral, und wenn es so bleibt, dann ist nichts da, es gibt nichts zu sehen. Wenn es aber eine Reaktion gibt ... verstreicht nicht einmal Zeit, in der sich das abspielt, es vergeht so gut wie keine Zeit. Es ist, als käme die Antwort zur selben Zeit, wo man mit mir spricht. Und unverzüglich nehme ich das Papier, den Brief, und antworte. Automatisch. Die ganze Arbeit geschieht so. Hier *(Geste zur Stirn)* ist nichts.

Offensichtlich muß man sich damit abfinden. Die Welt ist in einem Zustand beträchtlicher Unvollkommenheit, also ist alles, was sich in der Welt manifestiert, Teil dieser Unvollkommenheit – was läßt sich also tun? Es bleibt allein der Versuch, langsam – sehr langsam – und beharrlich diesen Körper zu transformieren.

Wie Sri Aurobindo so schön sagte (ich verstehe sehr gut, was er meint), es ereignen sich zwar Wunder, aber sie sind sporadisch. Das heißt, für eine Zeitspanne von einigen Minuten, manchmal auch von einigen Stunden (aber das ist selten) sind die Dinge völlig anders. Doch sie bleiben nicht so – sie fallen wieder zurück in die alte Bewegung, weil offenbar ALLES einen gewissen Grad erreichen muß – einen gewissen Grad der Empfänglichkeit, der Vorbereitung darauf, damit sich „das" festigen kann. Sonst läuft die alte Bewegung, das alte Gesetz weiter.

Ich sehe das bei den Körperzellen. Es gibt Momente, einige Sekunden oder Minuten (höchstens ein paar Stunden, aber nicht für physische Dinge; für physische Dinge dauert es immer nur Sekunden oder Minuten), wo sich plötzlich eine Art Vollkommenheit manifestiert. Worauf sie wieder weggeht. Und man sieht sehr wohl, daß sie wegen der ständigen Invasion all dessen, was drum herum ist, was unvollkommen ist, nicht bleiben kann. Und so wird das wieder verschluckt. Wie an jenem ersten Tag, als die supramentalen Kräfte herabstiegen [1956]. Ich sah sie herabkommen, verstehst du, und ich sah diese großen wirbelnden Kräfte der Erde: brrt, brrt! *(Geste des Emporsteigens und Verschlingens)* und alles war verschluckt. Es kam in ungeheuren Massen herab, aber diese Wirbel waren noch gewaltiger und verschluckten alles, und Das war weg.

Daran hat sich bis heute nichts geändert.

Es ist immer noch da. Es ist da und tut seine Arbeit, aber ... die widerstrebenden Schwingungen sind immer noch zu mächtig und in ihrer Menge zu überwältigend, als daß Das nicht in der Masse verschwinden würde. Doch von innen her arbeitet Es unentwegt ...

Das gilt auch für den Körper. Einige Sekunden lang, höchstens einige Minuten, fühlt sich der Körper in einem Zustand unwiderstehlicher Macht, unbeschreiblicher Freude, einem Zustand von Licht ohne

Schatten – ein wahres Wunder, verstehst du. „Ah", sagt man sich, „das ist es!" Und dann verschwindet es wieder. Man hat gerade genug Zeit, es zu bemerken. Mit anderen Worten, es kommt, um einem zu zeigen, daß es so ist, daß es so sein wird.

Ja, und wenn es so sein wird, dann werden wir es merken!

Doch wann wird sich diese Starrheit verwandeln und plastisch genug werden, um das zum Ausdruck zu bringen, was innen ist?... Sri Aurobindo meinte, dreihundert Jahre – das erscheint mir sehr kurz. Es handelt sich um jahrtausendealte Gewohnheiten. Starr, hart, trocken und dünn.

Und natürlich gilt das auch für das Mental, allerdings in einem geringeren Ausmaß. Glücklicherweise ist es da ein bißchen fließender ... Aber weißt du, diese Dinge, die ich von oben empfange und notiere, haben eine intensive Leuchtkraft und wirken außerordentlich überzeugend. Ich schreibe alles auf und gebe es weiter an Menschen, die es eigentlich verstehen sollten. Diese lassen mich dann ihre Reaktion wissen *(innerlich)*. Ach, mein Kind, das ist ... *(lachend)* wie die Rinde eines halbtoten alten Baumes!

So fragt man sich: Ist es an der Zeit, diese Dinge zu sagen? Sie meinen, verstanden zu haben – sie glauben es nicht nur, sie sind begeistert, was bedeutet, daß es sie einen Fortschritt machen ließ – wo standen sie also vorher!? Es ist nichts. Was sie verstehen, ist nichts, es ist zur bloßen Karikatur der Sache geworden.

Ich bin mir darüber im klaren, daß Worte in sich selbst nichts sind. Dort aber herrscht eine Macht ... eine Macht, die Worte nicht in sich fassen können. Wenn man somit nicht direkt empfängt, empfängt man nichts. Man empfängt schon etwas, aber es ist nur noch wie eine dünne Zwiebelschale.

(Schweigen)

Vielleicht werden wir uns irgendwann zurückerinnern, wenn wir bis ans Ende (ein „Ende", das wiederum der Anfang von etwas anderem ist) dieser Transformationsarbeit gelangt sind und die Transformation tatsächlich stattgefunden hat und fest verankert ist; vielleicht wird es uns dann ein besonderes Vergnügen bereiten, zu sehen, wie wir durch all dies hindurchgegangen sind. In den „höheren Sphären" hieß es immer, daß jene, die den Mut haben, sich auf die Sache einzulassen, dereinst, wenn alles getan ist, einen höheren und viel persönlicheren, tieferen Gewinn davontragen würden als jene, die bloß still darauf gewartet haben, daß andere die Arbeit für sie tun.

Das mag sein.

Auf jeden Fall hat es, rein äußerlich gesehen, wegen des enormen Ausmaßes der anfallenden Arbeit den Anschein einer sehr undankbaren Aufgabe. Aber das ist nur eine rein oberflächliche Sicht. Wellenartig kommt es zu mir von der Welt, von einer ganzen Schicht der Manifestation, die sich sagt: „O nein! Damit will ich nichts zu tun haben, ich will einfach in Frieden leben, so gut ich eben kann. Man wird ja sehen; wenn die Welt erst transformiert ist, ist immer noch Zeit mitzumachen." Solche Ansichten hört man selbst unter den entwickeltsten und intellektuellsten Schichten. Mit anderen Worten, sie haben keinen Opfergeist. Genau dies sagt Sri Aurobindo (ständig stolpere ich über Zitate von Sri Aurobindo): Um das Werk zu tun, muß man bereit sein, Opfer zu bringen.

Andererseits stimmt es, daß diese paar Sekunden zum Beispiel (die hin und wieder kommen, und zwar immer häufiger), ruhig betrachtet, die vielen Mühen wert sind. Es wiegt Jahre des Kämpfens und der Anstrengung auf, dies zu erleben, weil ... Es liegt jenseits alles Wahrnehmbaren und jeglichen Verständnisses, ja selbst jenseits aller Möglichkeiten im Leben, wie es derzeit ist. Es ist ... unvorstellbar.

Und es ist eine wirkliche Gnade darin enthalten: es versetzt einen nämlich in einen bestimmten Zustand, der das Leben, wie es ist, die Dinge, wie sie sind, nach diesen Sekunden nicht um so schlimmer erscheinen läßt. Hinterher stellt sich nicht dieses Entsetzen ein, in einen Abgrund zu stürzen. Es ist kein Abgrund, man erinnert sich lediglich an eine Art blendend helles Licht.

14. Dezember 1966

Am Freitag, dem 16., empfange ich fünfundachtzig Besucher!... Ein Wunder, daß ich noch nicht vollkommen abgestumpft bin.

Ja, du führst ein unmögliches Leben.

Ach, Tag und Nacht.

Ich könnte nicht eine einzige Minute deines Lebens aushalten.

(*Mutter lacht*) Von acht Uhr morgens an ist dieser Ort schrecklich. Und immer noch sind sie nicht zufrieden! Sie wollen mehr.

Selbst menschlich gesehen ist das nicht möglich.

Ja, ich versichere dir, rein menschlich ist es unmöglich. Ich weiß, was es ist, die ganze Zeit muß ich mich im Höchsten auflösen. Sonst wäre es unmöglich. Die physische Persönlichkeit geht ständig weg *(Geste nach oben),* auf daß Er allein da sei. Sonst könnte ich es nicht aushalten.

Glücklicherweise kommen sie, um zu „empfangen" [die Leute, die Mutter übermorgen sehen wollen], somit verringert dies etwas das … *(lächelnd)* das gnädige Geschenk all ihrer Schwierigkeiten (aber sie lassen trotzdem noch genug da)! Sie kommen mit der Idee, etwas von der Kraft abzukriegen, also bin ich natürlich aktiv *(Geste der Verbindung zwischen oben und unten),* und das ist viel besser. Diejenigen, die wirklich mit der Vorstellung kommen, etwas zu empfangen, eine Stärkung zu erhalten, erleichtern die Bürde der Arbeit.

17. Dezember 1966

Ein Kind in der Schule fragte mich: „Wie können mir Mathematik, Geschichte oder die Wissenschaften helfen, dich zu finden?"
Ich fand das wirklich reizend und antwortete:

Sie können euch auf verschiedene Weise helfen:

1. Um fähig zu sein, das Licht der Wahrheit zu empfangen und zu ertragen, muß das Mental gestärkt, erweitert und geschmeidig gemacht werden. Diese Studien sind ein sehr gutes Mittel, dieses Ziel zu erreichen.

2. Wenn ihr sie gründlich genug studiert, werden euch die Wissenschaften die Unwirklichkeit der Erscheinungen aufzeigen und euch so zur spirituellen Realität führen.

3. Das Studium aller Aspekte und Bewegungen der physischen Natur wird euch mit der universellen Mutter in Kontakt bringen, und so werdet ihr mir näher sein.

Ich erinnere mich noch an den Eindruck, den ich hatte, als ich ganz klein war und man mir sagte, alles seien „Atome" – so sagte man damals. Sie erklärten mir: „Siehst du diesen Tisch? Du glaubst, es sei ein Tisch, er sei solide und aus Holz. Es sind nur Atome, die sich bewegen." Ich erinnere mich, daß es eine Art Revolution in meinem Kopf auslöste, als ich das zum erstenmal hörte, da es mit einem solchen Gefühl der vollständigen Unwirklichkeit aller Erscheinungen verknüpft war. Schlagartig dachte ich: „Aber wenn das so ist, dann ist nichts wahr!" Ich kann damals nicht mehr als vierzehn oder fünfzehn Jahre alt gewesen sein.

Die Frage des Kindes hat mir das in Erinnerung gerufen. Ich sagte mir: dies öffnet einem die Tür in eine andere Realität.

*
* *

(Wenig später geht es um einen Jungen aus der Ashramschule, der während eines Picknicks einer Gruppe Jugendlicher seines Alters ertrank.)

Ich habe V's Heft erhalten[1]. Er sagt (ziemlich brutal, *bluntly*, wie man dies im Englischen nennt): „Als ich erfuhr, daß B ertrunken sei, konnte mich das weder betrüben noch berühren. Ich dachte mir einfach: das ist nicht wahr." Und warum? „Weil Du wußtest (so schrieb er mir), daß wir alle zum Picknick gegangen waren, folglich konnte nichts passieren." *(Mutter lacht)* Ich fand dies köstlich – köstlich in seiner Unverschämtheit.[2]

Aber es ist auch nett!

Ja, aber der Unfall ist tatsächlich passiert.

Ich sagte ihm daraufhin ... Ich schaute mir das nämlich an und sah es sofort unter DIESEM Gesichtswinkel ... Ich sehe die Dinge jetzt ganz anders, nie auf jene andere Weise. Ich staune immer wieder darüber, wie die Menschen die Dinge sehen. Für mich ist alles ganz anders, es ist ... die Schwingung des Herrn, die sich herauskristallisiert, und das ist alles. Und bei absolut allem, ununterbrochen. Folglich gibt es kein „Wie und Warum?" – es ist ganz einfach, elementar einfach. Aber das konnte ich ihm nicht sagen, er hätte es nicht verstanden. Also betrachtete ich es von seinem Standpunkt aus, und auf einmal sah ich es. Ich sagte: „Ja, wie kommt es, daß so etwas geschehen konnte?" *(Mutter*

---

1 Ein junger Schüler, der Mutter in seinem „Heft" Fragen stellt.
2 Die Frage des Schülers lautete: „Als ich in Gingee erfuhr, daß B in einem See ertrunken sei, konnte ich es nicht glauben oder über diese Nachricht schockiert sein. Die einzige Frage, die sich mir stellte, lautete: „Wie ist das möglich! Mutter wußte doch, daß wir in Gingee waren, also war ihr Schutz mit jedem von uns."„

lacht) Ich antwortete ihm folgendes (ich erinnere mich nicht mehr an den genauen Wortlaut, nur noch dem Sinne nach): Der Schutz wirkt auf die ganze Gruppe, solange sie koordiniert und diszipliniert ist. Wenn jedoch Individuen unabhängig von der Gruppe handeln, werden sie auf ihren eigenen Determinismus zurückgeworfen. Das heißt, der Schutz wirkt dann ihrem persönlichen Glauben gemäß und nicht als kollektive Aktion: je nach Zustand und persönlichem Glauben wirkt der Schutz entsprechend stärker oder schwächer.

Ich sah dies deutlich. Ich sah, wie es passieren konnte (seine Frage ließ mich die Sache nämlich näher anschauen, und so sah ich es). Interessant dabei ist, daß die mentale Initiative, durch jenen See zu schwimmen, von P und noch einem anderen ausgegangen war. Folglich sind sie, rein menschlich gesehen, die „Verantwortlichen". Aber das stimmt nicht, so ist es nicht. Jedenfalls befanden sie sich außerhalb der Gruppe, es war eine Handlung, die nichts mit der Gruppe zu tun hatte, und sie taten es, weil sie zu einer bestimmten Zeit wieder bei der Gruppe sein mußten und spät dran waren. Es war also ganz klar individuellen Ursprungs. Um den See herumzugehen, hätte drei Stunden gedauert, und es blieben kaum noch zwei bis zum Einbruch der Dunkelheit, außerdem waren sie im Dschungel, sie hatten kein Licht, nichts. Eine weitere Unmöglichkeit. Somit sagte er sich mit seiner Vernunft, mit seinem gesunden Menschenverstand: „Das beste ist, ich schwimme hinüber." Dabei berücksichtigte er allerdings nicht (das ist der leichtsinnige Teil), daß das Wasser eiskalt war.

> *(Sujata:) Aber P war schon einmal hinübergeschwommen, denn er war nicht bei der Gruppe, die den Unfall hatte. Sie riefen ihn vom Lager aus, er kam und schwamm über den See, und der Unfall ereignete sich auf dem Rückweg. Die anderen waren auf der anderen Seite.*

Er ist also zweimal über den See geschwommen, bist du sicher?

> *Ja, sie hatten ihn gerufen. Er war schon einmal hinübergeschwommen, um ihnen zu helfen.*

Das zweite Mal ... Dann war es noch leichtsinniger, als ich mir dachte. Es hätte beinahe sein Ende bedeutet. Ich sah ihn nämlich, ich wußte es, noch ehe mich die Nachricht erreichte. Auf einmal spürte ich eine große Gefahr. Allerdings: P hatte den Glauben und schaffte es deshalb, für den anderen aber war es das Ende.

Es war sehr leichtsinnig, weil der Körper hier nicht an kaltes Wasser gewöhnt ist, und in kaltem Wasser bekommt man Krämpfe.

P war ausreichend geschützt, um gerettet zu werden; der andere aber schaffte es nicht.

(Sujata:) Die drei Jungen haben dich offenbar gerufen – sie waren ja zu viert, nicht wahr? Die drei haben dich gerufen, und jener, der ertrank, hat nur P um Hilfe gerufen. Die drei anderen aber dachten sehr stark an dich.

Das weiß ich. So etwas braucht man mir nicht zu sagen. Und ich wußte, daß dieser Junge nicht gerufen hatte. Er hatte nicht das Gefühl, daß ihm das helfen könnte.

Es ist nicht einmal eine Frage des Mentals. Man muß es SPÜREN *(Geste zum Herzen)*, man muß überzeugt sein, daß dies wirklich aktiv ist [Mutters Gegenwart], daß dies eine ganz reale Angelegenheit ist, daß es wirklich schützt. Nicht einfach „so ein metaphysischer Gedanke" sondern eine Empfindung. Und die hatte er nicht.

Wäre er in der Gruppe geblieben, so hätte der Schutz der Gruppe auch ihm gegolten. Sobald er sich aber auf eine abgetrennte individuelle Handlung einließ, hing alles von seinem inneren Zustand ab – das ist etwas, das sie alle begreifen sollten.

*
* *

(Etwas später ist die Rede von den Überschwemmungen in Florenz.
Dieses Gespräch wurde aus dem Gedächtnis aufgezeichnet.)

Ich habe Fotos von den Überschwemmungen in Florenz gesehen … Wie es scheint, kam die Strömung mit siebzig Stundenkilometern daher! Die Autos wurden mitgerissen und gegen die Häuser geschleudert. Es heißt, es sei eine Flutwelle gewesen … und dabei lief die Strömung dem Meer entgegen. Oder floß das Wasser zurück? Auf jeden Fall ist es sehr mysteriös.

Das Wasser stand in Kopfhöhe. Alle Paläste und Museen wurden überflutet, und das Wasser war voller Schlamm. Jetzt sind die Studenten dabei, den Schmutz wegzukratzen. Man versucht, die Manuskripte zu trocknen. Aber viele Dinge sind endgültig verloren.

Eine der Prophezeiungen zu Beginn dieses Jahrhunderts besagte: daß Italien und England im Wasser versinken würden.

Vielleicht ist das der Anfang.

Was für eine Prophezeiung?

Meine!

Seltsam daran ist allerdings, daß Florenz und Neapel betroffen wurden, nicht aber Rom, das doch dazwischenliegt ...

Aber warum denn Italien? Wäre es nur England, hätte ich keinerlei Einwände – aber Italien?

Wegen Mussolini.

Aber er ist tot.

Vielleicht hat Mussolinis Tod die Dinge gemildert. Aber es handelt sich hier nicht um „Strafe". Es gibt keine Strafe, keine „Schuld" – nicht die leiseste „Schuld", nie und nimmer. Es ist lediglich eine Frage der Schwingungen.

Warum dann nicht Rom?

Ach, die werden schon noch sehen.
Natürlich reden sie sich jetzt ein, „Gott" habe sie beschützt ...

20. Dezember 1966

(Brief von Satprem an Mutter)

Liebe Mutter,

Ich möchte Dich um einen Gefallen bitten. Du weißt, Du siehst. Ich möchte Dich bitten, mir über dieses Buch die Wahrheit zu sagen: Gehört es zu den Dingen, die *unbedingt* sein müssen, oder ist es nur das angestrengte Bemühen eines kleinen Schriftsteller-Egos? Heute morgen sah ich das erste Kapitel noch einmal durch, und es ist unlesbar – es müßte völlig umgeschrieben werden. Ich frage mich, ob dies nicht auch für die anderen Kapitel gilt. Bitte sei so gnädig und sage mir, was sein soll: Soll ich meine Bemühungen fortsetzen, mein Bestes tun und das umschreiben, was umgeschrieben werden muß, oder soll ich das Ganze aufgeben?

Ich bin natürlich etwas traurig, denn ich habe wirklich versucht, aus dem Tiefsten meiner Seele heraus zu schreiben. Aber ich hänge nicht daran und bin bereit, Dir dieses Scheitern als Opfer zu Füßen zu legen, in der Gewißheit, daß alles zum besten steht, selbst wenn ich den Plan des Herrn noch nicht kenne. Ich wünsche mir nur, daß Du mir die tiefere Wahrheit um dieses Buch sagst – wenn es sein muß, bin ich bereit, die Mühe auf mich zu nehmen und alles geduldig zu korrigieren oder umzuschreiben, was umgeschrieben werden muß. Aber soll es wirklich sein?

Mutter, Das allein existiert. Das tröstet mich über alles hinweg.
Ich bin Dein Kind, in Liebe –
ja, Du bist da, und alles andere
ist nebensächlich.

Satprem

(Mutters Antwort)

Ich bin sicher, daß dieses Buch GESCHRIEBEN WERDEN MUSS.

Um ganz offen zu sein: Schon von Anfang an hatte ich den Eindruck, daß das Schreiben dieses Buches für Dich eine Art „Sadhana" ist, um einen ganzen Komplex deines Wesens, Denkens und Schreibens, der der Vergangenheit angehört und nicht mehr zu Deinem jetzigen Bewußtseinszustand paßt, loszuwerden.

In den wenigen Seiten, die Du mir vorgelesen hast (mit Ausnahme vielleicht des Traumes) habe ich deutlich diesen Kampf zwischen dem früheren und dem jetzigen Zustand gesehen.

Dieses Buch zu korrigieren, wird immer noch eine Fortsetzung dieser „Sadhana" sein, doch so gesehen wird die Arbeit weniger mühsam und viel interessanter sein.

Ich wollte Dir eigentlich erst morgen früh antworten, aber ich schicke Dir dies jetzt sofort, damit Du das Problem anschauen und mir morgen früh noch weitere Fragen stellen kannst, falls Du noch welche hast.

In Liebe und mit meinen Segenswünschen

Mutter

21. Dezember 1966

(Mutter beginnt mit der Lesung ihrer Botschaft für das Jahr 1967:)

Men, countries, continents!
The choice is imperative:
Truth or the abyss.

Menschen, Länder, Kontinente!
Die Wahl ist zwingend:
Die Wahrheit oder der Abgrund.

*
* *

Willst du mir etwas sagen?

Ich habe mich gefragt, wie ein falscher Ausdruck (und er ist falsch, ich spüre, daß der ganze Ausdruck falsch ist) ... ob es sich trotzdem lohnt, etwas davon zu retten. Lohnt sich eine Korrektur überhaupt, diese ganze Arbeit, wo ich doch spüre, daß dieser Ausdruck nicht der wahre ist? Kann es trotzdem nützlich sein?

Das ist nicht das Problem.

Bestimmt wirst du zwei Dinge bemerkt haben. Zum einen Unterschiede der Bedingungen, unter denen du schriebst, zum anderen einen unterschiedlichen „Druck" bei den Dingen, die zum Ausdruck drängten. Hast du diese Unterschiede während des Schreibens bemerkt?

Ja, gewiß.

Siehst du. Und wenn das einmal objektiv auf dem Papier steht, kannst du dir klar werden über die Beziehung zwischen dem Druck, den du spürtest, und den Dingen, die du schriebst und die von unterschiedlicher Qualität sind. Als du mir zum Beispiel diese paar Seiten vorgelesen hast, sah ich bei einigen Dingen das Licht dahinter. Bei anderen war es wie ein horizontaler Ursprung oder Wille *(waagerechte Geste zur Stirn).* Es war schön und gut – verstehst du, ich sage dies keineswegs von einem literarischen Standpunkt aus, auch spreche ich nicht von der Schönheit der Form, nein, es geht um die Qualität der Schwingung in dem, was du schreibst. Und während des Vorlesens spürte ich die beiden Ursprünge und eine Art Konflikt zwischen dem, was so kam *(Geste von oben),* und dem, was gewohnheitsmäßig kam *(waagerechte Geste vor der Stirn).* Es war vor allem eine alte Gewohnheit, etwas, das aus der Vergangenheit kam und in einem mentalen, künstlerischen, literarischen Bereich lag, der die Form, gewisse Emotionen, gewisse Ausdrucksweisen, all das liebt. Und zusammen bildete dies eine ganze horizontale Welt, die nach einem Ausdruck drängte – größtenteils aus Gewohnheit, aber auch mit einer Art Willen zu sein, dem Willen fortzubestehen. Die andere Art war ein Licht, das herabfiel und sich ganz natürlich ausdrückte – spontan, mühelos, und OHNE SORGE UM DIE ÄUSSERE FORM. Und dies war viel direkter in seinem Ausdruck. Nur läßt sich das natürlich nicht sauber trennen, so daß man sagen könnte: „Aha, dieses kommt so *(Geste auf einer gewissen Ebene)*, und jenes kommt so *(Geste auf einer anderen Ebene)*.“ Aber eine Bewegung ist oben und die andere unten.

Ich denke also, die „Sadhana“ besteht in einem Aussortieren oder vielmehr in der Entwicklung einer gewissen Sensibilität, so daß die Unterschiede deutlich zutage treten, und dann ist es nicht mehr das Mental, das auswählt: „Dies hier geht, jenes geht nicht“. Es wäre eine spontane Hinwendung zu dem, was in dieses Licht von oben gehüllt ist, und ein Verwerfen dessen, bei dem dies nicht der Fall ist. Die Sadhana besteht dann im Entwickeln dieses Feingefühls, in dem du dich von der alten Bewegung abtrennst, sie aus dir verbannst.

Ich verstehe das sehr gut, dein Brief war mir insofern eine Gnade, als ich jetzt klar sehe. Ich habe dies wirklich klar erkannt. Nur erscheint mir das ganze Buch … mangelhaft.

Ja, ich glaube, das ganze Buch ist so. Du hast mir zwar nicht alles vorgelesen, aber in dem, was ich kenne, selbst bei dieser Aufzeichnung des Traums zum Beispiel, habe ich hin und wieder den Einfluß der alten Gewohnheit gespürt.

Aber lohnt es denn überhaupt, das alles zurechtzubiegen? Das Buch müßte neu geschrieben werden.

Du meinst, es wäre besser, ein neues zu schreiben?

Ja.

Ich habe dir ja gesagt: „Das Buch MUSS geschrieben werden“, aber nicht notwendigerweise dasjenige, das du schon geschrieben hast. Ich meine damit das Buch, das du schreiben mußt! *(Mutter lacht)* Verstehst du, für mich ist das ein Unterschied. „Irgendwo“ existiert etwas, das gesagt werden MUSS, und dieses Etwas ist sehr nützlich: ich denke da zum Beispiel an die Leser, die aufgrund des Buches über Sri Aurobindo Vertrauen zu dir gewonnen haben – sie werden dich mit einem offenen Geist lesen, und wenn du ihnen in diesem Zustand ein Gespür für die Erfahrung gibst, wird ihnen das sehr helfen. In diesem Sinne ist das

Buch nützlich, meine ich. Aber für dich persönlich ist es unerheblich, ob du es ganz neu schreiben oder korrigieren willst ... Allerdings mußt du, um das Buch neu schreiben zu können, ohne in den alten Zustand zurückzufallen, ein klares Bewußtsein der unterschiedlichen Zustände haben. Angenommen, du sagst: „Ich werde das Buch neu schreiben", und sobald du dich ans Schreiben machst, setzt derselbe Konflikt wieder ein – das wäre nutzlos ... Etwas muß sich im Mental ändern, genau dort mußt du dir der Schwingungen voll und ganz bewußt werden.

Ich sehe recht klar, was alles herausgenommen werden muß ... aber es gibt so viel davon!

Das ist dir klar?

Ja, aber mir scheint, daß fast alles herausgenommen werden müßte. Es ist die ganze Ausdrucksweise ...

Ja, es ist vor allem eine Art – eine Art zu empfinden, eine Art zu denken.

Doch von der äußeren Form her gesehen bleibt die Frage, was einfacher ist: Den bereits geschriebenen Text nehmen oder ganz von vorn anfangen? Allerdings neu schreiben ... Verstehst du, wenn du nicht Herr deines Tuns bist ...

... falle ich in denselben Konflikt zurück, ja.

Das ist nutzlos.

Also gut, dann werde ich es korrigieren.

Ja, ich glaube, korrigieren ist besser. Das ist vielleicht nicht gerade lustig, aber sehr nützlich vom Standpunkt der mentalen Disziplin aus.

Dein Brief war wirklich eine Gnade für mich, denn ich selbst würde alles hinschmeißen.

Nein!

Du hast mir gezeigt, wie falsch dies ist.

Notwendig ist nicht zu zerstören, sondern Herr über den Ausdruck deiner Inspiration zu werden. Du mußt der Meister sein, das heißt, du empfängst es nicht, „wie es kommt", und du schreibst es nicht, „wie es kommt". Du empfängst die Inspiration und bist dir des Phänomens des Ausdrucks bewußt. Dann wird es perfekt sein.

Ich hatte die Gewohnheit, unbewegt zu bleiben und den Dingen ihren Lauf zu lassen.

Ja, aber dein Mental ist aktiv – das Mental ist aktiv. Verstehst du, Sri Aurobindo konnte dies tun, weil sein Mental nicht mehr existierte. Es war absolut reglos, und alles ging hindurch wie reine Luft. Dein Mental aber … In der Tat ist das die Disziplin, die du üben mußt, weil dein Mental die Gewohnheit hat, immer wieder aktiv zu werden. Es ist gut, wenn das, was von oben kommt, einfach so durchgeht, aber unter der Voraussetzung, daß das Mental völlig reglos ist. Andersherum ausgedrückt: Es geht darum zu lernen, dein Mental reglos zu halten und trotzdem zu schreiben.

24. Dezember 1966

(Die Schüler der Ashramschule betreffend:)

Von allen Seiten wird mir die Frage gestellt: Was ist Wahrheit? Was meinst du genau, wenn du von Wahrheit sprichst?

Sie wollen eine mentale Definition der Wahrheit …

Die Wahrheit kann nicht in mentale Begriffe gefaßt werden. Das ist es. Und alle gestellten Fragen sind mentale Fragen.

Die Wahrheit läßt sich nicht formulieren oder definieren, sie kann nur gelebt werden.

Und wer der Wahrheit voll und ganz hingegeben ist, wer die Wahrheit leben will, der Wahrheit dienen will, wird IN JEDER MINUTE wissen, was zu tun ist. Eine Art Intuition oder Offenbarung, meistens eine wortlose, aber mitunter auch in Worten ausgedrückt, läßt ihn in jeder Minute wissen, was die Wahrheit dieser Minute ist. Das ist so interessant … Sie wollen „die Wahrheit" als klar definierte, kategorisierte und abgesicherte Sache wissen. Dann sind sie zufrieden, sie brauchen nicht länger zu suchen. Man übernimmt es einfach und sagt sich: „Das ist nun die Wahrheit", worauf sie starr festgelegt ist – genau dies haben alle Religionen gemacht, sie haben ihre Wahrheit fixiert wie ein Dogma. Aber das ist nicht mehr die Wahrheit.

Die Wahrheit ist etwas Lebendiges, Bewegliches, das sich in jeder Sekunde ausdrückt, und sie ist EINE Weise, sich dem Höchsten zu nähern. Jeder hat seine eigene Art, sich dem Höchsten zu nähern. Es mag solche geben, die sich ihm von allen Seiten zugleich nähern, aber es gibt auch solche, die sich ihm über die Liebe nähern, solche, die sich ihm über die Macht nähern, andere, die sich ihm über das Bewußtsein nähern, und wieder andere, die sich ihm über die Wahrheit nähern. Jeder dieser Aspekte ist genauso absolut, zwingend und undefinierbar wie der höchste Herr selbst. Der höchste Herr ist absolut, zwingend und undefinierbar, ungreifbar in seiner Gesamtheit, und seine Aspekte haben dieselbe Qualität.

Wenn man das einmal weiß, wird derjenige, der sich in den Dienst einer dieser Aspekte stellt, in jedem Augenblick wissen, was die Wahrheit ist – was sich dann im Leben, in der Zeit, in der Bewegung der Zeit ausdrückt. Das ist sehr interessant. Oder er wird in jeder Minute wissen, was Bewußtsein ist. Oder er wird in jeder Minute wissen, was Macht oder Liebe ist. Und es ist eine Macht, eine Liebe, ein Bewußtsein, eine Wahrheit in vielerlei Formen, die sich auf unzählige Weisen in der Manifestation ausdrücken, genauso wie der Herr sich auf unzählige Weisen in der Manifestation ausdrückt.

28. Dezember 1966

(Über eine kranke Schülerin:)

Sie fährt für drei Monate nach Hongkong.

Drei Monate!

„Befehl vom Arzt".

Aber Hongkong wird sie doch nicht wieder auf die Beine bringen!

Der Arzt hat noch Schlimmeres gesagt: „Wenn sie nach Pondicherry zurückkehrt, ehe sie nicht mindestens zwei Monate in einem kühlen Klima verbracht hat (und Hongkong ist nicht kühl!), wird sie unheilbar krank und ihre Leber wird nie wieder ausheilen." Angesichts einer solchen Suggestion habe ich gesagt: „Ich übernehme keine Verantwortung. Geh und heile deine Suggestion in Hongkong!"

Sie sind schrecklich.

Sie sagten auch, sie habe im Sterben gelegen und sie hätten sie „gerettet", doch sie würde wieder totkrank werden, wenn sie hierher zurückkäme … Ihr Mann hat mir das alles geschrieben; sie selbst schickte sich an zurückzukommen. Ich antwortete: „Ich will nicht, ich übernehme diese Verantwortung nicht, die Suggestion ist zu stark, sie muß die Suggestion in Hongkong heilen."

Man muß sich von der Suggestion heilen.

Ja, genau! *(Mutter lacht)*

31. Dezember 1966

Mutter schenkt Satprem eine rote Rose:

Die rote Rose ist der Orden der „Ritter der Wahrheit". Weißt du das nicht?… Ich führte dies ein, als Colonel Répiton hierherkam, der Mann, der während des Krieges den Marsch durch Afrika unternahm. Jeden Morgen gab ich ihm eine rote Rose, und wenn ich seither Männern eine rote Rose gebe, so tue ich dies, damit sie zu Rittern der Wahrheit werden.

Aber ich spreche das nicht aus.

*
* *

(Wenig später schlägt Satprem vor, er könne doch bestimmte Texte übersetzen, damit Mutter mehr Zeit hätte. Mutter lehnt lächelnd ab und will die Übersetzung selbst machen.)

Wenn ich gut hinhöre, wird Sri Aurobindo es mir sagen, das ist besser!

Auf einmal sagt er mir, was ich schreiben soll – das ist so deutlich und klar und offensichtlich. Manchmal ist ein Wort dabei, das ich nicht richtig verstanden habe, dann frage ich sogar zurück: „Wie bitte?" und er wiederholt es.

Ich glaube, aus diesem Grunde werde ich taub. Weil ich alles so höre *(nach oben gewandte Geste)*, die ganze Zeit. Darum höre ich hier nicht genug hin.

Dasselbe gilt für die Augen … Ich habe angefangen, Dinge mit offenen Augen zu sehen, o du meine Güte!… Den Zustand der Leute, ihre Gedanken, aber vor allem den Zustand ihres Vitals (denn es ist eine Sicht des Physischen: ein sehr subtiles, vitalisiertes Physisches, mit einer bildhaften Darstellung der Dinge). Ihr Zustand zeigt sich in ... wenn du wüßtest, was man da alles sehen kann!... Unzählige Formen, Gesichter, Ausdrucksweisen; man könnte meinen, es sei das Album des raffiniertesten Humoristen, den man sich nur vorstellen kann, ungemein humorvoll und präzis in seiner Wahrnehmung und dem Empfinden für die Lächerlichkeit der Menschen. Und dann plötzlich, mittendrin – eine schöne Form, ein schönes Bild, ein schöner Ausdruck. Etwas so Schönes, Reines und wunderbar Edles! Und das schwirrt die ganze Zeit um mich herum. Wirklich sehr amüsant.

Ich hatte mich immer beklagt, dies sei ein Bereich, in dem ich nichts sehe. Damals sah ich vor allem auf mentale Art, mentale Bilder, und natürlich alles in den oberen Bereichen (aber dies war organisiert), und auch vital ein bißchen, vor allem nachts, aber ... Die Sicht war jedenfalls sehr entwickelt, sehr deutlich, sehr genau, aber physisch („physisch", das heißt im Subtilphysischen und physisch) hatte ich nie mit offenen Augen gesehen. Ich sah immer nur die nackte Realität, wie sie war, nie etwas anderes, und darüber hatte ich mich immer beklagt. Dann kam auf einmal dies. Eines Tages fing ich an zu sehen, du meine Güte!... *(Mutter lacht)* Mittlerweile bin ich gezwungen, dies ein wenig einzudämmen *(lachend)* – es wird einfach zuviel. Aber es ist unglaublich, wie voll die Atmosphäre ist von Formen, so ausdrucksstarken Formen! Ja, als ob ein Humorist, ein Karikaturist gar, die ganze Zeit subtil darstellte, was sich materiell abspielt.

Und ich glaube, wenn die Menschen das haben, was die medizinische Wissenschaft „Halluzinationen" nennt, wenn sie zum Beispiel Fieber haben, dann sehen sie genau das. Ich weiß das, weil ich einmal ein so hohes Fieber hatte, daß ich mich in einem Zustand befand, in dem man, wie die Ärzte sagen, „den Verstand verliert". Da sah ich, in ganz materieller Sicht, wie sich sämtliche feindlichen Wesen auf mich stürzten, um mich von allen Seiten anzugreifen – schrecklich! Verstehst du, die Unterstützung des materiellen Bewußtseins existiert nicht mehr, man wird völlig von dieser Sicht in Beschlag genommen, deshalb haben die Menschen im allgemeinen Angst davor, und andere glauben an eine „Halluzination". Sri Aurobindo war da, und ich weiß noch, wie ich ihm damals sagte: „Ah, jetzt weiß ich, was Fieberhalluzinationen sind." Es hat überhaupt nichts mit Halluzinationen zu tun. Aber angenehm ist dies nicht, es ist der Anblick einer Welt, die nicht gerade schön ist.

Doch jetzt ist es nicht die Folge eines Fiebers, sondern schlicht die Schau. Meine Güte!... Wie ich dir sagte, es gibt alles, alle Möglichkeiten – und wahrscheinlich sah ich wegen der Qualität der Aura [von

Mutter] nichts, was wirklich unsauber oder häßlich gewesen wäre. Obwohl es das geben muß, nur findet es offenbar keinen Einlaß.

Aber was man sieht, ist großartig in seinem Humor. Dinge ... wie zum Beispiel die hehren Ambitionen der Menschen, und dann ihre Selbstzufriedenheit, die Meinung, die sie von sich selbst hegen, ach, wie komisch das alles ist! Und diese Leben werden gezeigt im Vergleich und wie in Verbindung mit dem Licht der Wahrheit; somit erscheint der Unterschied zwischen der Bewegung der Menschen (oder dem Gedanken, der Einstellung, der Handlung oder des Bewußtseinszustandes) und der Wahrheit, dem Zustand der Wahrheit so deutlich. Ach, wenn du wüßtest!... Aber all dies wird nicht von jemandem gesehen, der streng oder bösartig wäre, durchaus nicht, sondern von einem Wesen mit großem Scharfsinn, mit einer sehr pointierten, wunderbar humorvollen und liebenswerten Sicht der Dinge.

Das wimmelt nur so ...

Also sagte ich ihm kürzlich, gestern oder vorgestern: „Ist ja alles gut und recht, aber jetzt möchte ich gern in die Stille und den Frieden und eine lichte Weite eintreten" – weißt du noch, wie in der Meditation, die wir hier einmal zusammen hatten – das ist sehr viel angenehmer. Daraufhin beruhigte es sich.

*
* *

(Satprem hat Mutter soeben das Gespräch vom 30. September vorgelesen, in dem sie den möglichen Übergang des Menschen zum neuen Wesen schilderte.)

Nach meinem Gefühl (einer Art Empfindung) erfordert es Zwischenstufen. Und wenn man dann sieht, wie der Mensch gegen die ganze Natur kämpfen mußte, um zu existieren, so hat man den Eindruck, daß diejenigen, die diese Wesen verstehen und achten, eine Beziehung der Hingabe, Zuneigung und des Dienens zu ihnen haben werden wie die Tiere zum Menschen; diejenigen aber, die sie nicht lieben ... das werden gefährliche Wesen sein. Ich erinnere mich, wie ich einmal eine sehr deutliche Vision von der prekären Situation dieser neuen Wesen hatte, und ich sagte – das war noch vor 1956, vor der Herabkunft der supramentalen Macht: „Das Supramental wird sich zunächst unter seinem Aspekt der Macht manifestieren, weil dies für die Sicherheit der Wesen unerläßlich ist." Und tatsächlich kam die Macht als erstes herab – die Macht und das Licht. Das Licht, das Wissen und Macht verleiht.

Das ist etwas, was ich mehr und mehr spüre: die Notwendigkeit von Zwischenphasen ... Es ist völlig offensichtlich, daß etwas abläuft, aber es ist nicht dieses „Etwas", das gesehen und vorausgesagt wurde und welches das Endergebnis sein wird. Es ist eines der Stadien in seinem Ablauf, nicht das Endergebnis.

Sri Aurobindo sagte auch: „Zuerst wird die Macht kommen, das Leben beliebig zu verlängern" (in Wirklichkeit ist es noch viel subtiler und wunderbarer). Aber dies ist ein Bewußtseinszustand, der gerade dabei ist, sich durchzusetzen: eine gewisse ständige Verbindung und ein fest etablierter Kontakt mit dem höchsten Herrn, wodurch dem Verschleiß und der Abnutzung ein Ende gesetzt wird. Die Abnutzung wird ersetzt durch eine außergewöhnliche Flexibilität und Plastizität. Doch der SPONTANE Zustand der Unsterblichkeit ist nicht möglich – jedenfalls noch nicht heute. Diese Struktur muß sich in etwas anderes verwandeln, und dazu braucht es, wie die Dinge nun mal liegen, viel Zeit. Es kann viel schneller gehen als in der Vergangenheit, aber selbst wenn sich die Bewegung beschleunigt, braucht es immer noch Zeit – gemäß unserer Vorstellung von Zeit. Bemerkenswert ist, daß man, um in jenem Bewußtseinszustand zu sein, in dem es keinen Verschleiß mehr gibt, seinen Zeitsinn verändern muß. Man gerät in einen Zustand, wo die Zeit nicht mehr dieselbe Realität aufweist. Sie ist etwas anderes, sehr seltsam ... eine mannigfaltige Gegenwart. Ich weiß nicht ... Selbst die Gewohnheit, vorauszudenken oder vorauszusehen, was sein wird, oder ... all dies stört, denn es kettet einen an die alte Seinsweise.

So viele, viele Gewohnheiten sind zu ändern.

Voilà.

Gut, ich wünsche dir ein gutes neues Jahr.

*
* *

(Nachmittags schickte Mutter Satprem die folgende Notiz, wie eine Fortsetzung des morgendlichen Gesprächs, mit der sie sagen will, daß die integrale Verwirklichung des neuen Wesens nur möglich sein wird, wenn ...)

Oh, spontan göttlich zu sein,
ohne sich dabei zu beobachten,
weil man das Stadium überschritten hat,
in dem man göttlich sein möchte.

Vorschau:

Mutters Agenda Band 8, 1967

In diesem Jahr traten sämtliche Faktoren des Yogas der Zellen deutlich hervor: *Es gibt eine wachsende Überzeugung, daß eine in der Materie realisierte Vollkommenheit eine VIEL perfektere Vollkommenheit bedeutet als irgendwo sonst. Das Bewußtsein, das sich in den transformierten Zellen ausdrückt, ist ein Wunder. Es rechtfertigt all diese Zeitalter des Elends.*

Dieses Jahr bringt die Entdeckung der „wahren Materie" ... ohne große Geschichten: *In dieser Transparenz der Zellen gibt es keine Probleme mehr: die Lösung geht dem Problem voraus. Das heißt, die Dinge ordnen sich automatisch.* Ein anderer Lebensmodus auf der Erde – *eine so natürliche Lebensweise!* – in einem Körper, der von seinem mentalen Gefängnis und den Gesetzen der falschen Materie befreit ist: *Dieser außerordentliche Eindruck der Unwirklichkeit des Leidens, der Unwirklichkeit der Krankheiten ... Es heilt die Krankheit nicht, nein, es löscht sie aus – macht sie unwirklich ... Dann sieht man: Wenn dieser Vorgang sich vervollkommnet, ergibt sich notwendigerweise der Sieg über den Tod.*

Während die „Surveyor"-Sonde mit einem mechanischen Greifer den Mondboden durchwühlt, bleiben unsere eigenen Geheimnisse in einer Zelle verborgen: *Man fliegt, wohin man will, weiß, was überall geschieht ... aber man weiß nicht, was in einem selbst geschieht.*

In Biafra wütet der Krieg, die israelischen Truppen marschieren Richtung Suezkanal, die amerikanische Luftwaffe bombardiert Haiphong, die erste chinesische Wasserstoffbombe wird gezündet ... und die Reihe läßt sich fortsetzen. *Ein ungeheurer Konflikt wütet auf der Erde.* Es geht um die Wahl zwischen einer neuen Erde oder der Rückkehr zur altbekannten Katastrophe: *Eine lokale und vorübergehende Verwirklichung ist nicht unmöglich, aber es bedarf einer ausreichend kollektiven Transformation, um eine neue Rasse auf Erden zu schaffen ... Die Tatsache ist gewiß.*

Werden wir verstehen, wo der wahre Weg liegt, und das in einem Körper verborgene Wunder erkennen?

Bibliographie

Auf deutsch erhältliche Werke von und über Mutter und Sri Aurobindo:

Beim Verlag Hinder + Deelmann erhältlich:

Sri Aurobindo:
Das Göttliche Leben
Die Synthese des Yoga
Essays über die Gita
Savitri: Legende und Sinnbild (deutsche Übersetzung von Heinz Kappes)
Das Geheimnis des Veda
Die Grundlagen der indischen Kultur
Das Ideal einer geeinten Menschheit
Über sich selbst
Licht auf Yoga
Bhagavadgita (aus dem Sanskrit übersetzt von Sri Aurobindo)

Die Mutter:
Mutters Agenda (13 Bände)

Satprem:
Das Abenteuer des Bewußtseins
Mutter – Der Göttliche Materialismus
Mutter – Die neue Spezies
Mutter – Die Mutation des Todes
Der Aufstand der Erde
Evolution 2
Das Mental der Zellen
Der Sonnenweg
Gringo

Beim Verlag W. Huchzermeyer erhältlich:

Sri Aurobindo:
Die Dichtung der Zukunft
Zyklus der menschlichen Entwicklung
Briefe über den Yoga
Gedanken und Aphorismen, mit Erläuterungen der Mutter
Sawitri – Eine Sage und ein Gleichnis (zweisprachige Ausgabe, deutsche
Übersetzung von Peter Steiger)
Die Mutter: **Gespräche 1950-1958**
Sri Aurobindo: **Briefwechsel mit Nirodbaran**
Nirodbaran: **Gespräche mit Sri Aurobindo**
Nirodbaran: **Zwölf Jahre mit Sri Aurobindo**
Satprem: **Vom Körper der Erde oder der Sannyasin**

Beim Aquamarin Verlag:

A. B. Purani: **Abendgespräche mit Sri Aurobindo**

ausführlichere Inhaltsangaben bei www.evolutionsforschung.org